Detlev Dormeyer

Einführung in die Theologie des Neuen Testaments

Detlev Dormeyer

# Einführung in die Theologie des Neuen Testaments

Die Deutsche Nationalbibliothek verzeichnet diese Publikation
in der Deutschen Nationalbibliografie;
detaillierte bibliografische Daten sind im Internet über
http://dnb.d-nb.de abrufbar.


Die Herausgabe des Werkes wurde durch
die Vereinsmitglieder der WBG ermöglicht.
Einbandgestaltung: schreiberVIS, Seeheim
Gedruckt auf säurefreiem und alterungsbeständigem Papier
Satz: Lichtsatz Michael Glaese GmbH, Hemsbach
Printed in Germany

**Besuchen Sie uns im Internet: www.wbg-wissenverbindet.de**

ISBN 978-3-534-15190-5

# Inhalt

# I. Einleitung

## 1. Theologie als Begriff

*Theós* (Gott) ist eine Gattungsbezeichnung und das häufigste Substantiv im Neuen Testament: 1318-mal (Computer-Konkordanz). Theo-logie ist die wissenschaftliche Rede von Gott. Allerdings kennt das Neue Testament diesen Begriff nicht, wohl aber die Antike (Platon, Staat (rep) 379a). Doch die Antike hat keine Lehrbücher zur *Theologie* geschaffen. Als umfassende Bezeichnung einer Wissenschaft ist der Begriff erst im Mittelalter gebraucht worden. Er baut auf der implizit betriebenen Theologie der Bibel und der Antike auf.

Theo-logie: weit und eng

Innerhalb der Theologie sind ein enger und ein weiter Begriff zu unterscheiden. Der enge Begriff der Theologie erstreckt sich auf Gottes Wesen und Handeln. Der weite Begriff bezieht die Reaktion der Personen und des Kosmos mit ein, mit denen Gott handelt. Es entsteht die Unschärfe, dass der weite Begriff *alles* umfassen kann, wie es die Formel *von Gott und der Welt reden* zum Ausdruck bringt.

Es soll hier nicht die gesamte neutestamentliche Gedankenwelt erschlossen werden. Denn innerhalb der neutestamentlichen Wissenschaft sind inzwischen umfangreiche Handbücher zu feststehenden Themen erschienen: Christologie, Anthropologie/Psychologie, Ethik, Kirche, Einleitung in die Schriften des Neuen Testaments.

Im Zentrum dieser Einführung soll die explizite Rede von Gott stehen, insbesondere vom biblischen Monotheismus (vgl. die *Einführung* von Stolz 1996). Zum biblischen Monotheismus gehört neben der Gotteslehre die Rede vom Geist, die Pneumatologie. In neuer Weise wird außerdem im Neuen Testament der biblische Monotheismus durch die Lehre von Jesus Christus ausgeweitet. Die Christologie gehört in ihren Grundzügen zur Lehre von Gott.

Christlicher Monotheismus: Gott, Geist und Jesus Christus

Der Mensch Jesus von Nazaret bringt die großen Bereiche Mensch und Welt in eine solch unmittelbare Nähe zu Gott, wie sie weder im Alten Testament noch in der Antike für möglich gehalten wurde. Im Unterschied zur Antike erhofften das späte Alte Testament und das Frühjudentum wohl für die Zukunft eine neue Schöpfung und eine eschatologische, unmittelbare Nähe von Mensch und Schöpfung zu Gott. Doch für die Gegenwart galt Gott als transzendent und unnahbar.

Nach dem Neuen Testament ist dagegen die neue, eschatologische Schöpfung schon in Jesus Christus angebrochen und anfanghaft Gegenwart geworden. Eschatologie und Geschichte, Anthropologie, Ethik und Ekklesiologie sind daher in ihren Grundzügen mit vorzustellen. Ausführliche Darstellungen dieser Themen gehören aber in die Handbücher.

## 2. Alttestamentlicher und christlicher Monotheismus: Theozentrik und Christozentrik

Das Neue Testament hat noch keine explizite Trinitätslehre. Diese wurde erst in den Reichs-Konzilien ab dem 4. Jh. entwickelt. Zur Erweiterung des biblischen Monotheismus durch die Christologie sind unterschiedliche neutestamentliche Konzeptionen erarbeitet worden. Sie werden bei den einzelnen neutestamentlichen Schriften knapp vorgestellt. Entscheidende Anknüpfungspunkte bilden die *Einwohnung* und *Hypostase* Gottes im Alten Testament.

Die *Einwohnung* (*Schekhina*) Gottes in der Welt, der Menschheit und Israel wird mit dem Verb „*schakan* = zelten, dauernd wohnen" umschrieben: „Wir sind doch der Tempel des lebendigen Gottes; denn Gott hat gesprochen: *Einwohnen werde ich unter ihnen und darin umhergehen* (Lev 26,11f.)." (2 Kor 6,16)[1] Paulus stützt sich bei der ekklesiologischen Aussage, dass die Gemeinde als der Tempel Gottes den steinernen jüdischen Tempel ablöst, auf ein Zitat aus Levitikus, nach dem Gott im Volk Israel wohnen wird, wenn dieses sich an die Weisungen, die Tora, halten wird (s.u. III.2.d).

Frankemölle arbeitet die ekklesiologische Entwicklung der alttestamentlichen Vorstellung von der *Einwohnung* Gottes im Raum eines Tempels zur *Einwohnung* in einer menschlichen Gesellschaft heraus:

Einwohnung Gottes im Tempel und in Israel

„Nach der Katastrophe von 587 v.Chr. wird im Exil, in der tempellosen Zeit, die kultische-tempelorientierte Vorstellung von der ‚Einwohnung Gottes' verändert. Jetzt herrschen nicht mehr räumliche Kategorien vor, sondern anthropologische oder genauer ‚ekklesiologische', d.h. die Gemeinschaft des Volkes betonende. Jetzt wird formuliert JHWH wohne ‚inmitten der Israeliten' (Ez 43,7.9; Ex 25,8; 29,45; Lev 16,16; Num 5,3; 35,34; 1 Kön 6,11–13; […]). Auffällig ist dabei z.B., dass in Ez 37,26f. die Schekhina-Vorstellung mit der Vorstellung vom Bund Gottes mit Israel vermutlich zum ersten Mal (oder in Lev 26,11f.) verknüpft wird." (Frankemölle 2006, 156)

Die *Einwohnung* Gottes zum Menschen zeigt sich in mehreren zentralen Themen:

a) Schekhina und Bund: In Ez 37,26f. gehen Bundesschlüsse mit Israel und das unbegrenzte Wohnen Gottes in Israel wie in Lev 26,11f. eine grundlegende Verbindung ein. Durch den ewigen Bund verpflichtet sich Gott, für immer in seinem erwählten Volk zu wohnen: „Und ich werde einen Friedensbund mit ihnen schließen, ein ewiger Bund mit ihnen wird es sein, und ich werde mein Heiligtum in ihre Mitte geben für immer und werde ihr Gott sein, und sie werden mein Volk sein." (Ez 37,26f.)
b) Schekhina und Geist: Vom Geist Gottes spricht bereits der Schöpfungsbericht Gen 1,2. Der Geist Gottes schwebt über dem Wasser. Später ruht er auf Mose. Von ihm, dem Mittler zwischen Gott und Israel, kann etwas von dem Geist auf die 70 Ältesten verteilt werden: „Dann komme ich herab und rede mit dir. Ich nehme etwas von dem Geist, der auf dir ruht, und lege ihn auf sie." (Num 11,16) Mose wird zum Vorbild für den Geistträger

1 Die Übersetzung orientiert sich am MNT (Müncher Neues Testament, Düsseldorf [1]1988).

Jesus Christus, der wie Mose den Geist Gottes auf seine Anhänger senden kann. Charismatiker wie Mose können jederzeit direkt vom Geist Gottes erfüllt werden.

c) Schekhina und der König: Die Geistsendung wird im Königtum ausdrücklich institutionalisiert. Im Inthronisationsritual wird der König zum *Sohn Gottes* adoptiert (Ps 2,7; 2 Sam 7,14). Er repräsentiert das Volk Israel vor JHWH und vertritt Gott vor dem Volk. Tempelbau und -verwaltung ist Sache des Königs. Durch den König wohnt Gott unter seinem Volk.
d) Schekhina und Propheten: Die klassischen Geistträger sind die Propheten, sowohl die frühen charismatischen Propheten (1 Sam 10,10), als auch die späteren Schriftpropheten.
e) Schekhina und Hypostase: In den Spätschriften des Alten Testaments, insbesondere in den griechischsprachigen Büchern wie den Weisheitsbüchern, bildet sich die Vorstellung von Hypostasen heraus. *Hypostase* ist ein profan griechischer Begriff mit einer breiten Skala von Bedeutungen: „Grundlage, Stoff, Substanz, Wesen, Eigenschaft" (Gemoll 1997, 771). Die Weisheit, mit der Gott Schöpfung und Tora bewirkt und erhält, wird als eigenständige Wirkmacht verstanden, die natürlich ein Teil Gottes bleibt. Der als transzendent und unerreichbar fern gedeutete JHWH bleibt in der den Menschen zugewandten Weisheit weiterhin erfahrbar. Aber mit dem Erkennen der göttlichen Weisheit ist das Wesen JHWHs noch nicht erkannt, sondern bleibt weiterhin ein Geheimnis. Als Ausdruck dieses Geheimnisses darf der Name *JHWH* nicht mehr ausgesprochen werden, obwohl Gott seinen Namen ausdrücklich Mose zur Anrufung für ganz Israel geoffenbart hat (Ex 2,13–15). Nur der Hohepriester darf beim Segen über die Gemeinde den Namen des Herrn, *JHWH*, aussprechen: „... den Namen des Herrn nennen zu dürfen war sein Ruhm." (Sir 50,20; vgl. Pola 2008, 349–352) Das Neue Testament hält sich an diese frühjüdische Regel, dass niemand mit Ausnahme des Hohenpriesters den Eigennamen *JHWH* aussprechen darf. Es nennt ihn an keiner Stelle, sondern umschreibt Gott wiederholt mit Eigenschaften wie *Basileia* (Königsherrschaft) (Mk 1,15 parr.) oder *Dynamis* (Macht) (Mk 14,62 parr.).

Weisheit Gottes als Hypostase und das Aussprechverbot für JHWE

Diese Spannung macht das Spruchbuch Jesus Sirach aus dem 2. Jh. v. Chr. sehr deutlich. Es wurde noch zu Ende des 2. Jh.s vom Enkel des Verfassers ins Griechische übersetzt. Die Weisheit Gottes erhält die Schöpfung und hat sich das Volk Israel zur Wohnung ausgesucht (Sir 24,1–22). Im Gesetz (*nómos* = Tora) des Mose (1–5 Moses), das das Bundesbuch (*bíblos diathékes*) ist, wohnt sie unter Israel (Sir 24,23.24–29). Sie erfüllt einzelne Weise besonders und macht sie zum Strom und Meer der Weisheit wie den Verfasser, der von der vorhergehenden Kommentierung in der dritten Person zur Ich-Rede übergeht (Sir 24,30–34). Dieser Weisheitsmythos findet sich auch in kürzerer Form im Buch der Sprichwörter (Spr 8,27–36; zum Weisheitsmythos s. u. III.3.b; IX.3.a).

Einwohnung der Weisheit Gottes in Jesus Christus

Die Herabneigung Gottes mit seinem Geist und das Wohnen Gottes unter seinem Volk und in herausgehobenen Charismatikern sind dem Neuen Testament durch das Alte Testament vorgegeben. Nur die exklusive Konzentration auf eine Person, und zwar auf die Person Jesus Christus, ist für das Judentum ungewöhnlich. Der älteste neutestamentliche Schriftsteller, Paulus, erkennt deutlich diesen Konflikt und stellt ihn in den Mittelpunkt seiner Briefe. Die Konzentration der Einwohnung Gottes in Jesus Christus wird argumentativ dargestellt als Inkarnation des bei Gott Präexistenten und als Auferweckung des gekreuzigten Jesus zur Rettung und zum Heil für alle Menschen.

Diese Konzentration bedeutet aber nicht, dass Gott seine Einwohnung mit ewiger Weisheit/ewigem Logos und mit Geist in Jesus Christus exklusiv versteht. Diese Einwohnung wird vielmehr innerhalb des Monotheismus zu einem zweiten Schwerpunkt und öffnet den Monotheismus für Israel und die Völker noch intensiver als im Alten Testament.

Die Vokabelstatistik zeigt deutlich dieses neue Gleichgewicht. Nach *theós* (1318-mal) folgt Jesús (919-mal) als zweithäufigstes Substantiv. An fünfter Stelle der Substantiv-Häufigkeit steht Christós (531-mal). Jesus und Christus können sowohl getrennt als auch als Doppelname zusammenstehen. Zusammen ergeben Jesus und Christus eine etwas höhere Nennung als *Gott*, doch diese Unschärfe stört das Gleichgewicht nicht.

Israel und die Völker als Partner Gottes und Jesu Christi

Das dritthäufigste Substantiv *kýrios* (719-mal) ist dagegen unspezifisch. Kyrios (Herr) kann sowohl Gott, als auch Jesus Christus, als auch menschliche Herren bezeichnen. Das vierthäufigste Substantiv *ánthropos* (551-mal) zeigt an, dass in die Beziehung zwischen Gott und Jesus Christus der Mensch unablösbar hineingehört. Das Weitergehen des Handelns Gottes mit Israel, den Völkern und den Menschen als Gattung muss in neuer Weise interpretiert werden.

## 3. Mündlichkeit, Schriftlichkeit und Kanon

Jesus von Nazaret hat nur mündlich gelehrt. Sein Jüngerkreis tradierte nach Ostern mündlich seine Worte und Taten und interpretierte zugleich die mündlichen Überlieferungen. Ab der zweiten Generation, ab den nachösterlichen Jesus-Anhängern, setzte die Verschriftung ein. Paulus ist der erste Autor der zweiten Generation. Seine Briefe haben sich weitgehend erhalten (1 Thess, Gal, 1–2 Kor, Phil, Phlm, Röm). Es folgen die anonymen Evangelien (Mk, Mt, Lk, Joh). Nach der Zwei-Quellentheorie lässt sich zusätzlich das anonyme Spruchevangelium Q aus dem Lukasevangelium und Matthäusevangelium zusammenstellen (Hoffmann/Heil 2002). Auf die protopaulinischen Briefe folgen die Briefe der Paulus-Schule, die Deuteropaulinen (2 Thess, Kol, Eph) und die Tritopaulinen oder Pastoral-Briefe (1–2 Tim, Tit). Es schließen sich an der Hebräerbrief (Hebr) und die Katholischen Briefe (Jak, 1–2 Petr, 1–3 Joh, Jud). Der Prophet Johannes schreibt die eigenständige Apokalypse *Offenbarung* (Offb 1,1 –3).

Diese Schriften setzten sich im 2. Jh. in der Vorlesungspraxis der christlichen Ortsgemeinden durch. Sie schufen parallel zum Synagogengottesdienst eine Bibliothek, über deren Kern Einvernehmen bestand. Der gottesdienstliche Gebrauch blieb bis ins 4. Jh. Ausdruck für die Zurechnung eines Werkes zur Schrift und zum apostolischen Schrifttum. Der Versuch einer willkürlichen Abgrenzung durch den Kanon von Markion im 2. Jh. beschleunigte die Konsensbildung über den Kanon, der gegen Markion weiterhin das Alte Testament mit umfasste. Mit dem Vorlesungskonsens war ein Maßstab (Kanon) geschaffen worden, der gegenüber theologischen Weiterentwicklungen und aufkommenden Häresien die Schriften der Gründungszeit kritisch in Erinnerung hielt.

Da die Theologie Jesu nur aus den späteren Verschriftungen erschlossen werden kann, lässt sich erst nach Vorstellung der einzelnen Schriftengruppen die Rückfrage nach der Theologie des vorösterlichen Jesus stellen.

die Schriften des Kanons als Träger der Theologie

## 4. Theologie und Religion der ersten Christen

Theißen bringt 2000 ein Buch mit dem provokativen Titel heraus: *Die Religion der ersten Christen. Eine Theorie des Urchristentums* (Theißen 2000). Er fragt gleich am Anfang:

„Warum eine Theorie der urchristlichen Religion? Warum keine ‚Theologie des Neuen Testaments', um den Glauben der ersten Christen zusammenfassend darzustellen?" (Theißen 2000, 17)

Theologie und der religionsgeschichtliche Blick von außen

Diese Frage hatte bereits William Wrede 1897 gestellt (Wrede 1975). Theißen skizziert dann das Programm einer religionswissenschaftlichen Analyse der urchristlichen Religion (Theißen 2000, 18f.). Er macht deutlich, dass Theologie nicht nur immanent vom Standpunkt des christlichen Glaubens entwickelt werden kann, sondern dass christliche Theologie zugleich eine Form von Religion ist und daher den kritischen Blick aus einer Außenperspektive benötigt.

Offenheit der Theologie für alle Leser

In dieser Einführung bleiben zwar die überlieferten neutestamentlichen Schriften die leitende Grundlage, während auf die *Geschichte des Urchristentums* als eigenständiger Themenbereich nur verwiesen wird. Die neutestamentlichen Schriften sind aus dem christlichen Glauben heraus geschrieben worden, können aber auch von Nicht-Glaubenden oder Noch-Nicht-Glaubenden, den Gottesfürchtigen z. B. (Apg 13,43.50; 16,14 u. ö.), als Religion rezipiert werden. Die neutestamentlichen Schriften sind ja keine geheime Literatur für Eingeweihte, sondern haben die Literatur der Juden und Griechen intertextuell verarbeitet und sind offen für die Verkündigung an alle Völker (Mk 13,10 parr.; Dormeyer 1993). Ihre Theologien sind multifunktional. Sie sprechen sowohl die Gemeinde als auch die Außenstehenden an.

# II. Von der diachronen zur synchronen Betrachtungsweise

Synchronie interpretiert eine vorliegende Schrift als kohärente Einheit. Diachronie hingegen betrachtet den Endtext als ein kohärentes Sammelbecken von unterschiedlichen Traditionen.

Die gegenwärtige Streitfrage ist, ob die Traditionen eine Inkohärenz des Endtextes verursachen und daher objektiv herausgelöst werden können oder ob sie einen kohärenten Endtext zulassen und nur indirekt erschlossen werden können. In den 1970er bis 1980er Jahren war in der Redaktionsgeschichte die Bereitschaft gewachsen, den Evangelisten *Markus* z. B. als einen autonomen Redaktor und Schriftsteller anzusehen. Er hat die Traditionen bewusst selektiert und interpretiert sie selbständig und kohärent (Dormeyer 2005, 153–159).

Autonome Autoren als Verfasser der Einzelschriften

Conzelmann/Lindemann stellen zu Recht fest: „Obwohl der Evangelist viele einzelne Traditionen verwertet hat, die sich als solche durchaus noch identifizieren lassen ..., ist das jetzt vorliegende Werk als eine geschlossene literarische Erzählung anzusehen." (Conzelmann/Lindemann 2004, 319) Die Traditionen wiederum lassen sich nicht mehr durch das stilistische *Wort- und Satz-Pick-Verfahren* von der Redaktion trennen, sondern nur durch die Rekonstruktion von Gattungen und festen Motivfeldern. Deren Ausformung und Einbettung in einen Rahmen nimmt der Evangelist mit einer eigenständigen Sprach- und Formgebung vor. Diese Verfahrensweise gilt auch für den älteren Paulus und die nachfolgenden weiteren Schriften des Neuen Testaments. Die Verfasser der Einzelschriften sind autonome Autoren.

## 1. Rudolf Bultmann: Theologie des Neuen Testaments

Rudolf Bultmann legte 1953 den großen Entwurf zu einer *Theologie des Neuen Testaments* vor (Bultmann [1]1953; [7]1977). Der „Erste Teil" trägt folgende Überschrift: „Voraussetzungen und Motive der neutestamentlichen Theologie". Zu den Voraussetzungen gehören der vorösterliche Jesus, das Judentum mit dem Alten Testament und der Hellenismus. Mit dem nachösterlichen, christlichen Kerygma vom gekreuzigten und auferstandenen Jesus Christus beginnt erst die neutestamentliche Theologie (Bultmann 1977, 1 f.). Die synoptischen Evangelien finden nur als „Quelle für die Verkündigung Jesu" Beachtung (ebd.), obwohl sie bereits auf der Grundlage des neutestamentlichen Auferstehungskerygmas stehen.

der vorösterliche Jesus und die Synoptiker nur eine Voraussetzung der Theologie?

So ist die Ausblendung der Synoptiker willkürlich. Bultmanns Rekonstruktion des vorösterlichen Jesus mit der formgeschichtlichen Analyse stellt lediglich eine von vielen anderen Möglichkeiten der Rückfrage dar und reduziert Jesus nur auf die Rolle eines Schriftgelehrten (Rabbi) des Frühjudentums (Bultmann 1965, 43–46). Die Reduktion der Theologie des vorösterlichen Jesus auf seine Gemeinsamkeit mit dem damaligen schriftgelehrten Judentum ist einseitig. Das damalige Judentum bestand aus einer Fülle divergierender Richtungen, und Jesus von Nazaret hatte durchaus einen selbständigen Entwurf von Theologie innerhalb dieser Richtungen geleistet.

Bevor Bultmann in Teil II die Theologie des ältesten neutestamentlichen Schriftstellers, Paulus, untersucht und dann zum Johannesevangelium übergeht, erhalten in Teil I noch „Das Kerygma der Urgemeinde" und „Das Kerygma der hellenistischen Gemeinde vor und neben Paulus" je ein Kapitel. Beide Gemeindegruppen liefern die *Motive* für die Theologie von Paulus und Johannes.

Diese traditionsgeschichtliche Systematik ist faszinierend, leidet aber daran, dass sie eine scharfe Unterscheidung zwischen palästinensischer Urgemeinde und außerpalästinensischer hellenistischer Gemeinde vornimmt. Seit Alexander dem Großen gehörte Israel aber ab 333 v. Chr. zum griechischen Weltreich und den nachfolgenden Diadochen-Staaten der Ptolemäer und Seleukiden. Es blieb zwar im jüdischen Palästina die aramäische Sprache vorherrschend, und die Sprache der heiligen Schriften war das Hebräische, doch die umgebende griechische Kultur drang nachhaltig in die Kultur und Religion des nachexilischen Israels ein. Hinzu kommt, dass sich seit dem Exil (586–538 v. Chr.) und der nachexilischen Zeit große Diaspora-Gemeinden gebildet hatten. Das palästinensische Jerusalem wurde zum Zentrum für die Wallfahrten der griechisch sprechenden Diaspora zum Tempel (Apg 2). Inschriften belegen, dass im 1. Jh. n. Chr. Judäa und Galiläa zunehmend zweisprachig werden (Schmitt 1983, 575 f.).

keine scharfen Grenzen zwischen palästinensischem und hellenistischem Judentum

Die Grenzen zwischen einer aramäisch sprechenden palästinensischen Urgemeinde und griechisch sprechenden Gemeinden des Urchristentums sind fließend. Für die palästinensische Urgemeinde sind die griechisch beeinflussten alttestamentlichen Theologien der nachexilischen Zeit zu berücksichtigen, und zwar die im 2. Jh. n. Chr. nicht in den hebräischen Kanon aufgenommenen hebräischen Bücher Judit, Tobit, Jesus Sirach, Baruch und Erstes Makkabäerbuch. Originale deuterokanonische griechische Schriften oder Zusätze zu Übersetzungen tragen bereits in der Septuaginta deutlich die hellenistische Schreibweise: Weisheit, Zweites Makkabäerbuch, Viertes Makkabäerbuch, Zusätze zu Ester und Daniel. Palästinensische Urgemeinde und hellenistische Gemeinde rücken aufgrund der gemeinsamen Rezeption der späten alttestamentlichen und frühjüdischen Schriften viel enger zusammen, als Bultmann es wahrhaben wollte.

Die Ausarbeitung der Theologie des Paulus steht dagegen bei Bultmann auf der sicheren Grundlage der protopaulinischen Briefe Röm, 1–2 Kor, Gal, Phil, 1 Thess, Phlm (Bultmann 1977, 191). Bultmann nennt die Briefe nach der Anordnung im Kanon; diese richtet sich aber nach der Länge und nicht nach der Entstehungszeit. Die Entstehungszeit ist für Bultmann nicht wichtig, da er aus dem Briefkorpus insgesamt eine Systematik unabhängig von der kommunikativen Situation der Abfassung der einzelnen Briefe entwickelt. „Die Tatsache, daß Paulus nicht, wie etwa griechische Philosophen oder moderne Theologen, seine Gedanken über Gott und Christus, über Welt und Mensch theoretisch und zusammenhängend in einer selbständigen wissenschaftlichen Schrift entwickelt hatte, sondern daß er sie – von Röm abgesehen – nur fragmentarisch, jeweils bei aktuellem Anlaß, in seinen Briefen vorbringt und auch in Röm, wo er sie zusammenhängend und mit einer gewissen Vollständigkeit ausspricht, dies eben in einem Briefe und unter dem Zwang einer konkreten Situation tut – diese Tatsache darf nicht zu dem Urteil verführen, daß Paulus kein eigentlicher Theologe gewesen sei, und daß man, um seine Eigenart zu erfassen, ihn vielmehr als einen Heros der Frömmigkeit verstehen müsse." (ebd.)

fragmentarische oder vollständige Theologie im Römerbrief?

Allerdings will Bultmann aus den theologisch-fragmentarischen Briefen keinen abstrakten Traktat schaffen. Daher deutet er an, dass der Römerbrief die paulinischen Gedanken nicht fragmentarisch, sondern schon theoretisch zusammenhängend enthält.

Die hauptsächliche Grundlage der paulinischen Theologie ist also der Römerbrief mit seiner aktuellen Situation. Die anderen Briefe liefern zusätzliche Belege.

Bultmann setzt zwei Hauptpunkte: „A. Der Mensch vor der Offenbarung der pístis" und „B. Der Mensch unter der pístis". Beide Punkte zeigen an, dass die paulinische Theologie anthropozentrisch ist. „Jeder Satz über Gott ist zugleich ein Satz über den Menschen und umgekehrt. Deshalb und in diesem Sinne ist die paulinische Theologie zugleich Anthropologie." (Bultmann 1977, 192)

Der anthropologische Ansatz Bultmann entspricht der anthropologischen Wende der Theologie nach dem Zweiten Weltkrieg. Entsprechend werden die wichtigsten anthropologischen Begriffe ausgearbeitet: sóma als Leib und als Person; psyché, pneúma, zoé als Ausdruck der Lebenskraft; nús und syneídesis als Ausdruck des Verstandes und des Gewissens; kardía als Bezeichnung des Wollens, Trachtens und der Gemütsbewegung. Es folgen die theologisch konflikthaft aufgeladenen Begriffe: Fleisch (sarx), Sünde und Welt.

Dann kommen unter B die Begriffe zum Zuge, in denen Gottes Handeln stärker sichtbar wird: Gerechtigkeit (dikaiosýne), Gnade (cháris), Glaube (pístis) als Antwort des Menschen auf Gottes Handeln, Freiheit als neuer Zustand der Glaubenden. Der sprachliche Befund wird dann umfassend mit der existentialen Analyse nach Heidegger gedeutet.

anthropologisch-existentiale oder gemeindebezogene fragmentarische Theologie?

Mit dieser anthropologisch und existential ausgerichteten Systematisierung der paulinischen Theologie ist Bultmann für alle nachfolgenden Theologien des Neuen Testaments grundlegend geworden. Zu fragen bleibt allerdings, ob nicht die vielen Themen des Paulus in den einzelnen Briefen unterschiedliche Schwerpunkte haben und daher das Fragmentarische der paulinischen Theologie stärker zu betonen ist. Dann hängt ihre Ausarbeitung von der Kommunikation des Paulus mit der jeweiligen Gemeinde stärker ab und ist nicht nur ein Bestandteil eines abstrakten theologischen Systems, das Bultmann zwar zu vermeiden sucht, aber aufgrund der einseitigen Bevorzugung des Römerbriefes mit einer Überbetonung der Anthropologie konstruiert.

Die Mehrzahl der exegetischen Kommentare geht auch den Weg, in einer Einleitung zum Kommentar die Theologie des jeweiligen Briefes darzustellen, so dass der Zusammenhang von aktuellem Anlass und theologische Themenbildung jeweils deutlich wird. In den Handbüchern zur *Theologie des*

*Neuen Testaments* hingegen wird dieser Weg nur selten beschritten, so dass das Fragmentarische der paulinischen Theologie in den Einzelbriefen kaum deutlich wird (als Ausnahme vgl. Hübner 1993; s. u. II.3). Dagegen skizzieren die modernen *Einleitungen in das Neue Testament* wiederum knapp die Theologie der einzelnen Schriften in Bezug auf ihre kommunikative Situation (vgl. besonders Pokorný/Heckel 2007).

In dieser Einführung soll ebenfalls mit dem ersten paulinischen Brief begonnen werden, dem Ersten Brief an die Thessalonicher. Aufgrund gleicher und ähnlicher Thematik werden dann die beiden Briefe an die Korinther, der Brief an die Philipper und an Philemon, sowie die Briefe an die Galater und an die Römer zusammenfassend dargestellt.

## 2. Weitere diachrone Entwürfe

Conzelmann legte 1967, 14 Jahre nach Bultmann, einen neuen *Grundriß der Theologie des Neuen Testaments* vor (Conzelmann 1967). Er würdigt zunächst die Wirkung von Bultmann: „Der Eindruck, den Bultmanns Darstellung machte, scheint so stark gewesen zu sein, das seitdem im deutschen Sprachgebiet (außer der katholischen Behandlung dieses Gebietes durch Meinertz) keine zusammenfassende Gesamtdarstellung erschien." (Conzelmann 1967, 16)

Dann geht er zur Kritik über: Die Synoptiker sind nicht behandelt worden; die existenzielle Sprache mit dem Leitbegriff *Entscheidung* ist nicht mehr geläufig; es soll die *historische Komponente* wieder deutlicher hervortreten (ebd., XVII); Lehre und Selbstbewusstsein Jesu sollen aus der Theologie der Synoptiker erschlossen werden (ebd., XIXf.); die Differenz zwischen judenpalästinensischen, judenhellenistischen und heidenhellenistischen Gemeinden ist abzumildern (ebd., 33–30).

Der *Grundriß der Theologie des Neuen Testaments* von Conzelmann stellt eine echte Weiterführung des theologischen Entwurfes von Bultmann dar. Der diachrone Aufbau bleibt allerdings erhalten. „Erster Hauptteil A." bringt „Das Kerygma der ältesten Gemeinden", also der Jerusalemer Urgemeinde und der hellenistischen Gemeinden außerhalb Palästinas.

„B. Die Theologie der synoptischen Evangelien" zieht die Synoptiker aufgrund der Rückfrage zum vorösterlichen Jesus vor Paulus und setzt so den Schwerpunkt auf die jesuanische Theologie vor Paulus.

der vorösterliche Jesus und die Synoptiker gehören zur Theologie

Nach Conzelmann folgt eine Fülle weiterer Darstellungen der Theologie des Neuen Testaments. In der Mehrzahl halten sie sich an den diachronen Aufbau. Es setzt sich durch, den Synoptikern einen eigenen Raum zu gewähren (Kümmel 1969; Lohse 1974; Thüsing 1981–1999; Berger 1994; Porsch 1995; Strecker 1996). Hahn z. B. rekonstruiert das Wirken des *irdischen* bzw. vorösterlichen Jesus und schließt daran die „Verkündigung und Theologie der ältesten christlichen Gemeinden" an (Hahn 2002, I, 30–180), dann gibt er den Synoptikern einen eigenständigen Platz nach Paulus und der anschließenden Briefliteratur. Ähnlich verfährt Schnelle; er schiebt allerdings die Synoptiker zwischen Paulus und die weitere Briefliteratur (Schnelle 2007).

## 3. Synchrone Entwürfe

jede Schrift hat eine eigene Theologie

Hübner legt 1993 *Die Theologie des Paulus und ihre neutestamentliche Wirkungsgeschichte* vor; es handelt sich um den Band II der dreibändigen *Biblischen Theologie des Neuen Testaments* (Hübner 1990–95). Da Band I *Prolegomena* bringt, setzt die *Theologie des Neuen Testaments* erst mit Band II ein, und zwar mit den paulinischen und nachpaulinischen Briefen. Der Hebräerbrief wird allerdings ausgeklammert und in Band III zusammen mit den Evangelien und der Offenbarung behandelt. In Band II erhält jeder Brief eine eigene Darstellung seiner Theologie. Hübner betont die enge Bindung der Briefe und der anderen neutestamentlichen Schriften an das Alte Testament. Daher heißt ja auch der Obertitel der drei Bände *Biblische Theologie des Neuen Testaments.*

Eine zweibändige *Biblische Theologie des Neuen Testaments* arbeitet parallel zu Hübner Peter Stuhlmacher aus; diese bleibt aber dem diachronen und systematisierenden Ansatz verhaftet: *Band I. Grundlegung. Von Jesus zu Paulus* (Stuhlmacher 1992); *Band II. Von der Paulusschule bis zur Johannesoffenbarung* (Stuhlmacher 1999).

Hübner erkennt deutlicher als Stuhlmacher an, dass Paulus als griechischer Autor in der antiken Rhetorik geschult ist. So fragt er zu Recht: „Verstehen wir nun den Begriff *argumentatio* als Teil einer nach den Regeln der antiken Rhetorik verfassten Schrift, so stellt sich die Frage, wie sich die in ihr vorfindliche theologische Argumentation mit dem Alten Testament in den Ablauf ihrer argumentatio fügt: *In welchem Umfang und mit welchem Gewicht bestimmt die Argumentation mit dem Alten Testament die jeweilige theologische argumentatio des betreffenden neutestamentlichen Autors?"* (Hübner 1993, II, 14; zur Argumentatio im Brief s. u. III.1.b)

wirkt allein das Alte Testament auf die Theologie ein?

Diese Konzentration auf das Alte Testament übersieht, dass Paulus und seine Adressaten aufgrund der griechischen Sprache zuerst in der griechischen Literaturwelt beheimatet sind. Die Septuaginta, die griechische Übersetzung des Alten Testaments, ist nur ein Teil dieser umfassenden Literatur. Daher ist auch die Trennung zwischen formaler, griechisch-rhetorischer Argumentation und alttestamentlichen theologischen Inhalten nicht aufrechtzuerhalten. Die rhetorische Form bestimmt die Bedeutung und umgekehrt, die Bedeutung wählt die Form. Für die Argumentation der paulinischen Briefe kann nicht nur die Autor-Perspektive herangezogen werden, sondern muss auch das Verstehen der Adressaten berücksichtigt werden. Absender und Adressaten verbinden ihre sprachliche Kommunikation intertextuell mit ihrem gesamten Wissensbestand. Sie erbringen kognitive Leistungen mit der Auffüllung von Begriffen mit Bedeutung und mit der Herstellung eines kohärenten Textes aus diesen Begriffen. Der neutestamentliche Text gehört zum neu geordneten Wissensbestand. Das Alte Testament kann auf diese Weise in das ursprüngliche Wissen eingeschmolzen werden. Zugleich muss aber analysiert werden, welche frühjüdischen und paganen griechischen Wissensbestände vorausgesetzt und durch den Text umgeschmolzen werden. Dieses griechische Vor-Wissen berücksichtigt Hübner zu wenig. Religionsgeschichtliche Textsammlungen, die zu neutestamentlichen Einzelstellen parallele griechische oder frühjüdische Texte bieten, finden keine Beachtung (z. B. Berger/Colpe 1987; kaum berücksichtigt Billerbeck/Strack 1974).

Verdienstvoll bleibt, dass Hübner mit Zitaten und Anspielungen die Fragmente des Alten Testaments nachzeichnet, die der neutestamentliche Autor als gemeinsames Wissen verankert haben will. Ob diese Fragmente nicht viel stärker einen neuen Horizont schaffen aufgrund der neutestamentlichen Ereignisse *und* der griechischen Geisteswelt als bei Hübner, muss die Einzel-Analyse der neutestamentlichen Schriften ergeben.

Weiser brachte 1993 den Band II zur *Theologie des Neuen Testaments* mit dem Untertitel: *Die Theologie der Evangelien* heraus und stellte deren Theologie in synchroner Weise vor (Weiser 1993). Band I steht noch aus. Joachim Gnilka veröffentlichte 1994 eine *Theologie des Neuen Testaments* (Gnilka 1994). Wie Hübner setzt er mit den Briefen des Paulus ein. Allerdings bietet er wie Bultmann und die Nachfolger eine systematische Übersicht über die Protopaulinen. Die anschließenden Schriften werden wieder gesondert behandelt. Der Rückblick auf den vorösterlichen Jesus bleibt einem eigenen Jesus-Buch vorbehalten (Gnilka 1993). Der synchrone Ansatz wird konsequent durchgehalten. Ihm schließt sich diese Einführung an, bespricht die Paulusbriefe allerdings einzeln.

# III. Die Theologie der paulinischen Briefe

## 1. Der Erste Brief an die Thessalonicher

### a) Paulus und die Gemeinde von Thessalonike

Thessaloniki entsteht 315 v. Chr. aus der Zusammenlegung (*Synoikismos*) von 26 kleineren Städten. Der Herrscher von Mazedonien, der Diadoche Kassandros, benennt die neue Stadt nach seiner Frau Thessalonike, der Halbschwester von Alexander d. Gr.

Göttertempel, Kaiserkult und Mysterienkulte in Thessaloniki

Thessaloniki ist im 1. Jh. die größte Stadt und der Haupthafen der römischen Provinz *Makedonien* (Strabon VII 17,4). Der Prokonsul hatte in dieser Stadt als Leiter der Provinz seinen Sitz. Die Leitung der Stadt aber lag in den Händen von jährlich gewählten Archonten. Es sind eine Fülle von Kulten durch Fundamente, Altäre, Münzen und Inschriften bezeugt: der Kaiserkult, der Dionysoskult, die Verehrung eines Kabeiros (die Kabiren hatten auf der benachbarten Insel Samothrake ihr Hauptheiligtum ihres Mysterienkultes), der Mysterienkult des Serapis und der Isis (Elliger 1998, 42–48).

Eine jüdische Synagoge ist bisher nicht archäologisch bezeugt. Die Existenz einer jüdischen Synagogengemeinde nach der Apostelgeschichte (Apg 17,1) muss deswegen aber nicht bezweifelt werden. Paulus hat heidnische und jüdische Hörer für den christlichen Glauben gewinnen können.

Es kommt zur Ausweisung des Paulus (Apg 17,10). Paulus selbst spricht allgemein von einer *Bedrängnis* (*thlípsis* 1Thess 1,6). Er fährt mit dem Schiff von der kleineren Hafenstadt Beröa aus nach Athen (Apg 17,14 f.) und wandert von dort in die Hafenstadt Korinth. Dort hält er sich 50/51–52/53 auf und schreibt seinen ersten Gemeindebrief, den ersten Brief an die Thessalonicher.

### b) Der Aufbau des Briefes

Der Brief ist schwerpunktmäßig ein beratender, deliberativer (beratender) Freundschaftsbrief. Abweichend von den antiken, deliberativen Freundschaftsbriefen enthält er einen paränetischen Schlussteil (1 Thess 4,1–5,22). Dieser erste Brief entwickelt das typisch paulinische Briefformular:

I. Briefeingang
   Präskript: 1,1; Exordium: 1,2–10; (Propositio) (1,8–10)
II. Briefkorpus
   Argumentatio: 2,1–3,13; Exhortatio: 4,1–5,22
III. Briefschluss
   Epilog: fürsprechendes Gebet: 5,23–24; Postskript mit Salutatio: 5,25–28 (Klauck 1998, 269–282).

Das Präskript enthält die üblichen drei Elemente: Name des Absenders (*superscriptio*), Name des Adressaten (*adscriptio*), Gruß (*salutatio*): „Paulus,

Silvanus und Timotheus an die Gemeinde der Thessalonicher *in* Gott, dem *Vater*, und dem *Herrn Jesus Christus*, Gnade euch und Friede" (1 Thess 1,1).

orientalischer doppelter Eingangsgruß

Abweichend vom westantiken, einteiligen Basissatz, der aus Absender (Subjekt), Gruß (Verb) und Adressat (Akkusativobjekt) besteht, liegt hier der zweiteilige Satz des ostantiken Briefeingangs vor. Die Anrede ist nicht mehr mit einem einteiligen Gruß verbunden; es folgt vielmehr auf die Anrede als zweiter Teil ein Doppelgruß, der dem üblichen jüdischen Doppelwunsch *Barmherzigkeit und Heil* entspricht (2 Makk 1,10). Mit Ausnahme des untypischen Jakobusbriefes und zweier Briefe innerhalb der Apostelgeschichte (Apg 15,23; 23,26) halten sich alle neutestamentlichen Briefe an die orientalische zweiteilige Grußform.

Der unmittelbare Übergang vom orientalisierenden Präskript und Exordium zur Argumentatio im Ersten Thessalonicherbrief entspricht wiederum dem üblichen, antiken Briefformular. Die Narratio (Erzählung), die normalerweise auf Exordium und Propositio (Hauptthema) folgt, kann fehlen. Das Anschließen einer Exhortatio (Ermahnung) hingegen ist unüblich. Es handelt sich um einen typisch christlichen Anhang. Die Exhortatio wird normalerweise innerhalb der Argumentatio mit abgehandelt. Während allgemein für den Ersten Thessalonicherbrief die Trennung zwischen Hauptteil und Exhortatio anerkannt wird, liegen zur rhetorischen Gliederung des Hauptteils 1,1–3,13 unterschiedliche und sich widersprechende Gliederungen vor (Dormeyer 1993, 193 f.)

das neue christliche Briefformular mit Ermahnungen

Paulus hält sich nicht eindeutig an das antike Schema der Redeeinteilung, so dass unterschiedliche Einteilungen für den ersten Hauptteil möglich bleiben. Doch wird Paulus mit der Anfügung der Exhortatio als zweitem Hauptteil zum Schöpfer des neuen, christlichen Briefformulars, in dem nach der Argumentatio die christliche Paränese (Ermahnung) als Exhortatio folgt.

### *c) Gott, der Vater, und Jesus Christus, der Herr und Sohn Gottes*

Bereits das Präskript (1 Thess 1,1) nennt die entscheidende Neuheit des christlichen Monotheismus: Gott erhält den Hauptbeinamen *Vater*. Zugleich wird die Nennung Gottes, des Vaters, um *Jesus Christus* erweitert, der zusätzlich als *Herr* bezeichnet wird.

der neue Glaube: Gott, der Vater des Herrn Jesus Christus

*Vater* (patér) folgt in der Häufigkeit der Substantive im Neuen Testament an sechster Stelle nach *Christus*: 414-mal. *Gott* wird fast 250-mal *Vater* genannt, *Menschen* werden mehr als 150-mal so genannt (Michel 1983). In den echten Paulusbriefen erhält *Gott* 25-mal den *Vater*-Titel, *Menschen* erhalten ihn nur 16-mal. Im Ersten Thessalonicherbrief kommt *Vater* 5-mal vor, 4-mal für *Gott*, 1-mal für einen *Menschen*; er bezeichnet Paulus in seiner Beziehung zur Gemeinde. Alle fünf Belege nennen keine biologische Vaterschaft. Sie übertragen metaphorisch die *Vater*-Beziehung auf *Gott* und seine menschlichen Verkünder. Paulus konzentriert besonders stark den *Vater*-Titel auf Gott.

*Gott* wird im hebräischen Alten Testament wiederholt *Vater* (des *Volkes Israel*) genannt (Dtn 32,6; Ps 103,13; Hos 11; 2 Sam 7,14). In der hellenistischen Epoche baut der Glaubende dann stärker eine *individuelle*, personale Beziehung zu *Gott*, dem *Vater*, auf (Sir 23,1–4; Weish 2,16 –20).

In der jüdischen Synagoge gehört das Gebet „Awinu Malkenu" (unser *Vater*, unser König) zur Liturgie der hohen Festtage. Die Anrede „unser *Vater*, unser König" ist alte Überlieferung und kann bis auf die Zeit Jesu zurückgehen (Brocke 1974, 126f.).

Den persönlich sorgenden Vatergott kennt auch der Hellenismus. Der Zeus-Hymnus des Kleanthes schließt mit einem Gebet an den in Weisheit die Schöpfung und Geschichte lenkenden *Vater* Zeus:

„Zeus, der du aus dunkler Wolke
herrschest mit dem Flammenblitze,
Geber alles Guten, löse
von des Irrtums Fluch die Menschen,
dass wir die Wahrheit erkennen,
deine Weisheit,
*Vater*, in der du das All
lenkst mit Gerechtigkeit" (Brocke 1974, 156–162).

Gott-Vater in Judentum und Hellenismus

In der Stoa wird Zeus wie der alttestamentliche JHWH zu der ordnenden Macht, die den Kosmos und die Geschichte durchwaltet. Doch während JHWH in Distanz zur Welt und zum Menschen steht und gleichzeitig eine personale Beziehung jedem Glaubenden anbietet, repräsentiert Zeus ein unpersönliches, universales Prinzip. JHWH bringt daher auf persönliche Bittgebete hin Hilfe, während im hellenistischen Pantheon Götter und Heroen Symbole für göttlich unpersönliches, helfendes Wirken sind. Die diffuse, hellenistische Heilserfahrung versperrt sich der Glaubenslogik des monotheistischen Israel, für das die Zuwendung Gottes in Wortoffenbarung und Geschichtstat eine Einheit bilden. Die Fürsorge des einzigen Gottes als Vater für Israel und jeden Menschen ist umfassender als die anonyme Ordnungslogik, die mit dem höchsten Gott, mit Zeus, symbolisiert ist.

offene Frage: Gott, Abraham und die Völker

Allerdings war für das Judentum die Vaterschaft Gottes zu den *Völkern* ungeklärt. Gott hatte sich in den Bundesschlüssen mit *Israel* als Vater dieses von ihm erwählten Volkes erwiesen. Inwieweit Gott auch als Vater für die Völker sorgte, wurde nicht systematisch überlegt. Abraham, der ja aus dem Heidentum stammt, bildet die Zentralfigur für die Beziehung Israels zu den Völkern. Zu ihm nehmen erst die späteren Briefe des Paulus ausdrücklich Stellung.

Die Hoheitstitel *Christus* und *Sohn Gottes* gehen dieses Problem ebenfalls an. *Christus* ist der gebräuchlichste Hoheitstitel für Jesus: 531-mal. In den echten Paulusbriefen fällt er circa 271-mal, nimmt also knapp die Hälfte der Nennungen ein, während der Wortbestand der echten Paulusbriefe nur knapp 1/5 des Neuen Testaments ausmacht. Die Konzentration der Paulusbriefe auf Christus ist deutlich ausgeprägter als in den anderen neutestamentlichen Schriften. „Chr. ist Verbaladjektiv von chrío. Das Verb heißt ‚einreiben', ‚bestreichen' und ‚salben', dementsprechend das Verbaladjektiv entweder ‚aufstreichbar' oder ‚aufgestrichen' = ‚gesalbt' (tò christón ‚das Aufstreichmittel, die Salbe'). Außerhalb von der LXX und NT und davon abhängigen Schriften wird chr. aber niemals auf Personen angewandt; umgekehrt findet es sich im NT als Übersetzungswort von *Messías* ausschließlich personbezogen, entweder auf die erwartete unbekannte Messiasgestalt oder auf Jesus von Nazaret als den gekommenen Messias." (Hahn 1992, 1148)

Die Salbung zum *Messias* wird im AT zum Symbol für die göttliche Legitimation für mehrere Ämter: den König (1 Sam 9,16 u.ö.), den Hohenpriester (Lev 4,3 u.ö.), selten für den Propheten (1 Kön 19,16; Jes 61,1).

der Christus-Titel im Alten Testament und im Hellenismus

Im Frühjudentum entsteht dann die Erwartung einer eschatologischen Heilsgestalt. Der eschatologische, königliche Messias ist nur eine Ausformung von weiteren möglichen Heilsgestalten. Es werden erwartet: der priesterliche Messias, der in Qumran der „Gesalbte Aarons und Israels" ist (1 QS 9,11; CD 20,1), der prophetische Messias, z.B. in Qumran (11 Q13 = 11 Q: Melchizedek), der Prophet ohne Salbung wie Mose (Dtn 18,18), der Menschensohn in der Apokalyptik (Dan 7,13f.). Entscheidend bleibt, dass auch ohne diese Heilsgestalten Gott den Tag des Weltgerichts, den *Tag des Herrn,* anbrechen lassen kann (s.u. III.1.e).

Paulus übernimmt aus der Gemeindetradition den Doppelnamen *Jesus Christus. Jesus* ist der Eigenname, *Christus* der Beiname (cognomen). Er schreibt dem Eigennamen Jesus eine eschatologische, königliche Würde zu (Hahn 1974, 218–226). Jesus und Christus können aber auch allein stehen.

Der Hoheitstitel *Gesalbter* verweist auf eine fremdartige, ostantike Kultur. Salbungen des Kaisers oder der Philosophen oder anderer Geistträger waren nicht üblich; allenfalls gab es in Mysterienkulten, die ebenfalls aus dem ostantiken Raum kamen, Salbungen (Karrer 1991, 195ff.). *Christus* verfremdet die Erwartungen der griechischen Hörer und fordert die Kenntnis des Alten Testamens und der frühjüdischen Schriften ein.

Weshalb die vorpaulinischen Gemeinden den Christustitel zum Haupttitel machten, ist nicht mehr eindeutig zu klären. Die nachfolgenden Evangelien legen einen Entwurf vor, der den königlichen Christustitel von der Passionsgeschichte ableitet. Der Hohepriester befragt Jesus ausdrücklich, ob er der *„Christus, der Sohn des Hochgelobten"* sei; Jesus bejaht beide Titel und fügt als dritten Titel den zum Weltgericht kommenden *Menschensohn* hinzu (Mk 14,61f. parr.). Die Inschrift am Kreuz interpretiert den Christustitel machtpolitisch mit *„König der Juden"* (Mk 15,26 parr.). Als missverstandener, gewaltloser königlicher Messias stirbt Jesus am Kreuz (Mk 10,42–45 parr.).

Paulus wiederum zitiert eine alte Überlieferung, in der der gekreuzigte und auferweckte Jesus als *Christus* bezeichnet wird; der Eigenname Jesus fehlt: „Denn ich überlieferte euch an erster Stelle, was ich auch übernahm,/ dass *Christus starb für* unsere Sünden nach den Schriften/und dass er begraben wurde/und dass er erweckt worden ist am dritten Tag nach den Schriften…" (1 Kor 15, 3–5).

Durch die Auferweckung erhält Jesus Christus Anteil an der Herrschaft Gottes über die Menschen. Gott bestätigt das *„Sterben für unsere Sünden"* als Erlösung der Menschheit. Mit dem Christus-Hoheitstitel werden die Erwartungen Israels auf eine machtvolle eschatologische Heilsgestalt aufgegriffen. Die Kreuzigung interpretiert diese Heilserwartungen um. Das Heil wird nicht mit machtpolitischer Gewalt kommen, sondern ist im gekreuzigten Christus bereits unscheinbar angebrochen. Jesus, der *Christus,* ist nicht der erwartete gewalttätige, machtpolitische Messias, sondern in neuer Weise der leidende Messias mit universaler Erlösung. Der *leidende Gottesknecht* (Jes 52,13–53,12) bereitet die neue Interpretation des Messiastitels vor.

die christologische Dialektik von universaler, kosmischer Königsherrschaft und Leiden in Niedrigkeit

Diese Dialektik von universaler, kosmischer königlicher Herrschaft und Leiden in Niedrigkeit deutet Paulus mit dem Christus-Titel im Ersten Thessalonicherbrief (10-mal) bereits an (1 Thess 5,9; s. u. III.1.h) und stellt sie später im Ersten Korintherbrief ins Zentrum seiner Theologie (s. u. III.2.b).

Der Titel *Herr* (Kyrios) ist mehrdeutig. Er kommt 719-mal im Neuen Testament und 189-mal in den echten Paulusbriefen vor. Er kann wörtlich einen Herrn im Sinne des Besitzens und Herrschens bezeichnen (Röm 14,4), er kann eine Ehrenanrede oder Selbstbezeichnung wie in den Evangelien für Jesus sein (Mk 2,28; 7,28; 11,3 u.ö.), und er kann als Hoheitstitel den auferstandenen Jesus Christus oder Gott selbst bezeichnen (Fitzmyer 1992). Gott überträgt sein Herr-Sein auf den auferstandenen Jesus Christus.

Jesus (Christus), der Herr

Im Ersten Thessalonicherbrief fällt der Titel *Herr* 24-mal, 23-mal für Jesus und 1-mal für Gott aufgrund der alttestamentlichen Redewendung *Tag des Herrn*, der in Kürze anbrechen wird (1 Thess 5,2). Der auferstandene Jesus Christus hat vollen Anteil am Herr-Sein Gottes und vermittelt diese Herrschaft an seine Anhänger. Der Hoheitstitel *Herr* ist für griechisch-römische Hörer sofort verständlich. Der Kaiser ist der Herr seines Hauses, das wiederum den Prinzipat, den Vorrang vor allen Familien des griechisch-römischen Weltreiches hat. Allerdings vermeiden die Kaiser noch im 1. Jh. den Hoheitstitel *Herr*. Erst Domitian (81–96) ließ sich von Schmeichlern als *dominus et deus* (Herr und Gott) anreden (Sueton, Dom. 13).

Zu den Hoheitstiteln gehört noch *Sohn Gottes*. Er fällt zum Abschluss des Vorworts in Vers 10. In den echten Paulusbriefen kommt *Sohn Gottes* oder *Sohn* im Sinne von *Sohn Gottes* nur 15-mal vor. Im Ersten Thessalonicherbrief fällt er nur 1-mal, und zwar im Briefeingang 1,10 (s. u. III.1.g). Im Neuen Testament wird 80-mal von der Gottessohnschaft Jesu gesprochen und von der der Menschen 15-mal, davon allein 9-mal in den echten Paulusbriefen. Die Gottessohnschaft Jesu und die Gottessohnschaft der Glaubenden gehören für Paulus eng zusammen.

Der überwiegende Gebrauch von *Sohn* im Neuen Testament ist im Unterschied zum *Vater* anthropologisch auf zwischenmenschliche Beziehungen bezogen: 299-mal. *Sohn* steht mit 379 Nennungen an achter Stelle der Häufigkeit von Substantiven im NT.

Sohn Gottes im Alten Testament

Im Alten Testament meint *Sohn Gottes* den Messias-König (2 Sam 7), das Volk Israel (Hos 11) und den leidenden Gerechten (Weish 2). *Sohn Gottes* gehört also einerseits zum Christus-Titel und erweitert andererseits die Gottessohnschaft auf das ganze Volk Israel. Beide, das Volk Israel und der Messias-König, sind *Söhne* Gottes; der Messias-König ist noch intensiver *Sohn*, weil er als König von Gott zum Sohn adoptiert worden ist und somit vor Israel herausgehoben ist, um Repräsentant Gottes für Israel zu sein und zugleich Israel vor Gott zu repräsentieren.

In der hellenistischen Zeit Israels wird der Volksgedanke individualisiert. Der Gerechte und insbesondere der leidende Gerechte wird ebenfalls zum *Sohn Gottes*, weil er die Sohnschaft Gottes nach der Weisheit der Tora lebt und so das gerechte Israel vor Gott repräsentiert (Weish 2).

Die Anrede der Gemeinde von Thessaloniki (1 Thess 1,1) hat die zentralen christlichen Bedeutungsfelder von Gott und Jesus mit der komplexen Doppelbezeichnung *Gott Vater* und komplexen Titelnennung *Herr Jesus Christus* gleich zu Anfang benannt und schließt das Vorwort mit der Nennung des ebenfalls zentralen *Sohn-Gottes*-Titels ab. Im Fortgang dieses Briefes und in den nachfolgenden Briefen wird Paulus diese Felder miteinander vernetzen und deutlich Schwerpunkte und Entfaltungen setzen.

Auffallend ist, dass die komplexe Bezeichnung „Gott, der Vater, und der Herr Jesus Christus" einen Zusatz *(in)* zum Dativ-Objekt *Gemeinde (ekklesía)* bildet und in dieser Form singulär für die paulinischen Briefe bleibt. In diesen betont Paulus wohl das *„in Christus Sein" (en christó)* (1 Thess 2,14; 4,16; 5,18), bzw. *„im Herrn Jesus Sein"* (1 Thess 4,1) oder *„im Herrn Sein"* (1 Thess 3,8; 5,12), fügt aber nicht mehr Gott hinzu. Er setzt die Einheit zwischen auferwecktem Jesus Christus und Gott als selbstverständlich voraus. Der Gemeinde wird hier erstmalig zugesagt, dass sie sich innerhalb dieses Beziehungsfeldes befindet.

Es entsteht das kommunikative Dreieck:

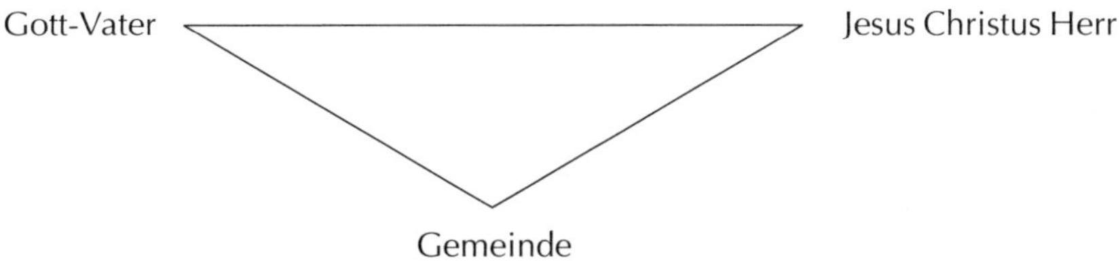


die Gemeinde in Gott, dem Vater, und Jesus Christus, dem Herrn

Gott ist der *Vater* der Gemeinde, Jesus Christus ihr *Herr*; die Gemeinde wird von beiden geliebt und umsorgt. Dieser Basissatz des Glaubens wird im Hauptteil vertieft, wenn Paulus die Hoffnung ausspricht:

„Unser Gott und Vater selbst aber und unser Herr Jesus richte unseren Weg zu euch aus" (1 Thess 3,11). Gott-Vater und der auferstandene Jesus lenken gemeinsam die Wege des Paulus und der Gemeinde.

### *d) Gaben Gottes, heiliger Geist und Gegenmächte*

Der das Präskript abschließende Doppelgruß wünscht der Gemeinde *„Gnade und Frieden"* von *Gott. Gnade* (cháris) wird hier formelhaft gebraucht und umschließt formelhaft als Abschiedsgruß den gesamten Brief (1 Thess 5,28). Innerhalb des Briefes gibt Paulus keine Ausführungen zum Begriff *Gnade.* Erst in der späteren Korrespondenz mit der Gemeinde der Korinther und Römer findet dieser Begriff eine breite Ausgestaltung (s. u. III.2.d). Allerdings bringt die Schlussformel eine neue Genitiv-Ergänzung: „Die Gnade unsers *Herrn Jesus Christus* (sei) mit euch" (1 Thess 5,28).

Der komplexe Jesus-Titel der Adresse wird mitsamt dem Gnaden-Wunsch wiederholt. Zum Gnaden-Spender Gott tritt der *Kyrios Jesus Christus* hinzu. Beide senden zusammen *Gnade* an die Gemeinde. Diese Gemeinsamkeit wird auch in den späteren Briefen betont.

Gnade und Frieden als Gaben Gottes

*Frieden* als Gabe Gottes eröffnet den Briefschluss und verstärkt die Umschließung des Briefes (1 Thess 5,23). Die Herstellung von Frieden ist gemeinantike Erwartung an eine Gottheit. Im Römerbrief fügt Paulus explizit den *Kyrios Jesus Christus* zu Gott hinzu als Geber des Friedens (Röm 1,7).

Erwählung von Israel und von den Völkern

Das Dank-Gebet 1 Thess 1,2–10 ist die neue christliche Form für das Exordium, das Vorwort. In ihm werden die Gedanken angekündigt, die im Hauptteil ausgeführt werden. Zunächst geht es um die Beziehung zwischen Paulus und der Gemeinde in ihrem tätigen Glauben an Gott und den *Kyrios Jesus Christus.* Dann verweist Paulus auf die *Erwählung,* die im Alten Testament *Israel* zuteil geworden war und in der Gemeinde von Thessaloniki erneut erfolgt ist, nun aber als die Erwählung von *den Völkern*.

Dann folgt der zentrale Begriff *Evangelium* (Gottes). Die nähere Bestimmung der Evangeliumsverkündigung des Paulus *„mit dem heiligen Geist"* verweist auf den eigentlichen Träger des Evangeliums. Das *Pneuma* Gottes ist sein Verkünder und Geber der weiteren Gaben *Gnade und Frieden*.

*Pneuma* bezeichnet im Griechischen die elementare Natur- und Lebenskraft: Wind, Hauch, Atem, und zwar als Stoff und Vorgang in einem. Das hebräische Äquivalent ist ruach, das aber nicht als Substanz gedacht wird, sondern als Atem und Windstoß erfahren wird. Es bezeichnet oft Gottes Wirken in Lebenskraft und Gaben. Zugleich können überirdische gute oder böse Wesen als ruach bzw. *Pneuma* bezeichnet werden.

Im Neuen Testament steht *Pneuma* 379-mal. Es bezeichnet nur 3-mal Wind und Hauch, häufiger dagegen den Geist des Menschen (circa 47-mal), sowie böse (circa 38-mal) Geister oder Geister der Verstorbenen bzw. Engel (9-mal). Sehr viel häufiger meint es den Geist Gottes (circa 270-mal). 5-mal meint es den Geist Jesu Christi, des Sohnes Gottes (Kremer 1992, 281 f.). Da der heilige Geist noch keine trinitarische Person, sondern die Wirkweise Gottes und seines Sohnes Jesus Christus ist, wird „heilig" hier kleingeschrieben.

*Pneuma* kommt im Ersten Thessalonicherbrief 5-mal vor, 4-mal für den (heiligen) Geist Gottes, 1-mal für den Geist des Menschen (1 Thess 5,23). Mit geistiger Wirkkraft erfüllt Gott das von Paulus verkündete Evangelium, sorgt für seine Aufnahme in der Gemeinde trotz der Bedrängnis (1 Thess 1,5 f.; 5, 19) und ermöglicht ethisches Verhalten (1 Thess 4,8).

das Pneuma Gottes und die Gegenmächte

Geistige Gegenmacht gegen das Pneuma Gottes sind im Neuen Testament heidnische Gottheiten, unreine Geister, Dämonen und Satan. Der Erste Thessalonicherbrief spricht allerdings nur von der Abwendung von den paganen Gottheiten (1 Thess 1,9) und von den Störungen Satans (1 Thess 2,18; 3,5). Später führt Paulus aus, dass Gott seine Macht in Jesus Christus über den ganzen Kosmos hat durchsetzen können (Phil 2,5–11). Die unterworfenen Mächte, z. B. Satan, können noch Störungen wie Krankheit und Behinderungen von Besuchen (1 Thess 2,18) bewirken, aber ihre Herrschaft ist endgültig beendet.

Dafür regieren aber noch die *Sünden* (1 Thess 2,16) beziehungsweise die *Sünde* den Menschen (Röm 5,19–21; s. u. III.4.i). Die pneumatischen Gegenmächte erhalten noch nicht den Rang einer pneumatischen dualistischen Gegenmacht wie in den gnostischen Bewegungen des 2. Jh.s. Die Entscheidung für oder gegen Gott bleibt anthropozentrisch auf den Menschen konzentriert.

Die häufigsten Substantive und Eigennamen des Neuen Testaments, die zugleich theologisch zentral sind, werden in der Anrede und im Dankgebet (1 Thess 1,1–10) genannt: *Gott* (1), *Jesus* (2), *Herr* (3), *Christus* (5), *Vater* (6), *Sohn* (8), *Geist* (9). Es fehlen allerdings noch *Mensch* (4) und *Tag* (7); sie sind ja auch überwiegend keine theologischen Begriffe.

### *e) Mensch und Tag*

Natürlich verwendet der Erste Thessalonicherbrief auch diese Begriffe, und zwar im Hauptteil: die Evangeliumsverkündigung soll *Gott* gefallen und sich nicht nach den Erwartungen der *Menschen (ánthropos)* richten (1 Thess 2,4.6.13). *Gott* und *Mensch* stehen im Gegensatz. Paulus führt hier noch nicht aus, dass diese Polarität durch die Übermacht der Sünde bewirkt wird (Röm 3,9.20), deutet aber an, dass bei den Juden die vielen einzelnen Sünden eine Offenheit für das Evangelium an die Heiden verhindern (1 Thess 2,16). An den anderen Stellen stehen Gott und Menschen nicht im Gegensatz (1 Thess 2,15; 4,8). Mensch bezeichnet im allgemeinen Sinne den autonomen Bereich des menschlichen Handelns.

der Mensch als autonom handelndes Subjekt und die Macht der Sünden

*Tag* steht im Neuen Testament 389-mal. Er ist zum einen Zeitangabe wie in 1 Thess 2,9; 3,10: „nachts und tags arbeiten oder beten". Er ist zum anderen Träger der theologischen Metapher *Tag des Herrn* (1 Thess 5,2.4.5.8), die sich nur bei Paulus findet und aus dem Alten Testament stammt (Am 5,18–20). Die Metaphorisierung des Tages geht in den anderen Schriften mit anderen Formulierungen weiter. Mensch und Tag bleiben aber überwiegend innerweltliche Begriffe und werden nur zum Teil metaphorisiert.

Tag als tägliche Erfahrung und Tag des Herrn

Das Neue Testament entwickelt weitgehend keine theologische Eigensprache, sondern benutzt die damals geläufigen theologischen und anthropologischen Begriffe. Lediglich der Eigenname *Jesus* und der sondersprachliche Hoheitstitel *Christus* bilden in der Häufigkeit die Ausnahme.

### *f) Das Evangelium Gottes*

*Evangelium* findet sich 76-mal im Neuen Testament. Es gehört nicht mehr zur Liste der häufigsten theologischen Substantive. Es fällt auf, dass die echten Paulusbriefe deutlich die Mehrzahl von *Evangelium* gegenüber den anderen Schriften haben: 48-mal. *Evangelium* ist ein Zentralthema der paulinischen Theologie.

Evangelium als neue christliche Metapher und paulinische Zentralmetapher

*Evangelium* ist kein Begriff mit festgelegtem Inhalt, sondern eine neue nachösterliche Metapher der urchristlichen Verkündigung. In den Worten Jesu fehlt noch das Substantiv *Evangelium*. Doch Jesus gebraucht wie das Jesaja-Buch das Verb *euangelízo* (Lk 7,22/Mt 11,5; s. u. V.1). Paulus bezieht sich mit seinem häufigen Gebrauch (48-mal) immer auf das eine *Evangelium*, definiert aber nicht exakt den Inhalt des *Evangeliums*.

Die Glaubensformel 1 Kor 15,3–5 wird von Paulus ausdrücklich *Evangelium* genannt (1 Kor 15,1; s. o. III.1.c); die Glaubensformel 1 Thess 1,9f. (s. u. III.1.g) steht mit der Nennung des *Evangeliums* im Dankgebet in Verbindung: „[5]weil unser Evangelium nicht kam zu euch im Wort allein, sondern auch in Kraft und in heiligem Geist und in viel Fülle" (1 Thess 1,5a).

Beide Formeln wollen den Gehalt von *Evangelium* nicht festschreiben. Daher scheiterte am Anfang des 20. Jh. Seebergs Versuch, aus den verstreuten Glaubensformeln und -darstellungen in der neutestamentlichen Briefliteratur den *Katechismus* des Urchristentums als das urchristliche Evangelium zusammenzustellen (Seeberg 1966, 45–86; 200f.; kritisch dazu Frankemölle 1994, 102–107).

*Evangelium*, absolut oder als Kompositionsmetapher, bezeichnet in den paulinischen Briefen die *frohe Botschaft* vom Heilshandeln Gottes an Jesus mit dem Zentrum von Kreuz und Auferweckung. Daher steht *Evangelium*, wenn es explizit mit Jesus Christus, dem Sohne Gottes verbunden ist, immer im Genitivus objektivus, das heißt, es ist ein *Evangelium von Jesus Christus*, und zwar von seinem Handeln, seinem Kreuzestod und seiner Auferweckung. Ganz deutlich wird diese Objektbeziehung, wenn Gott zum Genitiv hinzutritt: „das *Evangelium Gottes* (von Jesus/Christus)" (Röm 1,1 u. ö.).

Der Erste Thessalonicherbrief hat 6-mal *Evangelium*, davon 3-mal *Evangelium Gottes* (1 Thess 2,2.8.9), 1-mal *Evangelium von Christus* (1 Thess 3,2) und 2-mal absolut *Evangelium* (1 Thess 1,5; 2,4). Der absolute Gebrauch, der sonst in den Paulusbriefen überwiegt (29-mal), assoziiert beide Genitive: *das Evangelium Gottes von Jesus Christus, dem Sohne Gottes.*

Evangelium als frohe Botschaft von allen Handlungen Gottes an Jesus und von den Heilshandlungen Jesu

Mit dem offenen Gebrauch von *Evangelium* wird die Engführung Bultmanns überwunden, *Evangelium* bezeichne allein das „hellenistische(n) Kerygma von Christus, dessen wesentlicher Inhalt der Christusmythos ist, wie wir ihn aus Paulus kennen (bes. Phil 2,6ff.; Röm 3,24)" (Bultmann 1995, 372; s. u. III.3.c; VI.4.b). Evangelium bezeichnet von Anfang an alle Handlungen Gottes an Jesus und die Heilshandlungen Jesu selbst.

In der Antike war *Evangelium* ebenfalls der Fachausdruck für eine frohe Botschaft. Dem Boten wurde Lohn bezahlt (Homer, Od. 14, 152–167). Die Rückkehr des Odysseus nach 10-jährigem Krieg um Troja und 10-jähriger, anschließender Irrfahrt bedeutet ein *Evangelium.*

Evangelium in der Antike und im Kaiserkult

Im römischen Kaiserkult gewinnen die *Evangelia* eine zentrale Bedeutung. Geburtstag und Thronbesteigung des regierenden Kaisers werden als Feste begangen, seine Vergöttlichung (Apotheose) nach dem Tode wird als „bonum nuntium", griechisch „*Evangelium*" gefeiert (Seneca, Apocolocyntosis 1,2–3, 1957).

Der Vorgänger des Kaiser Claudius, der größenwahnsinnige Kaiser Caligula (37–41), hatte seine Schwester Drusilla nach ihrem Tode vergöttlichen lassen. Zu diesem Zweck benötigte er u. a. einen Bürgen, der ihre *Himmelfahrt* bezeugen konnte. Die Apotheose Drusillas wird zum *Pseudo-Evangelium*, dem keine Seele glauben kann. Auch der Senatsbeschluss zur Vergöttlichung des verstorbenen Claudius ist nach Meinung Senecas ein unglaubwürdiger, lächerlicher Vorgang. Der Kaiser bleibt ein Mensch, dem die Götter ihre Kraft zum Heile des römischen Reiches schenken, aber auch zum Leidwesen aller versagen können.

Ein Städteverband (Koinon) an der Westküste Kleinasiens ging zuvor mit der Kaiserverehrung so weit, den Geburtstag des Kaisers Augustus zum Beginn des neuen Jahres zu deklarieren. Die Inschrift des berühmten Kalenderbeschlusses von 9 v. Chr. ist mehrfach erhalten (üb. v. Leipoldt/Grundmann 1967, 2, 107; dazu Ettl 1998, 121–152).

Der Geburtstag des *Gottes* (theós) Augustus am 23.9. bildet den Anfang der Freudenbotschaften von seiner Weltherrschaft, die allen Menschen den Frieden und das Heil bringt. Durch die Verlegung des Jahresanfangs auf diesen Geburtstag werden die *Evangelien* von der augusteischen Weltherrschaft rituell mit dem Jahreszyklus verbunden. Sie schaffen und begründen mit ihrer jährlichen Verkündigung der Geburt des *Augustus* das Weltheil präsentisch eschatologisch jeweils neu. Allerdings setzt sich diese Neujahrsverschiebung nicht durch (Dormeyer 2002, 32–34).

Endzeiterwartung anstelle eines Weihnachtsfestes im Neuen Testament

Im Neuen Testament findet dagegen eine solche Zyklisierung des Evangeliums von Jesus Christus noch nicht statt. Erst die frühe Kirche entwickelt den Jahreskreis der Kirchenfeste. Das Weihnachtsfest wird im 4. Jh. in Rom mit dem 25. Dezember als Wende des alten Jahres zum üblichen Neujahr mit dem 1. Januar eingeführt und blickt auf den Geburtstag des *Retters* Jesus zurück (Lk 2,11). Das Neue Testament wartet dagegen auf die nahe Vollendung des in Jesus Christus angebrochenen Evangeliums und blickt trotz Parallelen (Lk 2,11) nicht auf Einzelfeste zurück. So kennt das Neue Testament nur den Singular *Euangelium,* nicht den Plural *Euangelia.*

Evangelium im Alten Testament

Das Alte Testament kennt auch nicht den Singular *Euangelion.* Auch der Plural *Euangelia* ist kaum gebräuchlich und meint lediglich den Botenlohn (2 Sam 4,10). Hingegen hat das Verb (euangelízo = eine Frohbotschaft verkünden) eine zentrale Bedeutung im Prophetenbuch Jesaja und in 2 Sam 4,10. König David erinnert daran, dass die Botschaft vom gewaltsamen Tod seines Vorgängers Saul durch die Philister kein *Evangelium* war, sondern eine Trauerbotschaft, obwohl sich David in tödlicher Feindschaft dem König Saul gegenüber befand (2 Sam 4,10).

Im Jesajabuch befindet sich in der 2. Hälfte ein eigenständiger, zusammenhängender Teil, der erst im Exil Israels (586–538 v. Chr.) zu den ursprünglichen Sprüchen des Propheten Jesaja hinzugewachsen ist und mit dem griechischen Begriff *Deutero-Jesaja* = Zweiter Jesaja (Jes 40–55) bezeichnet wurde. Deutero-Jesaja stellt als Einleitung die Einsetzung eines *Freudenboten = Euangelizómenos* vor (Jes 40, 1–9). Zunächst kündigt Gott dem Propheten die Rückkehr Israels aus dem Exil (538 v. Chr.) an. Dann lässt Gott eine *Stimme* den Auftrag verkünden, den Weg seines herrscherlichen In-Erscheinung-Tretens, seiner Epiphanie, vorzubereiten. Diese oder eine weitere Stimme erneuert anschließend den Verkündigungsauftrag, den der ursprüngliche Prophet Jesaja schon rund 200 Jahre vor dem Exil erhalten hat (Jes 6,1–13: um 739 v. Chr.). Der neue Prophet oder die neue Prophetengruppe Deutero-Jesaja soll zum Sprachrohr Gottes für die Freude des befreiten Israels werden (Berges 2008, 19–29).

Im vierten und letzten Lied vom Gottesknecht (Jes 52,13–53,12) bezeichnet sich der Prophet oder die Prophetengruppe dann ausdrücklich als *Freudenbote.* Wie später Jesus von Nazaret (Mk 1,14f.) bringt er oder die Gruppe das *Evangelium* von der nahegekommenen Königsherrschaft Gottes: „7 Wie willkommen sind auf den Bergen / die Schritte des *Freudenboten,* der Frieden ankündigt, / der eine frohe Botschaft bringt und Rettung verheißt, / der zu Zion sagt: Dein Gott ist König." (Jes 52,7)

Dieser Freudenbote leidet gleichzeitig als der *Gottesknecht* für sein Volk (Jes 52,13–53,12). Denn Israel vertraut nicht der Freudenbotschaft.

Die Botschaft von *Deutero-Jesaja* geht nach dem Neuanfang 538 v. Chr. in *Trito-Jesaja* weiter (Jes 56–66):

„1 Der Geist Gottes, des Herrn, ruht auf mir; / denn der Herr hat mich *gesalbt.* Er hat mich gesandt, damit ich den Armen eine *frohe Botschaft* bringe / und alle heile, deren Herz zerbrochen ist,
damit ich den Gefangenen die Entlassung verkünde / und den Gefesselten die Befreiung,
2 damit ich ein Gnadenjahr des Herrn ausrufe, / einen Tag der Vergeltung unseres Gottes, / damit ich alle Trauernden tröste,
3 die Trauernden Zions erfreue, / ihnen Schmuck bringe anstelle von Schmutz, Freudenöl statt Trauergewand, / Jubel statt der Verzweiflung." (Jes 61,1–3)

Dieses Amt des vom *Geist Gesalbten*, des *Christus*-Freudenboten, wird im Neuen Testament durch Jesus Christus endgültig erfüllt (Q 7,22). Er kündigt selbst und durch seine Apostel seinem Volk die bereits eingetretene Königsherrschaft Gottes und die noch bevorstehenden endzeitlichen Heilstaten Gottes an (s. u. III.4.f; V.2.c; 4; VI.3.c).

Der Singular *Evangelium* ist eine christliche Neubildung. Die Wurzeln liegen im Alten Testament, da u. a. Paulus Jes 52,7 zitiert (Röm 10,15–16a; Stuhlmacher 1968, 200ff.; Frankemölle 1994, 64–110.251–262), in der griechischen Kultur und im Kaiserkult (Deißmann 1923, 312f.; Friedrich 1935; Koester 1990, 4; Dormeyer 1993, 199–228; ders. 2005, 166–185). So hat das *Evangelium von Jesus Christus* eine jüdische und eine griechische Bedeutung.

Die Erwartungen des Alten Testaments und Frühjudentums an Evangelia sind: Herrschaftsantritt eines zukünftigen Christus-Propheten oder einer zukünftigen Christus-Propheten-Gruppe (Jes 40–66); Leiden und Tod des Christus-Gottes-Knechts (Jes 40–66); Herrschaftsantritt des zukünftigen Christus-Königs aus dem Hause Davids (Jes 1–39; PsSal 17).

Uminterpretation der alttestamentlich und griechisch-römischen Erwartungen

Diese Erwartungen werden von Paulus und der vorpaulinischen Tradition uminterpretiert: der erwartete Christus-Prophet ist in Jesus Christus schon endgültig angekommen; der gekreuzigte und auferweckte Jesus Christus repräsentiert als Sohn Gottes alle Glaubenden einschließlich Israel vor Gott; als erhöhter Sohn Gottes wird er alle Anhänger „dem kommenden Gericht Gottes" entreißen (1 Thess 1,10; s. u. III.1.g).

Die griechisch-römischen Erwartungen an die Evangelia sind: Herrschaftsantritt eines neuen Kaisers; Vergöttlichung des verstorbenen Kaisers als Fürsprecher des römischen Reiches im Pantheon.

Sie werden von Paulus und der vorpaulinischen Tradition uminterpretiert: der auferweckte Jesus Christus ist der eschatologische Herr (Kyrios) der Welt; Jesus Christus, der Sohn Gottes, ist der alleinige Retter aller Menschen (1 Thess 1,10). Diese Uminterpretation setzt Paulus mit *der* Glaubensformel als bereits bekannt voraus, mit der er den Briefeingang abschließt: 1 Thess 1,9f.

### *g) Die Glaubensformel von Bekehrung und Rettung 1 Thess 1,9f.*

Paulus legt Wert darauf, das *Evangelium* nicht nur *mit Worten zu verkünden*, sondern mit der eigenen Praxis vorbildlich zu leben: „[5]unser Evangelium […], gleichwie ihr wisst, wie wir uns erwiesen haben bei euch euretwegen." (1 Thess 1,5b)

der Glaube der Gemeinde als Vorbild

Er macht gleich anschließend den Thessalonichern das Kompliment, dass auch sie das Evangelium nach seinem Beispiel in die Praxis umgesetzt haben und so zum „*Vorbild* für alle Gläubigen in Makedonien und Achaia" geworden sind (1 Thess 1,6f.). Makedonien mit der Hauptstadt Thessaloniki und Achaia mit der Hauptstadt Korinth bezeichnen die nördliche und südliche römische Provinz von Griechenland. Der vorbildliche Glaube der Gemeinde von Thessaloniki ist sogar über Griechenland hinaus „überall" in der griechisch sprechenden Welt bekannt geworden (1 Thess 1,8). Das Thema des Hauptteils 1 Thess 2,1–3,13, der Glaube der Gemeinde, ist deutlich benannt worden.

Dann verbindet Paulus die Aufnahme seiner Person und seiner *Evangeliums*-Verkündigung mit einer alten Glaubensformel: „[9]und wie ihr euch bekehrtet hin zu Gott, weg von den Göttern, zu dienen dem lebendigen und wahren Gott [10]und zu erwarten seinen Sohn aus den Himmeln, den er erweckte aus den Toten, Jesus, den uns Rettenden aus dem kommenden Zorn." (1 Thess 1,9f.)

die juden-hellenistische Werbung für den einen Gott

Der erste Teil der Glaubensformel stammt aus der jüdischen Missionspredigt. Die Hinwendung zu dem einen lebenden und wahren Gott bedeutet die Abkehr von Götterbildern und deren Gottheiten. Eídolon, wörtlich: Gestalt, Gebilde, Schatten- und Trugbild, meint beides: Götterbilder und Gottheit. Und die Stadt Thessaloniki hat ja eine Fülle von Tempeln der alten griechischen Gottheiten und von Gebäuden der Mysterienkulte (s. o. III.1.a). Bereits die judenhellenistische Werbung mit dem monotheistischen Gott hatte die Götterbilder, die Mysterienkulte und die Verehrung von vielen Einzelgottheiten kritisiert.

Auch die griechischen Vorsokratiker hatten eine Entmythologisierung des griechischen Pantheons entwickelt. Die Ablehnung der Bilderverehrung im Judentum geschieht parallel zum kritischen *Atheismus* der jonischen Frühaufklärung. Juden und Philosophen akzeptieren die Götterbilder als Kunstprodukte, als Verbindung von Technik und menschlicher Überlegung, aber nicht als Erscheinungsformen des Göttlichen.

die hellenistische Götterkritik und die stoische Lehre von der Weltseele

„Nicht braucht man zum Himmel zu erheben die Hände noch anzuflehen den Tempelwächter, daß er uns zum Ohr des Götterbildes, als ob wir dann besser erhört werden könnten, vorlasse: nahe ist dir der Gott, mit dir ist er, in dir ist er. So sage ich, Lucilius: ein *heiliger Geist* wohnt in uns, unserer schlechten und guten [Taten] Beobachter und Wächter: wie er von uns behandelt wird, so behandelt er selber uns. Ein guter Mensch aber ist niemand ohne den *Gott*: oder kann einer über das Schicksal, wenn nicht von ihm unterstützt, sich erheben? Er gibt Entschlüsse, die hochherzig und aufrecht: in jedem guten Menschen – welcher *Gott*, ist ungewiß – wohnt ein *Gott*." (Sen.epist.Luc. 4,41,1–2) Seneca kritisiert hier sowohl die Bilderverehrung als auch die Anbetung einzelner Götter. Der in jedem (guten) Menschen wirkende *Gott* ist unbekannt (Apg 17,28). Denn hinter den bekannten Göttern steht nach stoischer Philosophie die eine göttliche Weltseele.

Das hellenistische Judentum konnte diese pantheistisch verstandene göttliche Einheit aufnehmen und mit dem monotheistischen JHWE-Glauben zu der *Ein-Gott-Formel* verbinden. Paulus zitiert diese Formel, die hier bereits anklingt, in den späteren Briefen wörtlich, und zwar 3-mal in Bezug auf die Schöpfung (1 Kor 8,4–6; Röm 3,30; Gal 3,20).

Im Ersten Thessalonicherbrief spielt zwar die Schöpfung noch keine Rolle, wohl aber das Weltende durch den einen Gott (1 Thess 4,13–5,11). Die griechische Religionskritik wird hier mit dem neuen christlichen Glauben an die Rettung im Weltgericht durch Jesus Christus verbunden. Nach apokalyptischer Auffassung gehen die Geretteten in eine neue Schöpfung über. Diese Ergänzung bringt wiederum erst der Erste Korintherbrief (1 Kor 15; s. u. III.2.c).

Wie der Christus-Freudenbote und Gottesknecht des Jesaja-Buches wird Jesus von seinem Volk getötet. Er wird *auferweckt* und schafft damit die endzeitliche Hochstimmung, dass der Christus, der Gesalbte des Herrn, in der Auferweckung endgültig die Herrschaft über die Welt angetreten hat und zum *Retter* der Glaubenden bei der Vollendung der Welt wird.

In der später folgenden Ermahnung, der exhortatio, wird der kommende

*Zorn* Gottes und die *Rettung* vor ihm näher ausgeführt (1 Thess 4,13–18). Der Hoheitstitel Retter/Heiland (Sotér) fällt hier und im gesamten Ersten Thessalonicherbrief noch nicht. Er ist der Beiname von Göttern, z. B. dem Heilgott Asklepios, und von vergöttlichten griechischen Königen, z. B. vom ägyptischen Diadochenkönig Ptolemäus I. Soter (323–285 v. Chr.), kann aber auch Ehrentitel verdienter Männer sein, z. B. für Josephus, den Leiter des Aufstands gegen die Römer in Galiläa (66–67 n. Chr.; Jos., vit. 244.259).

Jesus, der Retter

Im Neuen Testament kommt *Sotér* nur 24-mal vor. Paulus verwendet ihn nur 1-mal für den Herrn Jesus Christus (Phil 3,20). Von *Rettung* (sotería) spricht das Neuen Testament hingegen öfter: 46-mal und Paulus: 14-mal, 2-mal im Ersten Thessalonicherbrief: 1 Thess 5,8.9. Wesentlich häufiger wird das Verb *Retten* (sózo) gebraucht: 110-mal, bei Paulus: 19-mal, davon 1-mal: 1 Thess 2,16.

Paulus polemisiert in 1 Thess 2,14–16 gegen die Juden. Er hält ihnen die Tötung von Jesus und den alttestamentlichen Propheten und schließlich seine eigene Verfolgung vor. Dann beklagt er als Ergebnis, dass die jüdischen Verfolger das *Gerettet*-Werden der *Völker* verhindern wollen und dadurch den *Zorn* Gottes verlängern (Röm 1,18; s. u. III.4.f). Paulus wiederholt deutlich die Glaubensformel von 1 Thess 1,10 und setzt das *Retten* Jesu mit dessen irdischem Wirken, Kreuzestod und dessen Auferweckung in Verbindung.

Die Verkündigung des ganzen Wirkens Jesu und des Wirkens an Jesus, also das *Evangelium Gottes von Jesus* (1 Thess 2,2–9), bringt die Rettung den Völkern. Der Widerstand gegen diese Heilsverkündigung lässt jetzt noch den Zorn Gottes, der sich im künftigen Weltgericht offen zeigen wird, weiter wirken, und zwar an Juden und Heiden (s. u. III.1.i).

### h) Glaubens(Pistis)-formeln von der Auferweckung, der Rettung und dem Sterben für und Homologien/Akklamationen

In 1 Thess 1,9f. hatte Paulus zum ersten Male eine inhaltliche Aussage zum Evangelium und zum Hoheitstitel Sohn Gottes gemacht. Bisher hatte er in diesem Briefeingang das Wissen um die Hoheitstitel Gottes und Jesu vorausgesetzt. Schließlich hatte er ja einige Wochen oder Monate in der Gemeinde von Thessaloniki das Evangelium verkündet (1 Thess 2,1–16). Diese Verkündigung kann auf Glaubensformeln aufbauen, die Paulus von den frühen Gemeinden in Palästina, Syrien und der Asia (Kleinasien) überliefert worden sind.

Vornehmlich in der Briefliteratur finden sich kleine *Wortgattungen*, die als Zitate oder als stilgerechte Einlagen von Gemeindeüberlieferung markiert werden.

vorpaulinische Glaubensformeln

Unmittelbar nach Ostern prägten die Anhänger Jesu Glaubensformeln und Bekenntnisse. Sie preisen die Person Jesu (*Homologien*) oder erinnern an zentrale Heilsereignisse (*Pistisformeln*): „Denn wenn du mit deinem Mund bekennst: ‚Jesus ist der Herr' (= Homologie) und in deinem Herzen glaubst: ‚Gott hat ihn von den Toten auferweckt' (= Pistisformel), so wirst du gerettet werden." (Röm 10,9)

Literarisch sind diese Formeln als memorierfähige Sätze durch Parallelismus ihrer Glieder, Relativstil und Partizipialstil gekennzeichnet. Im Mittelpunkt stehen bei den *Bekenntnissen* Hoheitstitel wie *Christus, Sohn Gottes, Herr.* Bei den *Glaubensformeln* geht es um Kreuz und Auferstehung, Parusie,

Erhöhung, Sendung. Die beiden von Paulus zitierten Sätze repräsentieren zwei Untergattungen von urchristlichen Formeln, die in zwei unterschiedlichen Sprechakten ihren Sitz im Leben haben. Mit dem *Mund* (stóma) erfolgt das akklamierende Bekennen in der Taufliturgie und im Gottesdienst, mit dem *Herzen* (kardía) die Vergewisserung der Glaubensgrundlage für die Verkündigung, Predigt und Katechese. Die Verben dieser unterschiedlichen Sprechakte lassen sich entsprechend als differenzierende Gattungsbezeichnungen verwenden. *Bekennen* (homologéo) konstituiert die Homologie, *Glauben* (pisteúo) die Pistisformel (Dormeyer 1993, 125–133).

Vielhauer fasst die Diskussion um die *Pistisformeln* prägnant zusammen: „Man kann drei Ausprägungen feststellen: a) eine, die nur die Auferweckung Jesu, b) eine, die nur seinen Tod, und c) eine, die Tod und Auferweckung (Auferstehung) nennt. Die beiden ersten sind älter als die dritte, die die beiden ersten kombiniert, und wohl auch verschiedener Herkunft." (Vielhauer 1975, 14)

Von den beiden älteren Ausprägungen ist diejenige, die nur von der Auferweckung berichtet, die älteste. Ihre Grundform lautet: „*Gott hat Jesus (ihn; Christus) von den Toten auferweckt*" (vgl. 1 Thess 4,14; Röm 1,4). Diese Grundform kann als Aussagesatz, als partizipiale Gottesprädikation, als Relativsatz und als passive Formulierung realisiert werden. Der Glaube an die Auferweckung der Toten durch den einen Gott ist genuine, frühjüdisch-apokalyptische Hoffnung.

Die Pistisformel von der Auferweckung kann um eine formelhafte Zusammenfassung der urchristlichen Missionspredigt erweitert werden wie hier (1 Thess 1,9b–10). Die Themen, die hier zur Auferweckung hinzukommen, sind von der judenhellenistischen, apokalyptischen Missionspredigt geprägt: Monotheismus, Polemik gegen den Polytheismus, nahes Zorngericht Gottes, Rettung aus dem Zorngericht (Bußmann 1971, 54ff.). Doch durch die Rettergestalt des himmlischen Sohnes Gottes erhält diese Zusammenfassung eine unverkennbar christliche Ausprägung (Reichardt 2008).

Allerdings heißt diese Rettergestalt in der jüdischen Apokalyptik normalerweise *Menschensohn* (Dan 7; s.u. V.2.b). Doch fehlt *Menschensohn* gänzlich im paulinischen Briefkorpus, da der Begriff im griechischen Sprachbereich unverständlich war. Ob der Hoheitstitel *Menschensohn* in der vorpaulinischen Pistisformel ursprünglich verwandt wurde, lässt sich nicht eindeutig nachweisen und bleibt umstritten. Denn Auferweckung und Rettung werden in den alten Pistisformeln auch mit *Christus* und *Sohn Gottes* verbunden, und zwar mit dem *Sterben für:* „Christus ist für uns gestorben" (Röm 5,8; 1 Kor 15,3–5).

Die Vorstellung vom stellvertretenden Sühnetod des Märtyrers ist besonders im hellenistischen Judentum in Weiterführung der Danielapokalypse (Dan 12) entwickelt worden. Sie ist aber auch im palästinensischen Judentum aufgrund der Tradition vom leidenden Gerechten der Psalmen und vom Leiden des Gottesknechtes nach Deutero-Jesaja (Jes 53) ansatzhaft vorhanden (Lohse 1955, 94–110; Schürmann 1983, 236–245).

Die judenhellenistische Märtyrertheologie (2 Makk 6,18–31; 7; 4 Makk) steht wiederum den hellenistischen, biographischen Traditionen vom gewaltsamen Tod der Philosophen ab Sokrates nahe (Plato, Phaidon 113d–118a). Epikur erklärt seine Bereitschaft, für einen Freund zu sterben: „Auch im Schlaf werde er sich gleich bleiben und werde unter Umständen für einen Freund in den Tod gehen." (Diogenes Laertius 10,121) Allerdings fehlt dem hellenistischen Philosophentod die Vorstellung der Sühne für den anderen. Denn der Philosoph weiß sich für sein Handeln autonom verantwortlich und nicht von einem personalen Gott abhängig.

Sühnetod, Auferweckung und Weltgericht

Die Kombination der eingliedrigen Formeln von der Auferweckung und dem Sühnetod bildet daher die spezifisch christliche Botschaft von der erlösenden Auferweckung Jesu (2 Kor 5,15). Diese Verbindung der Rettungstat Jesu Christi im Gericht mit dem vorhergehenden Sühnetod findet sich im Ersten Thessalonicherbrief am Schluss der Ermahnungen zum *Tag Gottes:* „[9] denn nicht bestimmte uns Gott für den *Zorn*, sondern zum Erwerb der *Rettung* durch unsern Herrn Jesus Christus, [10] des *Gestorbenen für uns*, damit wir, sei es, dass wir wachen, sei es, dass wir schlafen, zugleich mit ihm leben." (1 Thess 5,9f.) Paulus arbeitet die Theologie vom Sühnetod Jesu dann in den späteren Briefen ausführlich aus.

### *i) Königsherrschaft Gottes und Tag des Herrn. Mythische und metaphorische Rede*

*Königsherrschaft* (basileía) steht im Neuen Testament 162-mal. Die überwiegende Anzahl enthält den Genitiv *Gott* oder *Vater* oder *Himmel* (Plural) als Umschreibung Gottes. Bei Paulus kommt nur die Wendung *Königsherrschaft Gottes* vor. Er gebraucht sie in auffällig geringem Maße: 8-mal, 1-mal in 1 Thess 2,12: „[11] gleichwie ihr wisst, dass wir einen jeden einzelnen von euch, wie ein Vater seine Kinder, [12] ermutigten und trösteten und beschworen, auf dass ihr wandelt würdig Gottes, des euch Rufenden zu seiner Königsherrschaft und Glanz." Paulus verwendet hier singulär im Ersten Thessalonicherbrief den *Vater*-Titel im profanen Sinn. Deutlich wird, dass Paulus den innerweltlichen Gebrauch der Familien-Metaphorik *Vater-Kinder* für seine Beziehung zur Gemeinde von dem *Vater*-Titel Gottes und seiner Königsherrschaft ableitet. Schon jetzt herrscht Gott als *Vater* und ermöglicht in seiner Gemeinde familiäre Beziehungen. Dieses familiäre, freundschaftliche Verhältnis zwischen dem Gründerapostel Paulus und der Gemeinde ist Hauptthema der Argumentation.

der Anbruch der Königsherrschaft Gottes im Evangelium und in Paulus als Vater der Gemeinde

Die Königsherrschaft Gottes wird allerdings weder im Ersten Thessalonicherbrief noch in den anderen Briefen inhaltlich entfaltet. Sie ist ein eschatologisches Geschehen; sie wird sich in Zukunft machtvoll durchsetzen und vollenden. Dass sie schon jetzt in Jesus Christus anfanghaft realisiert ist, gehört zum Anspruch des vorösterlichen Jesus. Auf ihn gehen erst die Evangelien ein. Doch auch bei Paulus ist implizit in der *Evangeliums*-Verkündigung dieser Anspruch erkennbar, dass schon jetzt im Handeln des irdischen und auferweckten Jesus Christus die Königsherrschaft Gottes anfanghaft angebrochen und herrschaftlich durchgesetzt wird (1 Kor 4,20). So kann Paulus seinen *Vater*-Titel von der schon in Jesus Christus angebrochenen Herrschaft Gottes, des *Vaters Jesu Christi*, ableiten und vom *Glanz* Gottes reden. Um Gott als *Vater* zu betonen, vermeidet Paulus den Hoheitstitel *König* für Gott und Jesus; dieser Titel wird nur 1-mal für einen profanen Herrscher gebraucht, und zwar für Aretas IV. von Nabatäa (2 Kor 11,32).

Die Stellungnahme zum *Tag des Herrn* geht dann zum ersten Mal ausführlich auf ein Handeln Gottes ein (1 Thess 4,13–18).

Es handelt sich hier um eine apokalyptische Belehrung über den *Tag des Herrn*, der aber erst anschließend als alttestamentliche Metapher erwähnt wird; diese leitet die eschatologischen Ermahnungen ein, sich diesem *Begegnungstag* (Mt 25,6) entsprechend schon jetzt zu verhalten (3-mal *Tag des Herrn* in 1 Thess 5,1–11).

Paulus gibt hier Antwort auf eine Frage, auf die er mit *Unwissend-Sein* und *Trauern* anspielt. Die Gemeinde von Thessaloniki hat Todesfälle gehabt, für die die *Entschlafenen* einen Euphemismus bilden, und muss Paulus über Timotheus ihr Unverständnis und ihre Trauer berichtet haben (1 Thess 3,2–6). Solche Anfragen prägen auch die anderen Paulusbriefe, insbesondere die Korrespondenz mit den Gemeinden in Korinth, Philippi und Galatien.

mythologische Bilderfolge von der Auferweckung der Verstorbenen und der Vereinigung mit ihnen

In die Belehrung wird eine apokalyptische, frühjüdische Sonderüberlieferung eingebettet (Holtz 1986, 198). Im Auftrag Gottes wird *Jesus, der Herr,* vom Himmel herabsteigen und einen Befehl geben. Der Inhalt des Befehls bleibt offen. Die Stimme eines Erzengels und die Trompete Gottes verstärken ihn. Während die Erzengelstimme in der alttestamentlichen Apokalyptik nicht bezeugt ist, wohl aber in der frühjüdischen und neutestamentlichen Literatur (4 Esr 4,36; 1 Thess 4,16; Jud 9), steht die Posaune Gottes für das alttestamentliche Weltgericht (Jes 27,13; Sach 9,14). Es geht um das Erwecken der Toten und um das Sammeln der Toten und Lebenden durch Gott und durch Jesus Christus, den *Herrn*. Anschließend erfolgt eine Entrückung beider Gruppen in den Himmel zur Begegnung mit dem herabkommenden *Herrn*. *Wir* schränkt die Entrückung ein auf die Gemeinde. Das Schicksal der Nicht-Glaubenden bleibt hier wie oft in der jüdischen Apokalyptik ausgeblendet. Erst im Brief an die Römer wendet sich Paulus systematisch dieser Frage zu.

Von den Metaphern der alten Pistisformeln und Herrenworte geht Paulus zu mythologischer Rede über. Er lässt den Herrn Jesus Christus im Auftrage Gottes die Toten und Lebenden für die Entrückung in die himmlische Welt sammeln. Es ist ein Bild vom *Jüngsten Tag* entstanden, das die christliche Kunst bis in die Barockzeit hinein prägen wird.

Entmythologisierung der apokalyptischen Bilder

Doch Paulus bleibt in den späteren Briefen nicht bei dieser mythologischen Bilderfolge. Im Ersten Korintherbrief nimmt er zwar die alttestamentliche Metapher von der *Posaune* Gottes auf, erklärt aber den Sammlung- und Vereinigungsprozess der Toten und Lebenden mit Gott für ein Geheimnis (mystérion: 1 Kor 15,51–58). Die frühjüdische mythologische Spekulation über die allgemeine Totenerweckung wird entmythologisiert. Es wird zu einem Kennzeichen der paulinischen Theologie, dass er mystische und mythologische Erfahrungen und Erwartungen nicht breit ausphantasiert, sondern ihren unzugänglichen Geheimnischarakter herausstellt. Diese Entmythologisierung klingt bereits in der Mahnung an, nicht wie die Apokalyptiker *Zeiten und Fristen* für den Anbruch des jüngsten Tages zu bestimmen, sondern jederzeit für ihn vorbereitet zu sein (1 Thess 5,1–2.3–11).

### *j) Glaube und Apostolat*

Glaube (*pístis*) steht im Neuen Testament 243-mal, bei Paulus 124-mal, im Ersten Thessalonicherbrief 8-mal. Paulus betont stärker als die anderen neutestamentlichen Schriften die zentrale Bedeutung des Glaubens.

Glaube als Gabe und Praxis

Im Ersten Thessalonicherbrief erinnert gleich im Briefeingang das Dankgebet an den *Glauben* der Thessalonicher; er hat sich in der Tat (érgon), in der Praxis, wirksam gezeigt, die überall bekannt geworden ist (1 Thess 1,3.8). Der Glaube ist aber nicht ein eigenes Verdienst, sondern Frucht des Evangeliums Gottes (1 Thess 3,2; s.o. III.1.g). Doch es tragen die Thessalonicher und Paulus und seine Mitarbeiter Verantwortung für ihn. Deshalb schickt Paulus seinen Mitarbeiter Timotheus von Athen zu den Thessalonichern, damit er Mängel ihres Glaubens *zurechtrichte* (1 Thess 3,1–10). Der Panzer des *Glaubens*, den die Thessalonicher angezogen haben, kommt ebenfalls von Gott und macht sie zu *Söhnen* des Lichts und *rettet* sie aus dem *Zorngericht* Gottes (1 Thess 5,4–8). Sie sind bereits jetzt von Gott geheiligt (1 Thess 5,23). Das Lob ihres standhaften Glaubens prägt den gesamten Brief.

Der Begriff *Apostel* fällt nur 1-mal im Ersten Thessalonicherbrief: „[7]obwohl wir gewichtig auftreten könnten als Christi Apostel" (1 Thess 2,7).

Paulus hatte vom Auferstandenen die Sendung zum Apostel erhalten (1 Kor 15,3–8). Das Wissen um dieses Amt setzt Paulus bei den Thessalonichern voraus. In den nachfolgenden Briefen, außer denen an die Philipper und an Philemon, nennt er sich allerdings bereits im Eingangsgruß *Apostel*. Er schreibt seine Briefe mit apostolischer, von Christus verliehener Autorität.

Apostel, Mitarbeiter, Fürsorgende und Gemeinde

Als Mit*arbeiter* senden Silvanus und Timotheus den Brief mit ab (1 Thess 1,1). Timotheus nimmt außerdem die Sonderstellung des von Paulus bevollmächtigten Boten (Gemeinde*apostel*) wahr (1 Thess 3,2–6). In der Gemeinde übernehmen „Brüder, ... die sich Mühenden unter euch und (die) Fürsorgenden im Herrn und (die) euch Zurechtweisenden" Verantwortung für die anderen *Brüder und Schwestern* (1 Thess 5,12). Ein dauerhaftes Leitungsamt lässt sich noch nicht erkennen. Es wird erst im Ersten Korintherbrief vorsichtig als *Charisma* formuliert (s. u. III.2.d).

Paulus wird in den späteren Briefen den Glauben als Gabe Gottes stärker betonen, doch an dem Erweis des Glaubens in der Lebenspraxis wie hier immer festhalten. Es fehlen noch die Begriffe Schöpfung, Präexistenzchristologie, Sünde (als Singular), Gesetz (nómos), Kreuz, Kreuzigen, Sühnopfer, Gerechtigkeit, Rechtfertigung aufgrund des Glaubens und Bundestheologie; doch die Basis der *Rechtfertigungslehre* ist gelegt mit der Zusage der *Rettung vor dem Zorngericht Gottes durch den stellvertretenden Tod Jesu* (1 Thess 1,9f.; 5,9f.; Pokorný/Heckel 2007, 205). Die Grundzüge der paulinischen Theologie werden in diesem kurzen Ersten Thessalonicherbrief bereits deutlich (Hübner 1993, 2, 47–57).

## 2. Die Theologie der Korintherbriefe (1–2 Kor)

### *a) Paulus und die Gemeinde von Korinth*

Korinth ist wie Thessaloniki Hauptstadt der Provinz Achaia und Sitz des Prokonsuls. Als Hafenstadt am Isthmus besaß Korinth zwei Häfen, Lechaion am Korinthischen und Kenchreai am Saronischen Golf, und dazu eine Wagenstraße, den Diolkos, auf dem Schiffe über den Isthmus gezogen wurden. So spielte Korinth eine dominierende Rolle im Handel zwischen Ost und West. Nach der Zerstörung im Jahre 146 v. Chr. wurde Korinth 44 v. Chr. von Caesar als römische Kolonie-Stadt mit italischem Recht wieder begründet. Von den Heiligtümern der Stadt ist weit mehr erhalten geblieben als in Thessaloniki.

Tempel und Mysterien in Korinth

Am römischen Forum stehen der archaische Apollon-Tempel, ein römischer Tempel mit unbekannter Zuschreibung (Tempel E), ein weiterer kleiner Tempel (Tempel C).

Weiterhin befinden sich in der Stadt zwei Heiligtümer für das ägyptische Götterpaar Isis und Osiris, ein Asklepieion für den Heilgott Asklepios, ein Heiligtum für die Göttin Demeter und ihre Tochter Kore, und auf der Akropolis ein heiliger Bezirk für Göttin Aphrodite, sowie ein Tempel für die Göttin Kybele.

Der griechische Aphrodite-Tempel auf der Akropolis war zwar 146 v.Chr. zerstört worden, bei der Neugründung 44 v.Chr. wurde aber der heilige Bezirk um den Tempel wieder hergestellt. In griechischer, klassischer Zeit gab es im heiligen Bezirk der Aphrodite kultische Prostitution. Sie blieb im griechischen Raum singulär (Elliger 1998, 107–109). Die vielen Prostituierten und Hetären der großen Hafenstadt Korinth lebten zwar in römischer Zeit nicht mehr im Aphrodite-Heiligtum, konnten aber Aphrodite weiterhin als ihre Schutzgöttin verehren. Prostitution unverheirateter Frauen galt den Griechen nicht als Verstoß gegen die Religion.

Paulus gelang es, in dieser großen Hafenstadt fast zwei Jahre zu bleiben und eine große Gemeinde zu gründen. Von Korinth fuhr er im Jahre 53/54 nach Ephesus weiter, wo er sich zwei Jahre lang aufhielt. Von dort hatte er die Korrespondenz mit den Korinthern geführt. Er antwortete auf konkrete Anfragen und Konflikte. So kommt es noch nicht zu einer systematischen Ausarbeitung der Theologie, wohl aber gibt er zwei längere theologische Ausführungen in Kapitel 2 und 15 zum *Evangelium*. Die theologische Basis des Ersten Thessalonicherbriefs wird an einigen Punkten entscheidend vertieft.

### *b) Die Weisheit und Gerechtigkeit Gottes, Jesus Christus als Abbild Gottes und die Kreuzestheologie*

Aufbau der Briefe

Paulus nennt im Dankgebet des Briefeingangs des Ersten Korintherbriefs die Hauptthemen: Gnade und *Gnadengaben* (*chárisma*) Gottes, reiche *Erkenntnis* (*gnósis*) über Jesus Christus, Warten auf seine vollendete *Offenbarung* am Gerichts*tag* (1 Kor 1,4–9). Dann geht er auf die Spaltungen in der Gemeinde ein, die Anlass seines Briefes wurden (1 Kor 1,10–17). Anschließend stellt er theologische Überlegungen zur Bedeutung des *Kreuzes* und der *Weisheit* Gottes an, um die Spaltungen zu überwinden (1 Kor 1,18–4,21).

Dieser erste Teil des Briefkorpus steht in sich und könnte einen eigenen Brief bilden (Klauck 1998, 232). Es schließen sich weitere aktuelle Themen an. 1 Kor 5–6 gehen auf drei skandalöse Vorfälle ein, 1 Kor 7 behandelt Ehefragen, 1 Kor 8–10 nimmt zur Erlaubtheit von Götteropferfleisch Stellung, 1 Kor 11–14 widmen sich der Gestaltung der gottesdienstlichen Versammlung, 1 Kor 15 greift das Thema von Teil 1 auf: Kreuzestod, Auferweckung und Gerichtstag Jesu Christi. Diese letzten Themen umschließen thematisch den Brief.

Der Zweite Korintherbrief wiederum ist eine sekundäre, nachpaulinische oder paulinische Zusammenstellung von mehreren originären Paulusbriefen:

1. 2 Kor 10–13 = *Tränenbrief* nach 2 Kor 2,4
2. 2 Kor 1,1–6,13; 7,2–16 = Versöhnungsbrief
3. 2 Kor 8 = Kollektenbrief
4. 2 Kor 9 = Kollektenbrief
5. 2 Kor 6,14–7,1 = nachpaulinischer Zusatz (Lang 1986, 13f.).

Der Tränenbrief (2 Kor 10–13) ist in der Tradition der sokratischen, ironischen, judikalen Apologie geschrieben (Betz 1972, 13f.). Er imaginiert eine Gerichtssituation und pointiert den judikalen Stil, ohne aber die *freundschaftliche*, deliberative (beratende) Beziehung zu den Korinthern aufzugeben. Es handelt sich um einen deliberativen (beratenden) Brief mit judikaler Färbung. Der später folgende Versöhnungsbrief (2 Kor 1,1–6,14; 7,2–16) ist durchgängig im deliberativen Stil des Freundschaftsbriefes gehalten. Die zwei kurzen Kollektenbriefe sind ebenfalls deliberative Schreiben (2 Kor 8; 9) und noch von Paulus an den Versöhnungsbrief angehängt worden. Der nachpaulinische Sammler oder Paulus selbst stellte den Tränenbrief an den Schluss, um der Apologie das Hauptgewicht in der neu geschaffenen Komposition zu geben. Mit dieser Umakzentuierung verdeckte er allerdings die geschichtliche Abfolge der Korrespondenz mit den Korinthern. Es gab Konflikte um das Apostelamt von Paulus.

Der Beginn der theologischen Argumentation im Ersten Korintherbrief in Teil 1 setzt mit der Hauptthese (propositio) ein: „Denn das Wort des Kreuzes ist denen, die zu Grunde gehen, Torheit, denen aber, die gerettet werden, uns, Macht (dýnamis) Gottes." (1 Kor 1,18)

die Paradoxie von der Macht Gottes und der Kreuzigung seines Sohnes

Paulus wiederholt die alte Pistisformel vom Tod Jesu und unserer Rettung (1 Thess 1,9f.; 5,9f.) und spitzt sie in neuer Weise antithetisch zu: Die *Kreuzigung* Jesu ist Ausdruck der Machtsphäre Gottes und wird in seinem *Evangelium* verkündet; gleichzeitig scheint sie der Allmacht Gottes zu widersprechen (1 Kor 1,17). Diese offenkundige Widersprüchlichkeit und Paradoxie von Allmacht Gottes und erlittener Kreuzigung seines Christus und Sohnes wird daher nur von den Glaubenden akzeptiert als *Rettung*, von den Nicht-Glaubenden dagegen abgelehnt als *Torheit*. Denn nach dem Verständnis der *Weisen* dürfte die *Weisheit Gottes* einen so schimpflichen Vorgang wie die Kreuzigung Christi nicht zulassen (1 Kor 1,19).

Die Weisheit Gottes wird im frühjüdischen Sinne als Hypostase Gottes gedeutet. Die Weisheit Gottes schuf die Welt (1 Kor 8,6) und lenkt die Weltgeschichte. Paulus spielt kurz auf den Weisheitsmythos an, dass die Weisheit Gottes zu den Menschen herabstieg, um bei ihnen zu wohnen, aber nicht von ihnen allen erkannt wurde (Spr 8,27–36; Sir 24,1–34; s.o. I.2). „[21]Denn da in der Weisheit Gottes die Welt nicht erkannte durch die Weisheit Gott, gefiel es Gott, durch die Torheit der Verkündigung zu *retten* die Glaubenden; [22]und während Juden Zeichen fordern und Hellenen Weisheit suchen, [23]verkünden wir aber Christus als Gekreuzigten, den Juden als Ärgernis, den Heiden aber als Torheit, [24]ihnen aber, den Berufenen, Juden und Hellenen, Christus als Gottes Macht und Gottes Weisheit; [25]denn das Törichte Gottes ist weiser als die Menschen, und das Schwache Gottes stärker als die Menschen." (1 Kor 1,21–25)

Vers 21 definiert die Weisheit Gottes in doppelter Weise. Die *Welt* (*kósmos*) befindet sich in der *Weisheit Gottes*; denn diese hat die Welt erschaffen und lenkt sie. Gleichzeitig bietet die Weisheit den Menschen Erkenntnis an; doch diese lehnen ihr Erkenntnisangebot ab; sie vermögen die Weisheit nicht als Weisheit zu erkennen. Nun setzt Gott das Kontrastprogramm der *Torheit*. Die Torheit der Verkündigung (*kérygma*) Gottes bringt allein den Glaubenden die Rettung, während die Weisheit der Menschen sich als schwach und töricht erweist (so auch 2 Kor 1,12).

die Weisheit Gottes als Skandal und Torheit

Vers 22 würdigt die Suche der Griechen (*héllen)* nach Weisheit und der Juden nach Zeichen (semaíon). Doch Vers 23 weist nach, dass diese Suche angesichts des gekreuzigten Christus in die Irre geht. Den Juden wird das Kreuz zum Ärgernis (*skándalon*); denn sie glauben, dass ihre Führer Jesus von Nazaret richtig nach dem Gesetz, in das ihrer Meinung nach die Weisheit Gottes sich herabgelassen hat (Sir 24,23–29), zum Tode verurteilt haben. Das Kreuz ist eine folgerichtige Anwendung des weisheitlichen Gesetzes Gottes an Gotteslästerern. Sie sollen aus Israel ausgerottet werden (Lev 24,10–16). Paulus behauptet nun dialektisch das Gegenteil. In dem vermeintlichen Gotteslästerer, der zu Unrecht den Kreuzestod erlitten hat, hat die Weisheit Gottes ihre Wohnung genommen.

Die *Völker* wiederum sehen unabhängig von den rechtlichen Gründen die Kreuzigung als einen schmachvollen Tod an; ein Gottessohn oder ein Weiser muss ihrer Meinung nach einen vornehmen Tod sterben; das Kreuz aber ist die schimpfliche Todesstrafe von Verbrechern ohne römisches Bürgerrecht (Henten 2005). Doch Gott offenbart seine Weisheit nicht nach menschlichen Vorerwartungen. Vielmehr ist *das Törichte Gottes weiser als die Menschen* (1 Kor 1,25).

In Christus Jesus und seinem Kreuzigungsschicksal stiftete die Weisheit *Gerechtigkeit, Heiligung und Erlösung* (1 Kor 1,30). Zu den beiden bekannten Themen *Heiligung* und *Erlösung/Rettung* des Ersten Thessalonicherbriefes (1 Thess 4,3.4.7; 1,9f.; s.o. III.1.g) tritt nun der zentrale Begriff *Gerechtigkeit* hinzu: „[21]Den Sünde nicht Kennenden machte er für uns zur Sünde, damit wir werden *Gerechtigkeit Gottes* in ihm." (2 Kor 5,21) Der törichte Kreuzigungstod des sündelosen Jesus zwingt dazu, über das Verhältnis der menschlichen Gerechtigkeit zur *Gerechtigkeit* und Weisheit *Gottes* nachzudenken.

Die *Weisheit Gottes* wiederum bleibt letztlich ein Geheimnis, ein Mysterium (1 Kor 2,1–16): „[7]sondern wir reden Gottes Weisheit im Geheimnis, die verborgene, die Gott vorher bestimmte vor den Äonen zu unserer Herrlichkeit, [8]die keiner der *Herrscher* dieses Äons erkannt hat; denn wenn sie sie erkannt hätten, hätten sie nicht den Herrn der Herrlichkeit gekreuzigt." (1 Kor 2,7f.)

Noch einmal spielt Paulus auf den Weisheitsmythos an und macht deutlich, dass die Weisheit Gottes mit Jesus Christus identisch wurde und von den *Herrschern* dieser Welt nicht erkannt wurde. *Vor den Äonen (Weltzeitaltern)* meint die zeitlich unbegrenzte Existenz der Weisheit bei Gott als *das göttliche Handlungskonzept* bzw. den aller Schöpfung und damit allen Zeiten vorausliegenden Heilsplan Gottes (Merklein 1992, 228). Im Geiste Gottes können die Christen diese geheimnisvolle Existenz der Weisheit erkennen, die in Jesus Christus Wirklichkeit und Offenbarung wurde (1 Kor 2,10–16).

das Einwohnen der Weisheit in Jesus Christus als Mysterium

Nicht in Idolen, in Götterbildern, zeigt sich Gott bildlich, sondern in dem Menschen Jesus Christus. Er wird zum lebendigen menschlichen Bild (*eikón*)

Jesus Christus als Abbild Gottes und die Verwandlung der Glaubenden in das Bild und den Glanz Christi

Gottes. Bereits die Septuaginta hatte die alttestamentliche Aussage vom Menschen als Abbild Gottes mit Bild (*eikón*) übersetzt (Gen 1,27 LXX). Im irdischen und auferweckten Menschen Jesus Christus wird Gott als Schöpfer und Herrscher des Weltalls erfahrbar (2 Kor 4,4). Jesus Christus ist der neue Adam, der alle in die neue Ebenbildlichkeit Gottes hinein verwandeln wird: „[49]und gleichwie wir trugen das Bild des Erdhaften, werden wir tragen auch das Bild des Himmlischen." (1 Kor 15,49) Der *Erdhafte* meint Adam, der *Himmlische* Jesus Christus. Dessen himmlische Abbildung werden die Christen erst in der Zukunft bei seiner Parusie erfahren. Sie werden einen neuen, einen pneumatischen Leib nach dem Bilde Christi erhalten (1 Kor 15,44–49) und rufen schon jetzt: „Marána tha (Unser Herr, kommt)" (1 Kor 16,22).

Der Zweite Korintherbrief lässt den Verwandlungsprozess schon jetzt beginnen: „[18]Wir alle aber, mit enthülltem Gesicht den Glanz des Herrn spiegelnd, werden in dasselbe Bild umgestaltet, von Glanz zu Glanz, gleichwie von des Herrn Geist." (2 Kor 3,18) Der Geist Gottes wird hier zum Geist Jesu Christi, des Sohnes (Gal 4,6; Röm 8,9–11). Gott-Vater und der erhöhte Christus bauen gemeinsam das Kraftfeld *Pneuma = Geist* auf und lassen die Gemeinde an ihm und ihrem *Glanz* schon jetzt teilhaben (s. o. III.1.i).

### *c) Gott, die Götter, Engel, die Schöpfung und Jesus Christus*

Bei der Frage über das *Götteropferfleisch* (*eidolóthyton*) spricht Paulus grundsätzlich über das Verhältnis Gottes zu den Göttern, Mächten und Engeln. Bereits die alte Glaubensformel 1 Thess 1,9f. hatte die Götter auf die Existenz von Götterbildern reduziert; hinter ihnen stehen nicht erkennbare Mächte oder die göttliche Weltseele (1 Kor 8,6; s. o. III.1.g). Ihre Opfertiere, deren Fleisch nach der Schlachtung zum großen Teil verkauft und nur zum kleinen Teil verbrannt oder in einem feierlichen Mal auf dem Tempelbezirk verzehrt wird, sind kein *heiliges Opferfleisch* (*hierothyton*), wie die Griechen sagen (Artemidor 5,2), sondern nur *Opferfleisch für Götterbilder*, wie die Juden und Christen abwertend sagen.

Der neuhochdeutsche Begriff *Götze* verdeckt diesen Zusammenhang mit Götterbildern. *Götz* ist ursprünglich die eingliedrige Koseform des zweigliedrigen Männernamens Gottfried: *Götz von Berlichingen* (Kluge 1967, 266).

Götter sind nicht Götzen

Götze meint also ursprünglich Gottfried, Gottlein, Götterbild. Durch die Missionspredigt der Neuzeit wurde aber aus dem Götterbild, dem *Götzen*, ein Monster mit vielen Gräueln, unter anderem mit Menschenopfern. (Götter)-Idol (*eídolon*) sollte daher grundsätzlich mit *Götterbild* oder *Gottheit* oder *Götter*, aber nicht mit *Götzen* übersetzt werden. Statt von *Götzenopferfleisch* sollte also von *Götteropferfleisch* oder *Götter(bilder)opfer* gesprochen werden (Woyke 2005, 1–4.215–258).

In Weiterführung des Ersten Thessalonicherbrief stellt Paulus nun die Frage der griechischen und jüdischen Entmythologisierung, ob hinter den vielen Gottheiten, ihren Bildern und Opfern ein einheitliches göttliches Prinzip bzw. ein personaler Gott-*Vater* steht (1 Kor 8,1–6). Zunächst spricht Paulus von der *Erkenntnis* (gnósis) der Korinther. Sie vermögen zwar rational und enthusiastisch zu entmythologisieren, lösen aber noch nicht mit der Liebe Gottes das Problem des Essens von Götteropferfleisch. So stellt Paulus den Grundsatz auf: „[4] Wir wissen, dass kein *Götterbild* in der Welt ist und dass kein *Gott* ist, außer einem. [5] Denn wenn auch sogenannte *Götter* sind, sei es im Himmel, sei es auf Erden, wie ja viele Götter sind und viele Herren, [6] für uns jedoch ist ein Gott, der *Vater*, von dem das All, und wir auf ihn hin, und ist ein Herr Jesus Christus, durch den das All, und wir durch ihn." (1 Kor 8, 4b–6)

Zwei Aussagen stehen im Gegensatz zueinander: a) Der theoretische Monotheismus seit Deutero-Jesaja kennt nur den einen Gott Israels, während die Götter und ihre Bilder *Nichtse* sind (Jes 41,23 f.). b) Es gibt weiterhin Gottheiten und Herrschaftsmächte (kýrioi). Bei den *Herren* denkt Paulus unter anderem an den Kaiser, der eine besondere Nähe zu den Göttern beansprucht.

Gottes Herrschaft in der neuen Schöpfung über Götter und Herren

Doch Gott ist der Schöpfer des Weltalls. „Selbstverständlich ist die All-Formel, die in der Stoa pantheistisch aufgefasst wurde, nunmehr uminterpretiert im Hinblick auf den personalen transzendenten Gott." (Gnilka 1994, 29) Mit seiner Weisheit, die im *Herrn Jesus Christus* einwohnt, hat er das Weltall geschaffen und erhält es weiterhin mit dem auferstandenen Herrn Jesus Christus. Die Götter, überirdischen Herrscher und die Autoritäten der Menschen sind Gott und Jesus Christus untertan und haben noch Wirkmacht. So bricht in Christus die *neue Schöpfung* schon jetzt an (2 Kor 5,17), bleibt aber durch die Menschen und die übermenschlichen Kräfte nur für die Glaubenden erkennbar und vollendet sich am Tag Christi (1 Kor 15,51–58).

keine Opfer für Götter und Dämonen

Etwas später kommt Paulus im Zusammenhang mit dem Gemeindegottesdienst erneut auf das *Götteropferfleisch* zu sprechen. Dessen Verzehr ist erlaubt, aber nicht das Opfern für die Gottheiten, die jetzt *Dämonen* genannten werden; letztere kommen in den paulinischen Briefen nur hier vor (1 Kor 10,20 f.). Bereits die Septuaginta setzt die Götter mit Dämonen gleich (Dtn 32,17LXX; Ps 95,5LXX). In der griechischen Religion bezeichnen sie niedere Gottheiten und den göttlichen Geist im Menschen (s. u. IX.3.c). Dämonen können aber auch, wie in den frühjüdischen Schriften und in den Evangelien, Krankheit Besessenheit und Verwirrung bewirken (Tob 6,8.15–17; Mk 1,20–28; Joh 7,20). Bei Paulus sind sie neutrale Gottheiten mit begrenzter Machtsphäre.

Paulus braucht keine Engel

Die negative Funktion der Krankheitsverursachung können nach Paulus sogar *Engel* ausüben, allerdings nur die *Engel Satans* (2 Kor 12,7). Denn Satan kann sich als *Engel des Lichts* tarnen (2 Kor 11,14). Lüsterne Engel wollen menschliche Frauen verführen (so der urgeschichtliche Mythos Gen 6,2), dagegen hilft das Kopftuch (1 Kor 11,10) (Schrage 1995, 2, 515 f.). Über die bösen Engel werden die Christen zusammen mit Jesus Christus richten (1 Kor 6,3). Die feindlichen Engel gehören wie die Dämonen zu den kosmischen Mächten, ohne dass sie von vornherein dem Bereich Satans zugeordnet werden müssen (1 Kor 4,9; Röm 8,38). Von den *Engeln Gottes* spricht Paulus nur selten. Sie sind Übermittler der Offenbarung Gottes, allerdings nicht für ihn selbst (1 Kor 13,1; Gal 1,8; 3,19). Denn er hat die Offenbarungen unmittelbar von Gott und vom Auferstandenen erhalten (Gal 1,15 f.; 1 Kor 15,3–10; 2 Kor 12,3 f.). So kann er wie ein Engel aufgenommen werden (Gal 4,14).

Vernichtung der Herrschaft aller Mächte, des Todes und der Sünde

Gottheiten, Dämonen, feindliche Engel, überirdische Herrschaftsmächte und irdische Herren werden endgültig besiegt, wenn Christus feierlich zum Weltgericht *ankommt;* so lautet dann der theologische Schlussteil des Ersten Korintherbriefs: „[23b] Als Erstling Christus, danach die zu Christus Gehörenden bei seiner Ankunft (Parusía), [24]dann das Ende, wenn er übergibt die Herrschaft dem Gott und Vater, wenn er vernichtet hat jede Hoheit und jede Macht und Kraft. [25]Denn er muss herrschen, bis dass er legt alle Feinde unter seine Füße (Ps 110,1). Als letzter Feind wird vernichtet der Tod." (1 Kor 15,23b–25)

Zu den Gottheiten tritt als eigene Macht der Tod hinzu. Für den Griechen ist Hades, der Gott des Todes, der Bruder des Göttervaters Zeus. Für den Juden ist der Tod das Ende des Lebens, das Gott setzt, aber nicht eine eigenständige Macht. Paulus wird im Römerbrief eine eigenständige Synthese von griechischem und frühjüdischem Gottesglauben entwickeln. Der Tod ist eine Gegenmacht Gottes, aber nicht als eigenständige Gottheit, sondern als die menschliche Verweigerung, Gott anzuerkennen und nach seinem Willen zu leben. Die Macht der Sünde schafft die Macht des Todes, das Gesetz vermag beider Macht nicht zu brechen (Röm 7,7–25; s.u. III.4.i). Diesen Zusammenhang deutet Paulus bereits am Ende von 1 Kor 15 an: „[56]Der Stachel des Todes aber ist die Sünde, die Kraft der Sünde aber das Gesetz." (1 Kor 15,56) Das Gesetz bewirkt die Erkenntnis der Sünde, der Mensch wiederum kann die Sünde nicht vermeiden und befindet sich deshalb in der Macht des Todes.

### *d) Gnadengaben, Leib Christi, Tempel Gottes, Volk Gottes, neuer Bund und Apostelamt*

Als Anfragen von Christen in Korinth zu Normen-, Struktur-und Organisationskonflikten kommen, stellt sich Paulus ausdrücklich den Problemen. Es geht um das Miteinander-Leben in einer lokalen Einzelgemeinde auf der Grundlage des neuen Lebens im Evangelium. Die Gemeinde bildet in ihrer empirischen Verfasstheit den *Leib Christi.* Sie ist die sichtbare Erscheinungsweise des Auferstandenen in der Welt. Als *Leib Christi* hat die Gemeinde ihr ökonomisches, politisches und religiöses Handeln in Korrelation zum Evangelium zu setzen (Venetz 1981, 131–145).

Daher kann die sakral legitimierte Promiskuität in Korinth nicht akzeptiert werden (s.o. III.2.a): „Wisst ihr nicht, dass eure Leiber Glieder Christi sind? Soll ich nun, die Glieder des Christus nehmend, sie zu einer Dirne Glieder machen? Niemals!" (1 Kor 6,15) Die ausführliche Antwort auf die Anfragen zur christlichen Ehe schließt sich konsequent an (1 Kor 7,1–40).

Paulus eröffnet dann das vorletzte Thema seines Briefes ungefragt von sich aus und erläutert ausführlich die *Leib-Christi*-Metapher: „[1]Über die *Geistesgaben* (pneumatikós) aber, Brüder, will ich nicht, dass ihr unwissend seid." (1 Kor 12,1; vgl. Röm 12,3–8) Will Paulus die Rollen und Kompetenzen in der Gemeinde in derselben Weise mythisieren wie das Evangelium, das von Gott kommt? Die lange kirchliche Auslegungsgeschichte legt eine solche mythologische Deutung nahe, wenn sie betont, dass der Amtsträger in höherem Maße als der Laie die Gaben des Geistes besitze (so die Enzyklika Mystici Corporis Christi 1943). Der durch Jesus Christus vermittelte Geist Gottes umfasst aber die gesamte Lebenswirklichkeit der Gemeinde. Alles, was zuträglich ist, wird vom Geist einem jeden als zuträglich geoffenbart (1 Kor 12,7). Gleichzeitig erinnert Paulus an die Schöpfung durch den einen Gott (1 Kor 12,6). Jede geschöpfliche Fähigkeit, die nach dem Schöpfungswillen

Gottes im Geiste des Auferstandenen zum Nutzen der Gemeinde ausgeübt wird, ist *Charisma* (*Gnadengabe*).

Die Aufzählung von einzelnen Fähigkeiten, die Paulus ab Vers 8 vornimmt, ist beliebig. Sie alle konstituieren die sichtbare Erscheinung des Auferstandenen in Korinth, den *Leib Christi* in Korinth. Paulus zählt die Fähigkeiten auf, die für die Gemeindeversammlung Bedeutung haben (1 Kor 14). Alle anderen Fähigkeiten im Handlungsfeld der Gemeinde sind mit eingeschlossen. Die Differenzierungen sind unscharf. Die Zuordnung der Fähigkeiten zu Einzelrollen setzt bewusst diese mangelnde Abgrenzung fort. Die Fähigkeiten greifen so ineinander über, dass in Korinth sogar der Eindruck entstehen kann, sie stünden allesamt jedem Christen in vollem Maße zur Verfügung. Dagegen stellt Paulus richtig, dass es in Korinth einzelne Ämter gibt und dass nicht jeder jede einzelne Fähigkeit beherrscht (1 Kor 12,29f.). Allerdings hütet sich Paulus, die einzelne Kompetenz jeweils nur für ein Amt zu reservieren. Die Zuordnung von Amt und bestimmten Einzelfähigkeiten setzt er in der damaligen Gemeindepraxis als geregelt voraus.

Im folgenden Schaubild wird die Zuordnung von Charisma und Amt verdeutlicht:

unterschiedliche Charismen für unterschiedliche Ämter

| 1 Kor 12: Charisma | Amt |
|---|---|
| Weisheit | Lehrer + Apostel |
| Erkenntnis | Lehrer + Apostel |
| Glaubenskraft | Apostel |
| Krankheiten Heilen | Heiler (= Arzt + Wundertäter) |
| Wunderkräfte | Wundertäter |
| Prophetisches Reden | Prophet |
| Geister Unterscheiden | Prophet |
| Zungen-Reden | Zungen-Redner |
| Zungen-Auslegen | Zungen-Ausleger |
| — | Helfer |
| — | Leiter |

Diese Aufzählung und Zuordnung bleibt offen für weitere Charismen und Ämter. Im Anschluss an diesen offenen Katalog fordert Paulus auf, „die größeren *Gnadengaben*" zu erstreben, und zeigt gleichzeitig einen Weg dorthin (1 Kor 12,31).

Es folgt das Hohelied der Liebe 1 Kor 13,1–13. Dieses schließt ab mit der Nennung der drei theologischen Tugenden: *„Glaube, Hoffnung, Liebe"* (V 13): „[12]Denn wir sehen jetzt durch einen Spiegel im Rätsel, dann aber von Angesicht zu Angesicht; jetzt erkenne ich stückweise, dann aber werde ich ganz erkennen, gleichwie auch ich ganz erkannt wurde. [13]Jetzt aber bleiben Glaube, Hoffnung, Liebe, diese drei: Das Größte aber von diesen ist die Liebe." (1 Kor 13, 12f.) Die Beziehung zu Gott ist unlösbar mit der Beziehung zur Welt verbunden, ist aber nicht deckungsgleich mit dieser. Die

die größeren Charismen Glaube, Hoffnung und Liebe

menschliche Erkenntnis und die menschlichen Charismen bleiben *Stückwerk; Glaube, Hoffnung* und *Liebe* geben schon jetzt Anteil an Gott und übersteigen die menschliche Begrenztheit.

die Gemeinde aus Söhnen und Töchtern Gottes als Tempel und Volk Gottes

*Tempel Gottes* ist parallel zum christozentrischen *Leib Christi* die theozentrische Metapher für die neue, charismatische Verfasstheit der Gemeinde (2 Kor 6,16–18). *In der* Gemeinde von Korinth wohnt Gott zusätzlich zu Israel ein (s. o. I.2). Paulus bringt eine Zitaten-Collage. Da die Völker Israel erweitern, gehören auch sie zum *Volk Gottes.* Wie Israel von den Völkern muss sich jetzt die Gemeinde (ekklesía = Kirche) von den Mitbewohnern von Korinth absetzen, um den einen Gott *rein* verehren zu können. Gott wiederum wird für das erweiterte Israel zum *Vater,* die Mitglieder der Gemeinde in Korinth werden zusätzlich zu Israel zu seinen *Söhnen* und *Töchtern.* Es fällt der für Paulus singuläre Titel *Tochter Gottes.* Die Frauen nehmen gleichberechtigt zu den Männern an der Sohnschaft Jesu Christi teil.

das Herrenmahl des Neuen Bundes als Angebot für alle und das Weitergehen des Alten Bundes

Bei der Regelung der Herrenmahlfeier beruft sich Paulus auf die liturgische Überlieferung der Einsetzungsworte: „[23]Denn ich übernahm vom Herrn, was ich auch euch überlieferte, dass der Herr Jesus in der Nacht, in der er überliefert wurde, Brot nahm [24]und dankend brach und sprach: Dies ist mein Leib *für euch*; dies tut zu meiner Erinnerung! [25]Ebenso auch den Becher nach dem Essen, sagend: Dieser Becher ist der *neue Bund* in meinem Blut; dies tut jedesmal, wenn ihr trinkt, zu meiner Erinnerung!" (1 Kor 11, 23–25)

Der erste Teil des Brotwortes – *dies ist mein Leib für euch* – gehört in die Linie der Pistisformeln vom *Sterben für.* Die Fortsetzung – *dies tut zu meiner Erinnerung* – knüpft an die hellenistischen Gedächtnismahlfeiern für Verstorbene an. Das Kelchwort setzt zum *Blut* den alttestamentlichen Zentralbegriff *Bund* hinzu. Die *Für-euch*-Formel entfällt; dafür steht: *neuer Bund in meinem Blut.* Gott erneuert mit Jesu Tod die Bundesschlüsse mit Israel und erweitert den *neuen Bund* um die Gläubigen aus den *Völkern.* Zugleich spielt Blut auf die Deutung des Todes Jesu als Bundes-Opfer an, wie es die synoptische Variante mit der Formel *Blut des Bundes, das ausgegossene für viele,* deutlicher zum Ausdruck bringt (Mk 14,24 parr.). Das Opfer-Blut Jesu Christi wird dann zu einem Hauptthema des Römerbriefes (Röm 3,23–26; s. u. III.4.g), die Bundesschlüsse werden zu einem weiteren Hauptthema des Römerbriefes und des Galaterbriefes (s. u. III.4.h).

Dass Herrenmahl wiederholt sakramental im Geiste Jesu Christi und Gottes durch Wort und Zeichen den neuen Bund für Israel und die Völker, den Jesus in seinem Kreuzestod gestiftet hat (2 Kor 3,6). Allerdings vermögen die Juden die Weiterführung der alten Bundesschlüsse durch Jesus Christus nicht anzuerkennen: „[14]Doch verstockt wurden ihre Gedanken. Denn bis zum heutigen Tag bleibt dieselbe Decke auf dem Lesen des alten Bundes, ohne dass enthüllt wird, dass in Christus sie vergeht; [15]sondern bis heute, so oft immer Moses gelesen wird, liegt eine Decke auf ihren Herzen." (2 Kor 3,14f.) Paulus sieht nicht das Ende des alten Bundes für Israel gekommen; der alte Bund gilt weiter, auch wenn das alte Gesetz des *Mose* eine *Decke* auf die *Herzen* der Juden legt, so dass sie den neuen Bund in Jesus nicht zu erkennen vermögen.

Berufung zum Apostel und Apostelamt

Paulus berichtet dann in 1 Kor 15,1–11, wie er zum Apostel des Evangeliums von Christus berufen und damit auch Apostel Christi wurde. Die Wahrheit seiner Verkündigung erhält durch diese Berufung ihre Legitimation. Sein Apostelamt wurde aber nach der Absendung des Ersten Korintherbriefes von einigen Mitgliedern der Gemeinde bezweifelt. Es folgt die Komposition des Zweiten Korintherbriefes, die in den unterschiedlichen Briefteilen eine ausführliche Theologie des Apostelamtes entwickelt.

## 3. Die Theologie des Philipperbriefes und des Philemonbriefes

### *a) Paulus und die Gemeinde der Philipper*

Die Insel Samothrake, der Hafen Neapolis und die Colonia Philippi liegen im Osten von Mazedonien dicht an der Grenze zur Provinz Thrakien. Die mazedonische Insel Samothrake hütet das weltbekannte Mysterienheiligtum der Kabiren. Aus dem ganzen Römischen Reich kommen Pilger, um sich in diese Mysterien einweihen zu lassen. Neapolis, das heutige Kavala, ist der Hafen von Philippi. Paulus geht auf der Handelsstraße *Via Egnatia,* die die Westküste Griechenlands mit den Dardanellen verbindet, zu der freien *Colonia* Philippi, das 15 km im Inneren des Landes am Pangäon-Gebirge liegt.

Philippi ist der Ort der berühmten Entscheidungsschlacht zwischen den Cäsar-Mördern und den Cäsar-Nachfolgern Marc Anton und Octavian i.J. 42 v.Chr. Nach dem Sieg der Cäsar-Partei verleiht diese Philippi das italische Stadtrecht; es werden Veteranen aus dem Soldatenstand angesiedelt. Alle Einwohner mit Bürgerrecht haben das passive römische Bürgerrecht. Sie dürfen in Rom zu Ämtern gewählt werden, sie dürfen aber nicht selbst wählen. Die Stadt ist wohlhabend, weil das nahe Pangäongebirge einen ertragreichen Abbau von Gold, Silber und Eisenerz hat. Paulus nimmt hier Quartier. Der römische Bürger Paulus (Apg 16,38) beginnt in einer Stadt mit römischem Recht sein Missionswerk in Europa. Der Philipperbrief wurde in der Situation einer Gefangenschaft geschrieben, vermutlich in Ephesus (Phil 1,12–26).

passives römisches Bürgerrecht der Colonia und viele Kulte

Die Gottheiten der Stadt waren der gemischten Bevölkerung und der geographischen Grenzlage entsprechend außerordentlich mannigfaltig. Zu den thrakischen Gottheiten zählen: Bendis, der Artemis gleichgesetzt, ursprünglich eine Unterweltsgöttin mit eigenen Mysterien; der Thrakische Reiter, ein heroischer Jäger, der als *sotér,* Retter, bezeichnet wird. Zu den griechisch-römischen Gottheiten gehört Silvanus, der *Wäldler,* ein von den einfachen Leuten verehrter ländlicher Gott. Die Mysterien betreffen Dionysos-Bacchus und Isis und Osiris.

### *b) Die Präexistenz Christi*

Der Brief an die Philipper ist ebenfalls wie der Zweite Korintherbrief eine paulinische oder nachpaulinische Zusammenstellung:

Phil 1,1–3,1a.; 4,2–7.10–23 = Gefangenschaftsbrief
Phil 3,1b–4,1.8f. = Warnbrief (Gnilka 1968, 10f.)

Aufbau

Der Gefangenschaftsbrief hat den typischen Aufbau eines deliberativen, beratenden Freundschaftsbriefes: Präskript: 1,1–2; Exordium: 1,3–11; Narratio: 1,12–18a; Argumentatio: 1,18b–2,11; Exhortatio: 2,12–30; Postskript: 3,1a; 4,2–7.10–23 (ähnlich Schenk 1984, 29–248). Auch der Warnbrief hat den Aufbau eines deliberativen Freundschaftsbriefes (Dormeyer 1993, 195f.).

Für die Theologie ist der Gefangenschaftsbrief besonders wichtig. Er enthält ein Christuslied, das Paulus wahrscheinlich aus der hellenistischen Gemeindetradition übernommen hat. Das Christuslied Phil 2,6–11 zeigt deutlich einen zweistrophigen Aufbau mit den Themen *Erniedrigung* Verse 6–8 und *Erhöhung* Verse 9–11. Parallelismen gliedern die beiden Strophen und geben dem Lied einen biblischen Klang. Die Erläuterung des Todes als Kreuzestod durchbricht den Parallelismus und macht den Leser aufmerksam, dass hier die Mitte des Liedes ist.

Inkarnation und Erhöhung des präexistenten Christus

„6der, als er in Gestalt Gottes war,
nicht für Raub hielt das Sein gleich Gott,
7sondern sich selbst entäußerte,
Gestalt eines Sklaven annehmend,
in Gleichheit von Menschen geworden;
und im Äußeren erfunden wie ein Mensch,
8demütigte sich selbst,
gehorsam geworden bis zum Tod,
*zum Tod aber des Kreuzes.*

9Deshalb auch erhöhte ihn Gott
und schenkte ihm den Namen, der über jedem Namen ist,
10damit im Namen von Jesus jedes Knie sich beuge,
der Himmlischen und Irdischen und Unterirdischen,
11und jede Zunge bekenne:
Herr ist Jesus Christus zur Herrlichkeit Gottes des Vaters." (Phil 2,6–11)

Die literarische Ableitung der Erniedrigungs- und Erhöhungsmotive ist schwierig. Hellenistische Inschriften, die eine lobpreisende Biographie (Enkomion) für Herrscher enthalten, zeigen zeitgleiche Parallelen: „Den Kaiser Tiberius, erhabener Gott, erhabener Götter Sohn, Herrn der Erde und des Meeres, den Wohltäter und Retter der gesamten Welt (ehrte) das Volk von Myra." (Berger 1984, 1178) Berger erkennt in dieser Inschrift ein dreiteiliges Enkomion-Schema, das in ähnlicher Weise im hellenistischen Judentum (Sir 44–50; 1 Makk 2,50–64) und im frühen Christentum (Phil 2,6–11; Hebr 1,3) begegnet (Berger 1984, 1179; s.u. VI.2).

Parallelelen im Kaiserkult und Weisheitsmythos

Ein Zusammenhang von frühen, urchristlichen Liedern und hellenistischen Enkomien ist sicherlich zutreffend. Die Verwandtschaft zwischen Lied, Enkomion und Biographie erklärt dann auch die Entstehung eines Erzähl-Evangeliums als Biographie neben den Liedern (s.u. VI.2). Doch bleibt für die neutestamentliche Präexistenzchristologie zu berücksichtigen, dass das Motiv *Abstieg des Gerechten aus himmlischer Präexistenz* in den alttestamentlichen Enkomien nicht zu erkennen ist. Die *Weisheit* ist zwar *präexistent* (Sir 24,1–22; Weish 6,22–8,18), nicht aber der *leidende Gerech-*

*te* (Sir 44–50; Weish 2,12–20; 5,1–7). Die Verschmelzung des Motivs vom leidenden Gerechten und Märtyrer Jesus mit der präexistenten Weisheit wird erst zu einer Leistung des *judenhellenistischen Christentums* (Phil 2,6–11; Joh 1,1–18) und gehört noch nicht zum *Judenhellenismus* (Schimanowski 1985).

der Herabstieg, Triumphzug und Aufstieg des Dionysos als Parallele

Die Mysterien des Dionysos-Bacchus oder der Kabiren könnten diese Verschmelzung mit beeinflusst haben. Dionysos wird als Sohn von Zeus und der Königstochter Semele aus Theben von Hera schon im Mutterleib verfolgt. Semele verbrennt während der Schwangerschaft durch die von ihr geforderte Epiphanie des Zeus, und dieser rettet den Sohn, indem er ihn aus dem Mutterleib herausschneidet und in seinen Schenkel einnäht (Euripides, Bacchen 1–42). Nach der Geburt übergibt er den Sohn den Musen in Nysa in Kleinasien. Diese schützen das Kind Dionysos vor der Eifersucht Heras und sorgen für sein Heranwachsen zum jungen Mann. Dann beginnt der Triumphzug des Dionysos vom Osten, von Kleinasien und Thrakien, nach dem Westen, und zwar nach Theben, seiner Geburtsstadt. Fußbodenmosaike, u. a. in Sepphoris aus dem 4. Jh., zeigen die Kindheit des Dionysos. Das Götterkind Dionysos, das als Kind dargestellt wird, während der Mythos es zur Täuschung Heras in einen Ziegenbock verwandelt hat (Apollod. 3,26 ff.), war in der Antike sehr beliebt. Dionysos ist derjenige, der nicht an der Daseinsweise der Götter festhält, sondern den Menschen gleich wird und im Äußeren als Mensch erscheint. Zwar ist er nicht *Sklave* (doúlos) der Musen, hat aber als Kind nicht mehr Rechte als ein Sklave (Gal 4,1). Als Erwachsener kann er in seinem Triumphzug jederzeit seine wahre Gestalt als olympischer Hochgott zeigen (Eurip., Bacch., passim; Ziegler 2008, 104–115). Den Tod erleidet er als Erwachsener nicht mehr.

Jesu singuläre Entäußerung im Kreuzestod eines Verbrechers

Die Unfähigkeit zu Leiden und Sterben ist der entscheidende Unterschied zwischen Dionysos und Christus, olympischen Göttern und Menschen. *Gehorsam Werden bis zum Tod* ist nur dem Menschen Jesus Christus möglich, nicht *Dionysos* oder einem *Kabeiros*. Bei anderen Göttersöhnen mit menschlichen Müttern spielt hingegen der Tod eine zentrale Rolle, z. B. bei Herakles, den Dioskuren und Asklepios. Aber auch bei ihnen ist der Tod nicht die Konsequenz von Gehorsam und Pro-Existenz, sondern die tragische Notwendigkeit, die menschliche Existenz für die Verwandlung in einen unsterblichen Gott aufzugeben. Erst recht spielt diese Deutung von Tod bei der Vergöttlichung der Cäsaren die entscheidende Rolle. Erst nach ihrem Tod stellt der Senat in einem Verfahren fest, ob der Cäsar in den olympischen Himmel aufgenommen worden ist oder nicht, also ein menschlicher Schatten der Unterwelt geblieben ist oder zum unsterblichen olympischen Gott wurde (Sen., Apocol.). Die Verdeutlichung des Todes als *Kreuzestod* bildet daher das Zentrum des Liedes. Der schimpfliche *Kreuzestod* als Verbrecher hat weder griechische Göttersöhne noch nach dem Tode vergöttlichte Kaiser getroffen. Die Entäußerung (kenóo) Jesu schloss gerade die verachteste Form des Todes unter den Menschen mit ein.

Der Triumphzug der zweiten Strophe Phil 2,9–11 hat nur Dionysos als Parallele. Aber auch er wird im Olymp nicht *Herr* der *Himmlischen und Irdischen und Unterirdischen*. Die Herrschaft über den *Kosmos* kommt allein Gott und seinem erhöhten Jesus Christus zu. Die Weisheits- und Auferweckungstheologie des Ersten Korintherbriefes findet in diesem Lied eine frühe

Vorform. Allerdings bleibt hier im Unterschied zu den Korintherbriefen die Form der Präexistenz rätselhaft.

der singuläre erlösende Kreuzestod des präexistenten Logos und menschlichen Christus

Was meint *Daseinsweise* (morphé) und das männliche relative *der*, mit dem das Lied einsetzt? *Der* bezieht sich auf Christus in Vers 5. Wie ist Christus bei Gott anwesend? Die Weisheit (sophía) Gottes ist weiblich. Allerdings kann auch der männliche Begriff *Logos* (Sinn, Wort) Weisheit bedeuten wie im Prolog des Johannesevangeliums, der Parallelen in der frühjüdischen Weisheitsliteratur und bei Philon hat (s. u. IX.3.a; 5). Der Logos verlässt als zukünftiger Christus die göttliche Sphäre und nimmt die Daseinsweise eines Menschen an. Im Wirken, im Kreuzestod und in der triumphalen Erhöhung Jesu zeigt der göttliche Logos Gottes Zuwendung zu den Menschen. Die Vereinigung der Weisheit Gottes mit dem eschatologischen Christus wird wie im Ersten Korintherbrief in den göttlichen Heilsplan zurückverlegt (s. o. III.2.b).

Die Sendung eines eschatologischen Christus ist von Anfang der Schöpfung an von Gott geplant. Diese Planung bringt ebenfalls eine alte Sendungsformel zum Ausdruck, die Paulus allerdings erst im Galater- und Römerbrief aufgreift (Gal 4,4 f.; ähnlich Röm 8,3; s. u. III.4.e).

### *c) Evangelium, Gerechtigkeit, Tag Christi und himmlisches Bürgerrecht*

Das Exordium (Phil 1,3–11), das wieder ein Dankgebet ist, nennt drei theologische Hauptthemen: 2-mal *Evangelium* (Phil 1,5.7), 1-mal *Gerechtigkeit* (Phil 1,11) und 2-mal *Tag Christi* (Phil 1,6.10). Das *Evangelium* bedeutet wie in den anderen Paulusbriefen *Christus* Verkünden (Phil 1,2–18). Das alte Christuslied (Phil 2,6–11) bringt dann parallel zu 1 Kor 2; 15 eine längere inhaltliche Zusammenfassung.

Ausführlicher als in den Korintherbriefen wird dann der Begriff *Gerechtigkeit* besprochen und zwar 3-mal im sogenannten Warnbrief (Phil 3,6.9 (2-mal)). Paulus nennt zunächst autobiographisch seine Lebensweise nach den Weisungen des jüdischen Gesetzes *Gerechtigkeit.* Er hat die christliche Gemeinde verfolgt (Gal 1,13–24). Nach der Berufung durch Christus hat er diese jüdische Lebensweise aufgegeben. Deren polemische Abwertung als *Dreck* ist gegen falsche Lehrer gerichtet, die in die Gemeinde eingedrungen sind (Phil 3,2–8: der Beginn des Warnbriefes). Sie sind judaisierende Christen, die von außen kommend die überwiegend heidenchristlichen Gemeinden von Korinth, Philippi und Galatien zur Einhaltung des jüdischen Gesetzes zurückführen wollen, also zur Beschneidung (Phil 3,2 f.) und zur Unterscheidung von reinen und unreinen Speisen (Phil 3,19).

autobiographisch erlebte Intoleranz der Gerechtigkeit nach dem Gesetz

Der Kampf gegen diese Irrlehrer führt zu der Antithetik von menschlicher (*meiner*) *Gerechtigkeit* und der von Gott geschenkten *Gerechtigkeit.* Paulus entfaltet dann später im Galater- und Römerbrief diese Antithetik.

individuelle Eschatologie für das Sterben des einzelnen Christen

Der *Tag Christi* führt ebenfalls zu einer vertieften Interpretation der Gerichts-Apokalyptik des Ersten Thessalonicherbriefes und der Korintherbriefe. Paulus muss in der Gefangenschaft um sein Leben fürchten. Die Frage nach der eigenen Auferweckung stellt sich nun existentiell auch für ihn: „[21]Denn mir ist das *Leben Christus* und das *Sterben Gewinn.*" (Phil 1,21) *Mit-Christus-Sein* bedeutet eschatologisches Leben schon jetzt, das sich im Sterben als *Gewinn* vollendet. Paulus entwickelt eine individuelle Eschatologie. Der *Tag Christi* bricht für jeden Christen bereits im individuellen Tode an.

Zugleich hält Paulus im Eingangsgebet an der kollektiven Eschatologie fest (Phil 1,6–10). Auch im Warnbrief verweist Paulus auf die kollektive Rettung ähnlich wie im Ersten Thessalonicherbrief (1 Thess 1,10): „[20]Denn unsere Bürgerschaft ist in den Himmeln, aus dem wir auch als *Retter* erwarten den Herrn Jesus Christus, [21]der umgestalten wird den Leib unserer Niedrigkeit, gleichförmig dem Leib seiner Herrlichkeit, nach der Kraft seines Könnens sich auch alles unterzuordnen." (Phil 3,20f.) Der Hoheitstitel *Retter/Heiland (sotér)* für Jesus Christus fällt bei Paulus nur hier. Christus wird bei seiner Ankunft aus dem Himmel die irdische Personalität (sóma) seiner Anhänger verwandeln und hineinnehmen in seine verherrlichte Gestalt (sóma vgl. 1 Kor 15).

kollektive Eschatologie am Tag des Christus und himmlisches Bürgerrecht schon jetzt

Das Bürgerrecht (políteuma) im *Himmel*, also bei Gott, tröstet die Philipper schon jetzt. Sie haben z.T. ein doppeltes Bürgerrecht; sie haben als Mitglieder der *Colonia* Philippi z.T. das italische Bürgerrecht. Sie sind aber in ihrem Glauben weder den italischen Stadtorganen noch den privilegierten jüdischen Synagogen-Vereinen unterworfen, sondern gehören bereits zum himmlischen Bereich des einen Gottes; sie sind in das *Buch des Lebens*, das ist das Geburtsregister der *himmlischen Colonia/Polis*, eingetragen worden (Phil 4,3). Sie repräsentieren als Christus-Gemeinschaft schon jetzt den wahren Herrscher in der Welt.

### *d) Der Philemonbrief*

Der Brief an Philemon ist der kürzeste selbständige Brief des Paulus. Er zeigt die rhetorische Eleganz eines literarischen Briefes, der für die Öffentlichkeit geschrieben ist. Denn Philemon fungiert als Vorsteher einer Hausgemeinde (Phlm Vv 1–2). Paulus bespricht den Fall des entlaufenen und bei ihm Schutz suchenden Sklaven Onesimos in einem freundschaftlichen, deliberativen Fürbittschreiben an den Herrn, wie es in einem solchen Fall in der Antike üblich war (Plinius, Briefe 9,21 an Sabinianus). Die Thematik gehört zur christlichen Ethik und Anthropologie.

Konsequenter als Plinius kann Paulus dem christlichen Hausvorsteher Philemon nahelegen, dem Sklaven als *Bruder* im *Herrn* zu verzeihen und ihn Paulus als *gezeugten Sohn* und *geliebten Bruder* zum *Dienst* am *Evangelium* zu überlassen (Vv 10–14). Die Entscheidung, ob Onesimos in der Rechtsstellung eines Freigelassenen oder eines Haussklaven Paulus zu Diensten sein soll, belässt Paulus bei Philemon; doch deutet er an, dass er eine Freilassung wünscht (Vv 13–20; Ebner/Schreiber 2008, 405f.)

ein entlaufener Sklave wird Mitarbeiter des Paulus für das Evangelium

## 4. Die Theologie des Galaterbriefes und des Römerbriefes

### *a) Paulus und die Gemeinden in Galatien und Rom*

judenchristliche Gegner in den Gemeinden Galatiens

Die Provinz Galatien liegt in der Mitte von Kleinasien. Der Nordteil besteht aus den keltisch besiedelten Gebieten um das heutige Ankara. Der Südteil umfasst griechische Städte. In diesen hatte Paulus auf seiner sogenannten Ersten Missionsreise Gemeinden gegründet (Apg 13–14). Für die Theologie des Galaterbriefes muss die umstrittene Frage, ob Paulus an die keltischen Galater oder an die südgalatischen Städte geschrieben habe, nicht gelöst werden. In beiden Fällen hat es Paulus mit judaisierenden christlichen Gegnern zu tun, die die Galater wieder in die Befolgung der jüdischen Tora zurückführen wollen.

Die Gemeinde in Rom wiederum hat Paulus nicht gegründet. Die Christen in Rom haben eine Vielzahl von Hauskirchen. Der ursprünglich judenchristliche Teil ab den 40er Jahren war durch die Ausweisung von Judenchristen, z. B. von Aquila und Priszilla (Apg 18,2; 1 Kor 16,19; Röm 16,3), durch Kaiser Claudius im Jahre 49 geschwächt worden. In den fünfziger Jahren hatte der heidenchristliche Teil das Übergewicht gewonnen. Paulus betont die Ausrichtung seines Briefes für die Völker (Röm 1,5.13 f.; 15,7–12.16–21). Es ist Konsens, dass Paulus mit diesem Brief seinen Schriftverkehr abschließt.

eine zusammenfassende Darstellung für persönlich nicht bekannte Christen in Rom

Da Paulus die römischen Christen nicht kennt, fasst er mit dem Römerbrief seine theologischen und anthropologischen Gedanken zusammen. Sein Plan, nach seinem ersten Besuch in Rom in Spanien das Evangelium zu verkünden (Röm 15,24), scheitert durch seine Festnahme in Jerusalem (Apg 21,27–40). Als Gefangener kommt er aber schließlich in Rom an (Apg 28,16–31) und erleidet dort den Märtyrertod (Apg 20,23 ff.; 1 Klem 5,2).

### *b) Der Aufbau des Galaterbriefes und des Römerbriefes*

Aufbau

Der Galaterbrief ist ein einheitlicher, formvollendeter, deliberativer Brief. Er zeigt am deutlichsten den Aufbau eines am antiken Briefschema orientierten, paulinischen Briefes: Präskript: 1,1–5; Exordium: 1,6–10; Narratio: 1,11–2,14; Propositio: 2,15–2,21; Probatio (Argumentatio): 3,1–5,12; Exhortatio: 5,13–6,10; Postskript 6,11–18 (Klauck 1998, 237). Die Argumentatio ist im Stil der Diatribe gehalten und diskutiert die Aufhebung des alttestamentlichen Gesetzes. Die Narratio enthält gegenüber den Narrationes in den anderen paulinischen Briefen den ausführlichsten, autobiographischen Part. Paulus stellt sich selbst als Beispiel für das richtige Gesetzesverständnis dar (Broer 2009).

Der Römerbrief als der letzte Brief des Paulus verlässt die Gattung des freundschaftlichen, deliberativen Briefes. Er orientiert sich für die Entfaltung des Evangeliums stärker an der epideiktischen (lobenden) Rede, behält aber auch beratende Elemente bei, die besonders in der abschließenden Exhortatio (12,1–15,13) deutlich werden (Aune 1987, 219). Der Aufbau des Briefes entspricht wiederum dem üblichen, paulinischen Briefschema: Präskript: 1,1–7; Exordium: 1,8–15; Propositio: 1,16 f.; Argumentatio: 1,18–11,36; Exhortatio: 12,1–15,13; Postskript: 15,14–16,23 (Zeller 1985, 8 f.; Klauck 1998, 228–230).

Noch deutlicher als in Gal 3,1–5,12 prägt die Diatribe den umfangreichen Argumentationsteil (Röm 1,18–11,36; Schmeller 1987). Diatribe (Zeitvertreib) ist die lebhafte und lockere Behandlung eines Gedankens praktischer Ethik und Lebensweisheit. Seneca pflegte in seinem fiktiven Biefwechsel mit Lucilius ebenfalls den Stil der Diatribe und der anthropozentrischen Philosophie über den Menschen und die Götter (Sen., epist.). Auch das Präskript ist überlang, da Paulus sich den ihm nicht persönlich bekannten Christen in Rom anempfehlen muss.

### *c) Kein anderes Evangelium in Galatien*

Nach dem langen Eingangsgruß (Gal 1,1–5) nennt Paulus formgerecht im Exordium direkt die Themen des Briefes und verschlüsselt sie nicht in die Gebetsform wie in den anderen Briefen: „[6]Ich staune, dass ihr so schnell euch wegkehrt von dem euch Rufenden in der Gnade des Christus zu einem anderen Evangelium, [7]das nicht ein anderes ist; außer dass einige sind, die euch das Evangelium des Christus verwirren und verdrehen wollen …" (Gal 1,6f.8–10)

nach dem Evangelium keine Beschneidung und Speiseverbote mehr aufgrund des Gesetzes

Die autobiographische Erzählung (narratio Gal 1,11–2,14) und Schlussfolgerung (propositio Gal 2,15–2,21) arbeiten heraus, was zur Wahrheit des Evangeliums gehört (Gal 2,14). Die Völker müssen nicht nach dem Gesetz der Juden leben, das bedeutet: keine Beschneidung (Gal 2,3) und keine Unterscheidung reiner und unreiner Speisen (Gal 2,11–14). Die Schlussfolgerung lautet: „[16]wissend aber, dass ein Mensch nicht gerechtgesprochen wird aus Werken des Gesetzes, sondern durch Glauben an Jesus Christus, und wir glaubten an Christus Jesus, damit wir gerechtgesprochen würden aus Glauben an Christus und nicht aus Werken des Gesetzes, weil aus Werken des Gesetzes gerechtgesprochen werden wird kein Fleisch." (Gal 2,16)

*Werke des Gesetzes* stehen antithetisch dem *Glauben* an Christus gegenüber. Die *Gerechtigkeit* allein aus dem Glauben, die 2 Kor 5,21 andeutete, wird jetzt ausgearbeitet.

### *d) Gerechtigkeit und Sohnschaft durch Glauben gegen Gerechtigkeit durch Werke*

Der erste Teil der Argumentation baut eine Reihe antithetischer Begriffe auf (Gal 3,1–29):

| | |
|---|---|
| Gesetzeswerke | Hören des Glaubens |
| Fleisch | Geist |
| Handelnde nach dem Gesetz<br>Verfluchte durch Übertretung | Abraham<br>Christus<br>Söhne Abrahams<br>Völker (Heiden) |
| Keiner gerechtgesprochen | gerechtgesprochen |
| Gesetz | Bund |
| Sklaven | Söhne (und Töchter) |

Abraham wird erstmals zum Vorbild des Glaubens. Vorher zitierte ihn Paulus nur 1-mal (2 Kor 11,22), und zwar als biologischen Gründungsvater, als Patriarch Israels. Diese Patriarchen-Funktion behält Abraham hier und im Römerbrief neben der Vorbildfunktion als Glaubender bei (Röm 9,7; 11,1).

Weitergehen des Abrahambundes und Aufhebung des Mose-Gesetzes durch Jesus Christus

Christus erfüllt typologisch die Segensverheißungen aufgrund des Glaubens an Abraham (Gal 3,14). Der Bund Gottes mit Abraham bleibt gültig.

„[17]Dies aber sage ich: Ein Testament, vorherbestätigt von Gott, entkräftet nicht das nach vierhundertunddreißig Jahren gewordene Gesetz, auf dass es aufhebt die Zusage." (Gal 3,17) Der zweite Bundesschluss am Sinai mit dem *Gesetz* des Mose hebt den ersten *Bund* mit Abraham nicht auf. Dieses *Gesetz* vermag aber nicht das Leben aus dem Glauben zu bewirken; es ist ein pädagogischer Führer für die Zeit zwischen Mose und Jesus (Gal 3,24). Die 430 Jahre zwischen Abraham und Mose ermöglichten zwar den gesetzesfreien Glauben, waren aber zugleich durch *Übertretungen* geprägt, die das Gesetz des Mose erforderlich machten (Gal 3,19). Durch Jesus Christus wird das unvermeidbare Gesetz schließlich aufgehoben.

Es folgt die Sendungsformel von der Sendung des präexistenten weisheitlichen Logos als Sohn Gottes und Sohn einer Frau, um aus der *Sklaverei* der *Elemente des Kosmos* und des *Gesetzes* die Glaubenden freizukaufen (Gal 4,4f.; s.u. III.4.e). Gleichzeitig erhalten diese, sowohl Israel als auch die Völker, die Sohnschaft Gottes zurück, die unter dem Gesetz durch die Übertretungen verlorengegangen war. Im Geiste Christi können die Glaubenden dem Vater-Titel Gottes das vertrauensvolle aramäische *Abba* des irdischen Jesus hinzufügen: „[6]Weil ihr aber Söhne seid, sandte Gott den Geist seines Sohnes in unsere Herzen aus, der schreit: Abba, der Vater! [7]Daher bist du nicht mehr Sklave, sondern Sohn; wenn aber Sohn, auch Erbe durch Gott." (Gal 4,6f.) Die Glaubenden sind nicht mehr Sklaven des Gesetzes und heidnischer kosmischer Mächte (vgl. 1 Kor 15, 23–28; s.o. III.2.c), sondern wie Jesus Christus *Gottessöhne/-kinder:* „[26]Denn ihr alle seid Söhne Gottes durch den Glauben in Christus Jesus;" (Gal 3,26).

Gottessohnschaft für alle Getaufte

Paulus zitiert mit Gal 3,28 eine alte Taufformel. Mit der Taufe auf Jesus, den Christus, entfallen die Differenzen von Geschlecht, Rang, Stand, Nationalität, alles angeborene Qualitäten für die Antike. Von der Fremdbestimmung durch Familie/Patriarchat, Geschlecht/Gender und Nation/Bürgerrechtsprivilegierung finden die Anhänger Jesu zur autonomen Selbstbestimmung in der *Gottessohnschaft/-kindschaft.*

In Gal 4,21–31 vertieft Paulus den Gedanken der *Gotteskindschaft* mit einer frühjüdischen allegorischen Exegese von zwei Zitaten aus den Sara-Hagar-Erzählungen (Gen 16,15; 21,10). Daraus folgt zwingend das Verbot der Beschneidung für Heidenchristen: „[2]Sieh, ich, Paulus, sage euch, dass, wenn ihr euch beschneiden lasst, Christus euch nichts nützen wird." (Gal 5,2) Weitere Mahnungen zum sittlichen Leben aufgrund der *Freiheit* vom Gesetz und auf der Grundlage der Liebe (agápe) schließen sich an (Gal 5,13–6,10).

Anfragen an die Aufhebung des ganzen Mose-Gesetzes

Diese *gesetzesfreie* Paränese ist allerdings problematisch. Denn Paulus unterlässt es, innerhalb der Tora zwischen kultischen Regeln und ethischen Prinzipien und Normen zu unterscheiden. Er bietet einen Lasterkatalog, der weitgehend mit den Verboten der Tora übereinstimmt (Gal 5,19–21). Dass die Übertreter die *Königsherrschaft Gottes* nicht erben werde (Gal 5,21), verweist indirekt auf die frühe palästinensische Gemeindetradition, die die Verkündigung des vorösterlichen Jesus aufbewahrt hat (s.o. III.1.i; Schröter 2001, 180–220). Und Jesus von Nazaret hat das Gesetz nicht aufgehoben, sondern kritisiert und erweitert.

Oda Wischmeyer fasst die theologische Leistung des Galaterbriefes zutreffend zusammen: „Im Galaterbrief liegt eine fast ganz durchgehende polemische antithetische Struktur theologischer Grundbegriffe vor, die von dem Versuch antipaulinischer judenchristlicher Missionare, Heidenchristen in Galatien zum Halten des Gesetzes zu bringen, ausgeht und bestimmt ist, aber zugleich über diese theologische Situation hinausdenkt." (Wischmeyer 2006, 295) Die Antithetik des Galaterbriefes bedarf noch weiterer Klärungen, die dann der Römerbrief bringt.

### *e) Evangelium, Davidssohn und Sendungschristologie im Römerbrief*

Paulus leitet den Römerbrief mit einem überlangen Gruß ein (Röm 1,1–6): „1 Paulus, Sklave des Christus Jesus, berufener Apostel, ausgesondert zum Evangelium Gottes, 2 das er vorher zusagte durch seine Propheten in heiligen Schriften 3 über seinen Sohn, den aus der Nachkommenschaft Davids nach dem Fleisch gewordenen, 4 den zu Gottes Sohn in Kraft nach dem Geist der Heiligkeit aus der Auferstehung von Toten bestimmten, Jesus Christus, unseren Herrn ..." (Röm 1,1–4).

In dieser überlangen Adresse, in der der persönlich noch nicht bekannte Paulus sich den Christen in Rom empfiehlt, werden zwei Stadien der Christologie als *Evangelium* vorgestellt:

a) Die messianische, von König David herkommende Vollmacht bestimmt die Zeit des irdischen Jesus.
b) Die Bestätigung dieser Vollmacht durch die Auferstehung und die Erhöhung des Jesus *Christus* zum *Sohne Gottes,* der von nun an als Erhöhter gemeinsam mit dem Vater die Welt regiert, prägt die Zeit des Auferstandenen.

Als *davidischer, irdischer Christus* hat *Jesus* zusätzlich zum *stellvertretenden Tod* eine Fülle von weiteren *Freudenbotschaften* verkündet. Paulus zitiert allerdings nur wenige *Herrenworte.* Im Ersten Korintherbrief führt er drei vorösterliche Worte mit ausdrücklichem Verweis auf die Aussage des *Herrn* ein (1 Kor 7,10; 9,14; 11,23–25). Die ersten beiden Worte sind Regeln der Ethik, die Einsetzungsworte des Herrenmahls bilden das dritte Wort (s. o. III.2.d). Ansonsten zitiert Paulus noch zusätzlich einige Worte des Erhöhten (1 Thess 4,15) oder spielt gelegentlich auf bekannte Herrenworte an (Schröter 2001, 180–220).

Die Pistisformel von der *Sendung* des eigenen *Sohnes* verbindet den *hoheitlichen Davidssohn* mit der *präexistenten Weisheit*: „[3]Denn im Hinblick auf das Kraftlose des Gesetzes, worin es schwach war durch das Fleisch – Gott, den eigenen Sohn schickend in Gleichheit des Fleisches der Sünde und wegen der Sünde, verurteilte die Sünde im Fleisch" (Röm 8,3; ähnlich Gal 4,4f.). Die Sendung wird analog zur Sendung der Weisheit verstanden: „Sende sie aus dem heiligen Himmel, und von deinem herrlichen Thron schicke sie." (Weish 9,10; Gnilka 1994, 24f.) Die Sendung der Weisheit als eschatologischer Sohn Gottes und Christus gehört zum präexistenten Geschichtsplan Gottes.

Zweistufenchristologie und Präexistenz

Paulus ist daran interessiert, die gegenwärtige Herrschaft des zum Sohne Gottes Erhöhten zu beschreiben und seine vollmächtige Ankunft (Parusia) für die Zukunft anzukündigen. Die Adoption des königlichen Davidssohnes Jesus zum Sohn Gottes wird durch die Präexistenz ergänzt.

Nach dem Dankgebet (Röm 1,8–15) wird das Hauptthema (propositio) klar genannt: „[16]Denn ich schäme mich nicht des Evangeliums, denn Kraft Gottes ist es zur Rettung jedem Glaubenden, dem Juden zuerst wie auch dem Hellenen. [17]Denn die Gerechtigkeit Gottes wird in ihm aus Glauben zu Glauben offenbart, gleichwie geschrieben ist: *Der Gerechte aber wird aus Glauben leben* (Hab 2,4)." (Röm 1,16f.)

das Evangelium für Juden und Heiden

Das Evangelium ist für jeden Menschen bestimmt. Aufgrund der Geschichte Gottes mit Israel gibt es aber zwei Gruppen von Menschen: *zuerst Juden*, die den geschichtlichen Vorrang haben, dann *Griechen*. Entsprechend geht der Abschnitt Röm 9–11 auf den Vorrang Israels ein. Rom ist die Reichshauptstadt. Die gemischte Hörerschaft in Rom und im griechisch-römischen Weltreich bedarf einer Evangeliumsverkündigung, die beide Gruppen anspricht und nicht wie im Galaterbrief nur die durch das Judentum gefährdeten Heidenchristen im Auge hat.

Fundamental-anthropologie und fragmentarische Theologie im Römerbrief

Paulus kennt die Christen in Rom nicht persönlich außer einer kleinen Gruppe, die er am Schluss des Briefes grüßen lässt (Röm 16,1–16). So setzt er mit einer grundsätzlichen Betrachtung über die *Gottlosigkeit* und *Ungerechtigkeit* von Menschen ein (Röm 1,18). Im ganzen Hauptteil vor dem Israel-Exkurs geht es schwerpunktmäßig um Anthropologie (Röm 1,18–8,39). Die Theologie im engen Sinne, also die Rede über Gott und seinen Bereich mit Jesus Christus und dem Geist, kommt nur fragmentarisch vor. Der erste Teil der langen Argumentatio im Römerbrief entwirft eine *Fundamentalanthropologie* (Röm 1,18–3,20), der zweite Teil eine *christliche Anthropologie* (3,21–8,39) und der dritte Teil bringt den Exkurs über die Juden (9,1–11,36) (Wischmeyer 2006, 298–300).

### f) Fundamentalanthropologie: Das Evangelium für alle Menschen und der Zorn Gottes über die Menschheit

Die Argumentation setzt mit einem Kontrast ein. Dem *Evangelium* (frohen Botschaft) von der *Gerechtigkeit Gottes* als *Rettung* (*sotería*) steht der *Zorn Gottes* über die Menschheit gegenüber: „[18]Denn offenbart wird der *Zorn Gottes* vom Himmel gegen jede *Gottlosigkeit und Ungerechtigkeit* von Menschen, die die Wahrheit in Ungerechtigkeit niederhalten." (Röm 1,18) Paulus greift auf die apokalyptische Metapher vom *Zorngericht Gottes* des Ersten Thessalonicherbriefes zurück (1 Thess 1,10; 2,16; 5,9). Die frühjüdische Apokalyptik hatte die alttestamentliche Prophetie vom Gericht Gottes über Israel und die Völker um Israel herum universalisiert. Gott wird zum Richter der gesamten Menschen (Dan 7). Daran kann Paulus anknüpfen. Der *Zorn Gottes*, der im künftigen Weltgericht und seinen Urteilen offenbar wird, zeigt sich schon jetzt in der Gegenwart an den Menschen. Er ist ja durch deren Handeln verursacht worden. Die anschließende fundamentalanthropologische Argumentation begründet diese Verantwortung mit einem universal gegebenen Erkennen Gottes: „[19]da ja das Erkennbare Gottes offenbar ist unter ihnen; denn Gott offenbarte es ihnen." (Röm 1,19)

Erkennbarkeit Gottes durch die Schöpfung

Für diese Grunderkenntnis verweist Paulus auf die Schöpfung: „[20]Denn das Unsichtbare an ihm wird seit Schöpfung der Welt durch das Gemachte als Erkennbares angeschaut, seine ewige Kraft und Göttlichkeit, auf dass sie ohne Entschuldigung sind." (Röm 1,20) Durch die sichtbaren *Werke* der *Schöpfung* wird das *Unsichtbare an Gott* erkannt. Paulus greift wieder auf die Argumentation der frühjüdischen Weisheitsliteratur zurück (Weish 13 f.). Diese wiederum nahm die stoisch-aristotelische Philosophie auf, dass das unsichtbare Weltprinzip in den von ihm hervorgebrachten Dingen geschaut werden kann (Zeller 1985, 55). Die Heiden sind in ihrer Ablehnung des Monotheismus ohne Entschuldigung (Röm 1,20).

Verantwortung vor Gott von Heiden und Juden für ihre Laster

Dann schließt sich Paulus ausführlich der judenhellenistischen Kritik am heidnischen Polytheismus und den von ihm bewirkten heidnischen Unsitten an (Röm 1,21–32). Diese Verurteilung trifft alle, die gegen ihre eigene, philosophische Erkenntnis den vielen, einzeln aufgezählten Lastern verfallen sind (Röm 1,26–32).

Auf die Anklage gegen die Heiden folgt die Anklage gegen die Juden. Auch sie sind trotz ihrer *richtenden* Götterkritik ohne Entschuldigung (Röm 2,3). Denn auch sie *verachten* die Güte Gottes (Röm 2,4). Die Begründung für die Verachtung wird später nachgeliefert. Zunächst begnügt sich Paulus damit, auf die gleichartigen Laster der Juden mit denen der Heiden zu verweisen und diese Laster auf das Sündigen gegen das *Gesetz* zurückzuführen (Röm 2,5–24).

Die *Täter des Gesetzes* dagegen werden zunächst *gerecht* gesprochen (Röm 2,13). Allerdings dürfen die Täter nicht ihren gesetzlichen, also den dem *Gesetz* gemäßen *Werken* vertrauen: „[20]weil aus *Werken des Gesetzes* kein Fleisch gerechtgesprochen werden wird vor ihm, denn durch das Gesetz gibt es Erkenntnis von Sünde." (Röm 3,20) Die Argumentation aus den bisherigen Briefen wird herangezogen, dass aus den Werken des Gesetzes kein Rechtsanspruch auf die Gerechtsprechung durch Gott entsteht.

### *g) Gerechtsprechung/Rechtfertigung durch Jesu Christi Sühnopfer*

Dann folgt die radikale Gegenthese: „[21]Jetzt aber ist ohne das Gesetz die Gerechtigkeit Gottes offenbart worden, bezeugt vom Gesetz und den Propheten, [22]Gerechtigkeit Gottes aber durch Glauben an Jesus Christus für alle Glaubenden." (Röm 3,21–22a) Die *Gerechtigkeit Gottes* hat die Aufhebung des *Gesetzes geoffenbart* in *Jesus Christus*. Der Glaube an ihn bewirkt die Gerechtsprechung.

Jesus Christus als Lösegeld zum Freikauf und zur Rettung von der Macht der Sünde

Nun folgen zwei Begriffe der Erlösungstheologie: Loskauf (*apolýtrosis*) (Röm 3,24) und Sühnopfer (*hilastérion*) (Röm 3,25): „[22b]Denn nicht ist ein Unterschied; [23]denn alle sündigten und ermangeln der Herrlichkeit Gottes, [24]gerechtgesprochen geschenkweise durch seine Gnade, durch den *Loskauf*, den in Christus Jesus; [25]ihn stellte Gott hin als *Sühnopfer* durch den Glauben in seinem Blut zum Aufweis seiner Gerechtigkeit wegen des Hingehenlassens der vorher geschehenen Versündigungen [26]in der Geduld Gottes, zum Aufweis seiner Gerechtigkeit in der jetzigen Zeit, auf dass er gerecht sei und gerechtspreche den aus Glauben an Jesus." (Röm 3,22b–26)

Apolytrosis, Kurzform lýtron (Mk 10,45), meint ursprünglich im Griechischen den Loskauf eines Gefangenen oder Sklaven und gehört in den Bereich des Rechts. Die theologische Übertragung, also die theologische Metaphorisierung, bedeutet: Gott kauft die Menschen durch die Einwohnung der Weisheit in Jesus Christus, seinen Kreuzestod und seine Auferweckung aus der Macht der Sünde los; 1 Kor 1,30 deutet diesen Gedanken bereits mit der Bezeichnung Jesu als *Lösegeld* an. Die theologische Metapher *Lösegeld* gehört zu dem theologischen Wortfeld des *Rettens* und *Sterbens für.*

Da der *Zorn Gottes* schon jetzt herrscht (Röm 1,18), kann Jesus Christus ihn auch schon jetzt für die an ihn Glaubenden aufheben. Die Eschatologie bricht bereits schon jetzt befreiend an.

unterschiedliche Vorstellungen zum Sühnopfer

*Sühnopfer* (hilastérion) kommt aus der Sprache des Opferkults, sowohl des israelitischen als auch des hellenistischen Kults. Im Hellenismus bezeichnete es konkret das Sühnemittel oder die Sühnegabe. In der Septuaginta bezeichnet es die Deckplatte der Bundeslade im Allerheiligsten, auf die am Versöhnungstag das Blut des Sühnopfers gespritzt wurde (Hebr 9,5) (Bauer/Aland 1988, 762f.).

Beide Bedeutungen sind für diese Stelle möglich.

a) Jesus Christus ist als Opfertier für die Versöhnung mit Gott getötet worden. Diese Deutung hat eine entfernte Parallele im Ersten Korintherbrief: „[7]Räumt aus den alten Sauerteig, damit ihr seid ein neuer Teig, gleichwie ihr ungesäuert seid; denn unser Pascha wurde geschlachtet, Christus." (1 Kor 5,7) Jesu Christi Tod wäre dann nicht der alltägliche Tod eines Opfertieres, sondern die einmalige eschatologische Erfüllung des Passaopfers zur endgültigen Befreiung Israels. Der Akzent liegt auf der endzeitlichen Rettung Israels (Schrage 1991, 1, 383).
   Auch der neue Bund in meinem Blute (1 Kor 11,25) stellt den neuen Bundesschluss in den Mittelpunkt und erfüllt eschatologisch das einmalige Opfer beim Bundesschluss am Sinai durch Jesus Christus (s.o. III.2.d). Es wird beim Sühnopfer wie bei den Einsetzungsworten auf den neuen eschatologischen Bund angespielt.
b) Jesus Christus ist die Deckplatte der Bundeslade. Durch Jesu Christi Kreuzestod hat Gott zu Israel und den Völkern gesprochen, wie er auf der Deckplatte als Thron zwischen den beiden Cherubim mit Mose für Israel sprach (Ex 25,17–22; Pola 2008, 357f.). Die Vorstellung, dass der Tod Jesu Christi dem Tod eines alltäglichen Opfertieres gleicht, bleibt im NT singulär und ist daher umstritten. Zeller spricht sich dennoch für die Deutung des Kreuzestodes Jesu als alltägliches *Sühnopfer* aus (Zeller 1985, 86f.). Wilckens hält dagegen an *Deckplatte,* also an dem Theologumenon von der *eschatologischen Rettung* durch Gott und Jesus Christus gemäß der Deutung der Septuaginta (Ex 25,17–22 LXX), fest (Wilckens 1978, 1, 190–192). Bei der Bevorzugung der Bedeutung *Opfertier* für Jesu Kreuzestod bringt auch diese Metapher im Zusammenhang mit dem Passalamm, dem Bundesopfer und der Deckplatte als Thron Gottes die eschatologische Erfüllung aller Opfer durch Jesus Christus zum Ausdruck und betont gleichzeitig die Stiftung eines neuen Bundesvolkes.

### *h) Abraham als Vorbild der Glaubenden und die beiden Bundesschlüsse*

Röm 4 nimmt die Abraham-Christus-Typologie aus dem Galaterbrief wieder auf (Gal 3,6–18). Abraham wird zum Modell des glaubenden Heiden. Dieser muss ebenfalls seinen hellenistischen Glauben verlassen und *Glaubender* werden an den, „der *gerechtspricht* den Gottlosen" (Röm 4,5).

Paulus ordnet Beschneidung und Gesetz erst dem Bund des Mose mit Gott am Sinai zu (Gal 3,19) und erklärt Abrahams Beschneidung (Gen 17) zur symbolischen Ausnahme, zum *Siegel der Glaubensgerechtigkeit* (Röm 4,10–12).

So kennt Paulus zwei Bundesschlüsse (Gal 4,24; Röm 9,4): 1. den Bund der Verheißung mit Abraham (Gal 3,15–18); 2. den Bund des Gesetzes mit Mose (Röm 5,12–15; 10,4–8; Gal 3,17; 4,24).

Gültigkeit des Abrahambundes im Neuen Bund auch für Israel

Die Metapher *Bund* fällt allerdings im Römerbrief nur 2-mal: Röm 9,4 (Plural); 11,27, beide im Israel-Exkurs. Röm 9,4 spricht unspezifisch von Bünden, während der Galaterbrief präzise zwei Bünde nennt, und zwar den einen vom *Sinai, zu Sklaverei gebärend,* und den anderen, *freien* zwischen Abraham, Sara und Gott (Gal 4,24–26; s.o. III.4.d). Röm 11,27 wiederum zitiert Jes 27,9 und meint den neuen Bund Jesu Christi mit Gott, in den auch *ganz Israel* hineingenommen und *gerettet* werden wird. Der Bund mit Abraham steht im Kontrast zum *Gesetz* des Sinai-Bundes und ermöglicht deshalb das Weitergehen des Bundes Gottes mit Abraham und Israel im neuen Bund.

### *i) Versöhnung durch Jesus Christus und Aufhebung der Macht der Sünde*

die Paradoxie der Versöhnung Gottes durch den Tod Jesu Christi

Röm 5 spricht von der *Versöhnung* (*katallagê*): „[10]Denn wenn wir, als wir Feinde waren, versöhnt wurden mit Gott durch den Tod seines Sohnes, werden wir um vieles mehr gerettet werden als Versöhnte in seinem Leben" (Röm 5,10). Die Formulierung ist paradox. Gott lässt seinen *Zorn* durch den Tod seines Sohnes, der durch die Feinde Gottes bewirkt wurde, besänftigen (vgl. dagegen das Gleichnis *Von den bösen Winzern* Mk 12,1–12; s.u. VI.6.e). Die anschließende Adam-Christus-Typologie bringt die Auflösung: „[19]denn wie durch den *Ungehorsam* des einen Menschen die Vielen als Sünder hingestellt wurden, so werden auch durch den *Gehorsam* des einen die Vielen als Gerechte hingestellt werden. [20]Das Gesetz aber kam daneben herein, damit sich mehre die Übertretung; wo aber sich mehrte die Sünde, überfloss die Gnade, [21]damit, wie die Sünde herrschte im Tod, so auch die Gnade herrsche durch *Gerechtigkeit* zu ewigem Leben durch Jesus Christus, unseren Herrn." (Röm 5,19–21)

Der Ungehorsam Adams bewirkt die Sünde aller seiner Nachkommen. Die Macht der Sünde wird anschließend durch das Gesetz verstärkt. Der *Gehorsam* Jesu Christi der Weisheit Gottes gegenüber, indem er das Gesetz des Mose aufhebt, bringt dagegen für alle die Gnade und *Gerechtigkeit* Gottes. Die Macht der Sünde wird aufgehoben. Die Typologie von Ungehorsam und Gehorsam verweist auf den Gegensatz der gesamten Lebenspraxis von Adam, also der Menschheit, und der Lebenspraxis von Jesus Christus. Paulus selbst erzählt das Leben Jesu nicht, dafür bringen es später die Evangelien und setzen andere Akzente. Die Sünde wird nicht wie hier dualistisch dominierend gesehen, sondern die Menschen behalten einen Freiheitsraum, mit unterschiedlichen Glaubens- und Ablehnungsformen auf Jesu Verkündigung und Praxis zu reagieren.

### *j) Taufe und Christusgemeinschaft*

Röm 6 handelt über die Taufe: „[7]denn der Gestorbene ist gerechtgesprochen weg von der Sünde. [8]Wenn wir aber starben mit Christus, glauben wir, dass wir auch leben werden mit ihm, [9]wissend, dass Christus, erweckt aus Toten, nicht mehr stirbt, der Tod ist über ihn nicht mehr Herr." (Röm 6,7–9)

der Einfluss naturbezogener Mysterien auf die Taufliturgie

Neu ist der Begriff des *Sterbens mit Christus*. Es klingt die Sprache der Mysterien vom Sterben und Auferstehen naturbezogener Gottheiten an. Paulus lässt das *In-Christus-Sein* mit der Taufe als Mysterium (lat. sacramentum Röm 16,25) und Initiationsritus beginnen.

Es folgt ein Tugendkatalog.

### *k) Freiheit vom Gesetz und Freiheit der Kinder Gottes*

Freude am Gesetz Gottes für den inneren Menschen

Röm 7 handelt von der Freiheit vom Gesetz. Deutlicher als im Galaterbrief weist Paulus dem Gesetz eine positive Funktion zu (vgl. Röm 2,12–13). Das Gesetz macht die Sünde als Sünde offenbar. Aber der Mensch kann das Gesetz nicht halten, so dass er unabwendbar zum Sünder wird (Röm 7,7–13). Doch Gott hat ihm einen *inneren Menschen* verliehen mit Freude am *Gesetz Gottes* (Röm 7,22). Der Gedanke vom Erkennen Gottes (Röm 1,18; s. o. III.4.f) wird wieder aufgegriffen und vertieft.

In Röm 8 geht es um die Freiheit der Kinder Gottes. Der Geist Gottes und Jesu Christi ermöglicht das Leben als *Söhne Gottes* mit der intimen *Abba*-Anrede für Gott, den *Vater* (Röm 8, 14–16). Der Sohnschaftsgedanke von Gal 4,4–6 wird wieder aufgenommen.

Befreiung der Schöpfung durch Jesus Christus

Zusätzlich wird die Theologie von der Auferweckung aller und des pneumatischen Leibes der Auferweckten (1 Kor 15) um die kosmologische Dimension erweitert (s. o. III.2.c): „[20]Denn der *Nichtigkeit* wurde die *Schöpfung* untergeordnet, nicht freiwillig, sondern durch den Unterordnenden, auf Hoffnung hin, [21]dass auch die *Schöpfung* selbst befreit werden wird von der Sklaverei der Vernichtung zur Freiheit der Herrlichkeit der Kinder Gottes." (Röm 8,20f.)

Die Schöpfung steht unter der Macht der Sünde (*Nichtigkeit*). Ihr Ursprung ist die Weisheit Gottes (Röm 1,20). Durch den Sündenfall des Menschen geriet sie unter die Macht der *Nichtigkeit* (Röm 5,12–21). Die Einwohnung der Weisheit in Jesus Christus befreit die Schöpfung wieder zur Herrlichkeit Gottes, die schon jetzt beginnt und sich am Tag Jesu Christi vollenden wird.

### *l) Israel als Volk Gottes*

Paulus beginnt mit der persönlichen *Trauer* über seine *Volksgenossen (syngenés)*: „[4]welche Israeliten sind, denen die Sohnschaft und die Herrlichkeit und die Bünde und die Gesetzgebung und der Gottesdienst und die Zusagen sind, [5]denen die Väter sind und aus denen der Christus hinsichtlich des Fleisches ist, der über allem Seiende, Gott, sei gelobt in die Äonen, Amen." (Röm 9,4f.) Die bisher diskutierten Privilegien Israels werden noch einmal aufgezählt: Sohnschaft, Herrlichkeit, Bundesschlüsse, Gesetzgebung, Gottesdienst, Zusagen (Verheißungen), der eschatologische Christus aus den Juden. Es folgt eine Doxologie, die bei Paulus immer auf Gott selbst bezogen ist. Die Bezeichnung Gott auf Christus zu beziehen, wäre singulär für Paulus (Wilckens 1980, 2, 189). Der Lobpreis Gottes schließt diese persönliche Beteuerung ab.

die Bünde mit Gott und andere Privilegien verhindern den Abfall von ganz Israel

Kann Israel als Ganzes verloren gehen? „[6]Nicht so aber, dass ausgefallen ist das Wort Gottes. Denn *nicht alle* aus Israel, sind Israel" (Röm 9,6). Die

Argumentation aus dem Galaterbrief (Gal 4,21–31) und dem Ersten Korintherbrief (1 Kor 10,1–13) wird wieder aufgegriffen, dass in der Geschichte Israels mit Gott ständig ein Abfall stattgefunden hat und nur ein Teil von Israel (*nicht alle*) gläubiges Israel geblieben ist. Diese Argumentation geht auf die deuteronomistische Theologie zurück und zeigt ihre Auswirkungen in den frühjüdischen Gruppenbildungen (Pharisäer, Essener bzw. Qumransekte).

An ganz Israel und an die Völker geht die Verkündigung des *Evangeliums* weiter (Röm 10,12–16). Das *Evangelium* meint zunächst die Botschaft des *Freudenboten* (*euangelizómenos*) von Deutero-Jesaja. Diesem wurde bereits damals nicht geglaubt. Auch jetzt wird das *Evangelium* von Jesus Christus nicht geglaubt, weil der große Teil Israels dem jetzigen *Verkünder* (*kerýsso*), Paulus, sowie jedem anderen *Apostel* und Christen nicht glaubt und sich nicht von Jesus Christus senden lässt. Dennoch soll in aller Welt weiterhin das *Evangelium* verkündet werden. Verkündigung bedeutet aber nicht Diskriminierung der Ablehnenden.

So bleibt Röm 11 nicht bei der Verurteilung von Israel stehen: „[1]Sage ich nun, dass Gott sein Volk verstieß? Niemals! Denn auch ich bin ein Israelit, aus der Nachkommenschaft Abrahams, vom Stamme Benjamin. [2]*Nicht verstieß Gott sein Volk* (1 Sam 12,22), das er vorhererkannte." (Röm 11,1–2a). Zunächst bleibt Paulus noch beim Rest (leímma) stehen, der jetzt erwählt und nicht verstoßen worden ist (Röm 11,3–5).

Dann geht Paulus über zur Anrede an die Völker: „Euch aber sage ich, den Völkern" (Röm 11,13). Danach folgt das Gleichnis vom Ölbaum (Röm 11,16b–24). Die Übertragung lautet:

„[25]Denn ich will nicht, dass ihr, Brüder, dieses *Geheimnis* nicht wisst, damit ihr nicht eingebildet seid bei euch: *Verstockung* ist einem Teil Israels widerfahren, bis dass die *Fülle der Völker* eingeht, [26]und so wird ganz Israel gerettet werden, gleichwie geschrieben ist: *Kommen wird aus Sion der Rettende, abwenden wird er Gottlosigkeiten von Jakob* (Jes 59,20f.) [27]*Und dies ist mein Bund mit ihnen, wenn ich wegnehmen werde ihre Sünden* (Jer 31,31f.; Jes 27,9 LXX). [28]Nach dem Evangelium zwar sind sie Feinde wegen euch, nach der *Erwählung* aber Geliebte wegen der Väter; [29]denn unbereubar sind die Gnadengaben und die Berufung Gottes." (Röm 11,25–29)

Rettung ganz Israels

Die *Verstockung* gegen das *Evangelium* (2 Kor 3,14) hält nur solange an, bis die *Fülle der Völker* zum Glauben an das Evangelium gekommen ist. Dann wird die *Erwählung* Israels, die Gott nicht zurückgenommen hat, ganz Israel zuteil werden (Wilckens 1980, 2, 257f.). Geheimnis (mystérion) warnt in entapokalyptisierender Weise davor, den Zeitpunkt der *Fülle der Völker* und der *Rettung Israels* festzulegen (vgl. 1Thess 5,1). Der Exkurs schließt mit einer Schöpfungsformel, die Apokalyptik und hellenistische Philosophie miteinander verbindet (s.o. III.4.f).

Die Exhortatio (Röm 12,1–15,13) wiederholt zunächst das Thema *Gnadengaben und Leib Christi* (Röm 12,1–8; 1 Kor 12,1–31a; s.o. III.2.d). Dann folgen der *Christ und die staatliche Ordnung* (Röm 13,1–7) und *Starke* und *Schwache* in der Gemeinde (Röm 14,1–15,13). Dazwischen sind Reihungen von Einzelmahnungen eingefügt (Röm 12,9–21; 13,8–14). Aus dem Indikativ *Gerechtsprechung* aufgrund des Glaubens folgt der Imperativ, der Freiheit von der Sünde entsprechend als Söhne und Töchter Gottes zu handeln.

## 5. Anfragen

Die Modernität von Paulus besteht darin, dass er die alttestamentlichen, frühjüdischen und frühchristlichen Traditionen zu einer Kohärenz zusammenfasst und mit der griechischen anthropozentrischen Philosophie verbindet. Immer wieder kann sich der Mensch zu jeder Zeit in seiner Sinnfrage in den paulinischen Briefen wiederfinden, insbesondere im Römerbrief.

Doch es fehlt Paulus eine ausführliche Bezugnahme auf das Wirken des irdischen Jesus. Im *Evangelium*-Begriff spielt Paulus darauf an, ohne ihn näher zu entfallen (1 Kor 15,1–5 u. ö.; s. o. III.1.f) Es fehlt noch die ausführliche Bezugnahme der theologisch-philosophischen Reflexion auf die Lebensgeschichte des einen Menschen Jesus, das Davidssohnes, den Gott erwählt hat zum eschatologischen, endgültigen Einwohnen seiner Weisheit (Röm 1,1–4).

Aus diesem Fehlen ergibt sich die Frage, ob der irdische Jesus in den auf Paulus folgenden literarischen Evangelien eine andere zentrale Bedeutung für die Anthropologie erhält und wenn ja, ob die Evangelien derartig die Unheilssituation des Menschen vor der Offenbarung betonen wie Paulus. Paulus hatte die Polemik gegen das mosaische Gesetz bereits in Röm 7 abgemildert. Die Evangelien werden anstelle der Aufhebung des Mosebundes sein Weiterbestehen und die Vollmacht Jesu zu seiner Interpretation mit einer neuen Ethik betonen, die die Kontinuität zur alttestamentlichen Ethik kritisch aufrechterhält.

Weiterhin ist zu fragen, ob die späteren Evangelien als pathetische Biographien von Jesus Christus die geschichtlichen Handlungsmöglichkeiten Jesu von Nazaret und der mit ihm handelnden individuellen Menschen nicht stärker herausstellen als die fundamentaltheologische Argumentation von Paulus. Neben die philosophische Theologie tritt mit den Evangelien die narrative Geschichtstheologie von Jesus von Nazaret und seinen Anhängern und Gegnern.

Paulus hatte zwar sein Apostelamt als Nachahmung Christi verstanden (1 Kor 11,1), aber nur das Todesleiden Jesu und die Auferweckung als die Identifikationspunkte betont (2 Kor 4,7–18; 5,14–21). Er selbst hingegen will in seiner ganzen Praxis von der Gemeinde nachgeahmt werden (1 Thess 1,6; 4,1; 1 Kor 11,1; 2 Kor 3,2 f.; Phil 3,17; s. u. X).

Solange die Praxis Jesu weitgehend unbekannt bleibt, kann in der Tat nur die Praxis seiner nachösterlichen Verkünder zum Vorbild dienen. Doch diese sind noch nicht voll im Heil, sondern können ständig aus dem Herrschaftsbereich Jesu Christi in den Herrschaftsbereich von Sünde und Tod fallen (1 Thess 4,3–8; s. o. III.1.d).

Es wird erforderlich, hinter den nachösterlichen Verkündern, die nach dem Zeugnis der paulinischen Briefe sogar in grundsätzlichen Streit um das eine, wahre Evangelium geraten sind (Gal 1,6–9), die ideale Praxis Jesu Christi wieder zu erkennen und im Glauben an sie die eigene christliche Praxis zu entwerfen.

# IV. Von der theologischen Metapher zur literarischen Gattung Evangelium

Mit der neuen nachösterlichen Metapher *Evangelium* bezeichnet Paulus das alttestamentliche Amt des Christus-Freudenboten, das durch Jesus Christus endgültig erfüllt wird. Dieser kündigt durch seine Apostel seinem Volk die bereits eingetretenen und noch bevorstehenden endzeitlichen Heilstaten Gottes an (Röm 10,15–16a; s. o. III.1.f). Gleichzeitig überbietet das *Evangelium/Gottes (von Jesus/Christus …)* die *Evangelia* des Kaiserkults. Das *Evangelium von Jesus Christus* hat Bezüge zum alttestamentlich Freudenboten und zum griechisch-römischen Kaiserkult.

Philo und Josephus übernehmen ebenfalls die griechisch-römische Proklamationssprache, beziehen sie aber nur auf die Cäsaren und nicht auf eine jüdische Persönlichkeit (euangelízomai Philon, Legatio 18f.; Legatio 119; Legatio 231; euangélion Sg. Josephus, bell. 2, 420; Pl. bell. 4,618.656; Ebner/Schreiber, 2008, 118f.).

Evangelium als Bezeichnung für das Buch und die Botschaft

Die neutestamentlichen Erzählbücher nehmen dagegen explizit die Traditionen vom irdischen Jesus auf. Bei den Erzählbüchern wird die Metapher *Evangelium* an die exponierteste Stelle gesetzt, die möglich ist, und zwar in die Überschrift des ältesten Evangeliums: „Anfang des Evangeliums Jesu Christi und von Jesus Christus" (Mk 1,1). Zum Genitivus objectivus tritt der Genitivus subjectivus hinzu. Die komplexe Kompositionsmetapher „Evangelium Jesu Christi" erhält durch den Zusatz „Anfang" eine metonymische Nebenbedeutung. Mit der Überschrift 1,1 beginnt die Erzählfolge, die die Metapher „Evangelium …" in Worten und Handlungen entfaltet. Evangelium ist metonymische Bezeichnung des konkreten Bereiches Buch, und zwar seines Inhaltes, und theologische Metapher zugleich. In dieser Doppelfunktion von Mk 1,1 als Metapher und Metonymie dürfte der Grund liegen, weshalb bis heute die Erzählbücher des Viererkanons „Evangelien" genannt werden (Heckel 1999, 17–62).

Während der Schriftwerdung des Neuen Testaments bis zur Mitte des 2. Jh. wurden dann die offene Evangeliummetapher und der metonymische Buchtitel parallel nebeneinander gebraucht, wie sie sich ja auch im Markusevangelium parallel zueinander verhalten. Denn innerhalb des Buches wird das Lexem Evangelium zunächst wieder zur offenen Metaphorik ohne metonymische Nebenbedeutung: „Nachdem man Johannes ins Gefängnis geworfen hatte, ging Jesus nach Galiläa und verkündete das Evangelium Gottes" (Mk 1,14). Insgesamt kommt Evangelium 7-mal im Markusevangelium vor: Mk 1,1; 1,14; 1,15; 8,35; 10,29; 13,10; 14,9.

Jesus als Subjekt und Objekt des Evangeliums in den synoptischen Evangelienbüchern

Die Verkündigungen Jesu von Gottes ankommender Herrschaft als *Evangelium* (Mk 1,14; 1,15: Jesus als Subjekt des Evangeliums) und die Handlungen Gottes an Jesus (Jesus als Objekt) verschränken sich als zwei Handlungsbögen. Ab der Mitte das Erzählwerk wird *Evangelium* daher erneut eingesetzt, und zwar mit der metonymischen Nebenbedeutung; denn ab Mk 8,35 bezieht sich das absolut gebrauchte Evangelium rückblickend auf Handlungen an Jesus (Mk 8,35; 10,29; 13,10; 14,9; Dormeyer, 1987, 453 ff.). Jesus ist zum Objekt des Evangeliums geworden. Diese Doppelfunktion Jesu als Subjekt und Objekt des Evangeliums zeigt bereits die Überschrift Mk 1,1 an, die Jesus Christus als Genitivus subjectivus und objectivus verwendet (Gnilka 1978, 1, 43).

die Erzähl-Evangelien bieten vielfältige Formen der Identifikation an

Das *Buch* des Markus gewährt in Aufbau und Inhalt umfassenden Zugang zum Evangelium Gottes in Jesus Christus und kann daher selbst als *Evangelium* bezeichnet werden (Pokorný/Heckel 2007, 401–404). Für die Gemeinde eröffnet das erfahrungsorientierte Lesen der Bücher *Evangelium* und der Briefe die vielfältigen Möglichkeiten, das Evangelium selbst durch die Identifikation mit den Rollen, durch Auffüllen der Gattungsformen, Rollen, Sprechakte, Argumentationen, Wortfelder, Themen, Normen, Wahrheiten und Metaphern mit denotativer und konnotativer Bedeutung und durch Konstruktion fiktiver und historischer Situationen kritisch in den eigenen, kommunikativen Handlungen wirksam werden zu lassen. Entsprechend der Pluralität der Gemeinden entstehen im 1. Jh. die vier Evangelien und die unterschiedlichen Briefkorpora zu dem *Evangelium.*

Es unterscheidet allerdings die Briefe von den Evangelien, dass die Traditionen vom irdischen Jesus in breitem Umfang nur von den Evangelien aufgenommen werden. Hierfür ist die Wahl der Gattung griechische philosophische Herrscherbiographie und alttestamentliche Prophetenbiographie verantwortlich. Wie die wenigen Jesustraditionen in den Briefen neben den Kurzformeln und Argumentationen zum *Evangelium* zählen (1 Kor 15,1–5), so lassen sich dann erst recht in den Evangelien alle Jesustraditionen dem Evangelium zurechnen.

Matthäus übernimmt von Markus die Metapher und Metonymie Evangelium in sein *Erzählbuch (bíblos).* Lukas vermeidet in seiner *Erzählung* (diégesis Lk 1,1) das Substantiv Evangelium, gebraucht aber dafür das Verb *euangelízomai.* In der Apostelgeschichte verwendet er jedoch zweimal das Substantiv in der missionssprachlichen Bedeutung (Apg 15,7; 20,24). Im Johannesevangelium fehlt zwar der Begriff *Evangelium,* er wird aber durch den Begriff *„Lógos* = Wort" ersetzt (Joh 1,1). In der literarischen Form gleicht das Johannesevangelium dem Markusevangelium, so dass es der Gattung *Evangelium* zugeordnet werden kann (Frankemölle 2006a; s. u. IX.2).

Logos für Evangelium im Johannesevangelium

# V. Die Theologie des Spruchevangeliums Q

## 1. Die Spruchquelle Q als Spruchevangelium und Spruch-Biographie

Die Spruchquelle Q hat die geringste Nähe zu alttestamentlichen oder hellenistischen Erzählgattungen. So hält die Diskussion an, ob die Spruchquelle Q einer Gattung zugerechnet werden kann oder ob sie eine eigene Gattung konstituiert. Die Gültigkeit der Zwei-Quellentheorie wird hier vorausgesetzt; Q ist in die Erzähl-Evangelien des Matthäus und Lukas eingearbeitet worden (Schmithals 1985, 182–229; Pokorný/Heckel 2007, 321–363; Ebner/Schreiber 2008, 67–112).

Nach Dibelius ist Q weder in der Anordnung der ermittelten Textstücke festlegbar, noch in der literarischen Rahmung dieser Texte bestimmbar. Daher schlägt Dibelius vor, „eher von einer *Schicht* als von einer *Schrift* zu reden." (Dibelius 1959, 236) Ähnlich argumentiert Bultmann. Q ist „ein Stadium" innerhalb der „Sammlung" des synoptischen Redestoffs (Bultmann 1995, 354). In der folgenden Q-Forschung hat sich dagegen der Konsens herausgebildet, in der Anordnung von Q den Q-Anteilen im Aufriss von Lukas zu folgen, und zwar nach der „Faustregel: Lk bietet die bessere Reihenfolge der Q-Stoffe, Mt deren besseren Wortlaut." (Ebner/Schreiber 2008, 85) Wenn die *bewahrende* Einordnung der Q-Texte im Lukasevangelium akzeptiert wird, ergibt sich bei der Herauslösung und Aneinanderreihung der Q-Texte eine literarisch gestaltete Rahmung, die mit Parallelen aus Frühjudentum und Hellenismus verglichen werden kann (vgl. die Anordnung in Hoffmann/Heil 2002). Außerdem wird ein Vergleich mit dem parallelen Markusevangelium möglich. Die Zitate aus Q werden neuerdings mit dem Kürzel Q und der Kapitel- und Verszählung des Lukas zitiert, also Q 3,2b–3a als Beginn von Q.

Q als eine selbständige Spruchsammlung

Gegen die literarische Unterbewertung von Q als *Halbevangelium* (Schulz 1967, 24f.), *Schicht* oder *Stadium* arbeitete Robinson die literarische Eigenständigkeit von Q als *Spruchsammlung* heraus. Nach ihm hat das gnostisch überarbeitete Thomasevangelium des frühen 2. Jh. die urchristliche Gattung *Spruchsammlung* als *Evangelium* fortgesetzt (Robinson 1964, 90). Die Unterschrift am Ende von EvThom trägt den Titel, der Anfang des 2. Jh. für die Evangelienbücher üblich wurde: „Das Evangelium *nach* (katá) Thomas" (EvThom 99,27–28; Hengel 1984, 18f.).

Früher als das Thomasevangelium sind die protorabbinische Spruchsammlung *Pirqe Aboth* (Sprüche der Väter), die frühjüdischen Testamente der 12 Patriarchen (Dan 1,1f.; Naph 1,5 u.ö.), die alttestamentlich Sprüche Salomos (Spr 1,1) und das alttestamentlich Spruchbuch Kohelet (Koh 1,1). Dieses Vergleichsmaterial ist um hellenistische Spruchsammlungen wie die Worte der 7 Weisen, das Encheiridion Epiktets, die Gnomen des Sextus, des Pseudo-Phokylides und des Pseudo-Menander u.a. zu erweitern (Küchler 1979,

236–318). Von Q wird „ein Verständnis Jesu als eines sophos suggeriert" (Kloppenborg 1987, 317 ff.).

Q als Spruchevangelium

Dass Spruchsammlungen im 2. Jh. auch als Evangelium bezeichnet werden konnten, liegt nicht nur an den nachträglichen Evangelienüberschriften, sondern auch an der Verwendung des Verbs *euangelizo* in Q. Das Apophthegma von der Frage des Täufers nach der Identität Jesu endet mit dem Zitat Jesu aus Trito-Jesaja Jes 61,1: „und Armen wird das Evangelium verkündet." (Q 7,22b) Da in den Gnomen und anderen Worten Jesu die Metapher *Evangelium* fehlt, ist dieses Apophthegma in Q die einzige Schlüsselstelle, den Evangeliumsbegriff über den Verbgebrauch auf den vorösterlichen Jesus zurückzuführen. Während die Erschließung des Selbstbewusstseins Jesu als eschatologischer Freudenbote aufgrund der singulären Zitierung von *euangelizo* unsicher bleibt (Frankemölle 1994, 141–149), nimmt dieser einmalige Gebrauch in Q eine zentrale Stellung ein. Des Freudenboten Jesu Worte und Taten, insbesondere die Wundertaten (Q 7,22a), sind wie bei den späteren Synoptikern *Evangelium* (s. u. V.4). Q bildet die eigene Sondergattung *Sayings Gospel* = *Spruch-Evangelium* (Robinson 1992; Dormeyer 1993, 214–220; Theißen 1995, 444; Hoffmann/Heil 2002, 19; Heil 2003, 213–219).

tradierte eigenständige Kleingattungen und Spruch-Biographie

Der Redaktor von Q hat dabei nicht auf eine schematisierte, alttestamentliche Gattung *Prophetenbuch* zurückgegriffen, sondern hat die Mischverfahren der Nachexilszeit weitergeführt und in Analogie zu frühjüdischen und hellenistischen Spruchsammlungen unter Einbeziehung der alttestamentlichen Ideal-Biographie eine eigene Gattung der Ideal-Biographie geschaffen, die *Spruch-Biographie* mit der Johannestaufe und Geistausstattung Jesu als Prolog und weiteren Erzählungen im Hauptteil (Kloppenborg 1987, 325 ff.; Schröter 2001, 97–103). Es bleiben in Q trotz überproportionaler Vermehrung der prophetischen Mikrogattungen nach Ostern die weisheitlichen Kleingattungen deutlich in der Überzahl, zu denen die Wundergeschichten nach hellenistischer Form und der Prolog hinzutreten.

eigenständige Theologie

Der Redaktor von Q steht nicht unter dem Zwang der alttestamentlichen Gattung Prophetenbuch, wenn er wie diese die Passionsgeschichte auslässt, sondern schließt aufgrund seiner *Menschensohnchristologie* mit dem Ausblick auf die Parusie des zum Menschensohn erhöhten Jesus und verweist vorher mit einer Weisheitssentenz (Q 14,27) auf sein irdisches Leiden (Schulz 1972, 430–434). Den unterschiedlichen Konzeptionen von Spruchbiographie und Erzähl-Evangelium entsprechen auch unterschiedliche Konzeptionen der Theologie und Christologie.

Diskussion um das Evangelium in Q

Jesu Reprophetisierung und das verstärkte Weitergehen der Prophetie bei den Wandercharismatikern von Q führt nicht zur anachronistischen Imitierung der alttestamentlichen prophetischen Mikro- und Makrogattungen, sondern bleibt im großen Strom der apokalyptischen, weisheitlich-prophetischen Literatur weiterhin eingebettet. Aufgrund der gattungsmäßigen Nähe der Spruchbiographie Q zu der erzählenden Idealbiographie konnten die späteren Redaktionen des Matthäus und Lukas Q in den Rahmen des Markus einordnen. Ob dem (End-)Redaktor von Q die Umformung der apokalyptischen, weisheitlich-prophetischen *Spruchbiographie* zur neuen Gattung *Spruchevangelium* trotz fehlender Passionsgeschichte gelungen ist, wird allerdings infrage gestellt (Schröter 2001, 97–103; Theißen 2007, 67–71;

Frenschkowski 2000; Ebner/Schreiber 2007, 93–96), bleibt aber aufgrund der Rezeption in gnostisierenden Spruch- und Dialogsammlungen (EvThom u. a.) mit der *Evangelium*-Bezeichnung plausibel (Köster 2008).

## 2. Gott

### a) Gott, Geist, Dämonen und Teufel

Johannestaufe und Geistempfang für Jesus

*Gott* greift wie in den nachfolgenden Erzähl-Evangelien fast nur indirekt in die Handlung ein. Nur am Anfang tritt der *Geist* (Gottes) als eigener Akteur auf. Eingeleitet wird das Spruchevangelium von der Rede Johannes des Täufers und der Ankündigung des baldigen Weltgerichts (Q 3,2b–3a.7–9.16b–17). Die Führung Jesu durch den *Geist* und die drei Versuchungen durch den *Teufel* (diábolos) schließen sich an (Q 4,1–13). Die Taufe Jesu fehlt zwar. Aber aus der späteren Anfrage des Täufers nach Jesu eschatologischem Selbstverständnis und Jesu Antwort mit dem Lob des Täufers (Q 7,18–35) lässt sich erschließen, dass Jesus die Tauftätigkeit des Johannes kennengelernt hat, sich von diesem hat taufen lassen und der Himmel sich für die Herabkunft des Geistes geöffnet hat (Mk 1,9–11 par Q 3,21 f.; Hoffmann/Heil 2002, 34 f.). Jesus ist Geistträger (Q 4,1; 12,10), der den Geist schon jetzt seinen Anhängern verleiht, besonders in der Verfolgungssituation (Q 12,12), und die *unreinen Geister*, die *Dämonen*, schon jetzt aus den ihm Vertrauenden und an ihn Glaubenden vertreibt (Q 11,14 f.17–20.24–26).

Jesu Geistvollmacht ist größer als die anderer Geistträger

Eine Gnome (Weisheitswort) erschließt explizit diesen Zusammenhang von Exorzismus und Geistbesitz: „Und wenn ich mit Beelzebul die Dämonen austreibe, mit wem treiben eure Söhne sie aus?" (Q 11,19a) Die Frage zwingt zur Änderung der Unterstellung der Gegner, dass Jesus die Dämonenaustreibungen mit Hilfe des mächtigsten Dämons Beelzebul ausführt. Die andere Alternative ist zu wählen, dass wie für die anderen jüdischen Exorzisten allein die Geistvollmacht Gottes infrage kommt (Gnilka 1986, 1, 455; Luz, 1990, 2, 259 f.). Allerdings überragt Jesu Vollmacht aufgrund der ankommenden Gottesherrschaft die der anderen Exorzisten (Q 11,20). In den Worten des Täufers und Jesu werden dann weitere Aussagen zu Gott gemacht.

### b) Gott und der Menschensohn als Weltenrichter

Der Täufer eröffnet das Spruchevangelium mit der Ankündigung des nahe bevorstehenden Weltgerichts. Das *Zorn(gericht) Gottes* über Israel steht unmittelbar bevor (vgl. Röm 1,18; s. o. III.4.f); nur die *Umkehr*, nicht die biologische *Abrahamskindschaft*, vermag zu retten (Q 3,7–8a; vgl. Gal 3,6–18; Röm 4,1–25; s. o. III.4.h). Es folgt ein Drohwort: „Gott kann aus diesen Steinen dem Abraham Kinder erwecken." (Q 3,8b)

die Erneuerung Israels ist offen für die Völker

Israel soll nicht insgesamt verurteilt werden und untergehen. Woher die Erneuerung, die *Frucht* Israels zusätzlich zur Umkehrtaufe kommt, bleibt zunächst offen. Jesus fordert später im Sinne des Täufers das Leben nach einer radikalen Ethik (s. u. V.4). Da später zu Jesus auch Heiden drängen, z. B. der Hauptmann von Kafarnaum (Q 7,1.3.6b–9), ist diese Erneuerung Israels ab Jesu Wirken auch offen für die Völker (Q 13,28 f.).

das nahe Weltgericht

Die Ankündigung des Stärkeren, der die Geist- und Feuertaufe bringen wird, kann sich sowohl auf Gott als den Weltenrichter, – so die Perspektive der Johannes-Rolle –, als auch auf Jesus nach dem Geist-Empfang beziehen, – so die Perspektive der Jesus-Rolle – (Q 3,16b–17). Es schließt daher das Spruchevangelium mit dem Weltgericht des Menschensohnes Jesus und seiner Anhänger ab: „[28]Ihr ... die ihr mir gefolgt seid, [30]werdet ... auf Thronen sitzen und die zwölf Stämme Israels richten." (Q 22,28.30) Jesus ist der Stärkere.

### *c) Königsherrschaft Gottes*

Auf die drei Versuchungen am Anfang folgen drei Seligpreisungen. Matthäus erweitert sie später auf acht. „[20]Selig ihr Armen; denn euer ist die Königsherrschaft Gottes./[21]Selig ihr Hungernden; denn ihr werdet gesättigt werden./ Selig ihr Trauernden; denn ihr werdet getröstet werden (Jes 61,1f.)." (Q 6,20f.)

Die Makarismen, deren Form aus der alttestamentlichen Weisheit stammt (Luz 1985, 1, 201f.) und nicht aus der Prophetie (ggn. Bultmann 1957, 80), kennzeichnen inhaltlich die Freudenzeit, die mit Jesus angebrochen ist.

Aus der alttestamentlichen Theologie von der Gegenwart der Königsherrschaft Gottes im israelitischen Königtum und im Volk Israel und aus der apokalyptischen Verschiebung der sichtbaren Königsherrschaft Gottes auf das zukünftige Weltgericht (Dan 7) hat Jesus die Spannung zwischen der Ankündigung der Gottesherrschaft schon jetzt und ihrer Vollendung in der Zukunft geschaffen (Merklein 1978, 115ff.). Die Personalisierung der Gottesherrschaft als ankommende Interventionsmacht ist auch für das Judentum singulär (Perrin 1972, 58ff.). *Schon jetzt* erfahren die Armen durch Jesu Zuspruch die Kräfte die Gottesherrschaft. Die eschatologische Verheißung Jes 61,1 von der Sendung des Freudenboten zu den Armen hat sich erfüllt. *Noch nicht*, aber bald in der nahen Zukunft, werden Hunger und Trauer endgültig aufgehoben sein, deren anfanghafte Bearbeitung schon durch Jesus erfolgt. Die Seligpreisungen bringen das Zentrum der Verkündigung Jesu zum Ausdruck, die Zusage des Anfangs und der künftigen Vollendung der Gottesherrschaft für die Armen, Hungernden und Trauernden. Das *Passivum divinum* umschreibt das bereits gegenwärtige Wirken Gottes (Jeremias 1971, 21ff.). Die Gruppe der Benachteiligten, für die die Gottesherrschaft bereits angebrochen ist, wird um die Kranken ergänzt: „Und heilt die Kranken in ihr und sagt ihnen: Nahe zu euch ist die Königsherrschaft Gottes gekommen." (Q 10,9) Die Jünger erhalten Jesu Geist-Fähigkeit, die unreinen Geister zu vertreiben und die von ihnen verursachten Krankheiten zu heilen.

Aufhebung aller Ungleichheit und Krankheiten schon jetzt

„[20]Wenn ich aber mit dem Finger Gottes die Dämonen austreibe, so ist die Königsherrschaft Gottes schon bei euch da." (Q 11,20) In der angebrochenen Königsherrschaft Gottes wird durch die Vertreibung der Dämonen die gestörte Schöpfungsordnung wieder geheilt. Die Suche nach der *Königsherrschaft Gottes* befreit daher von allen Sorgen (Q 12,22b–31).

Die Gleichnisse vom Senfkorn (Q 13,18f.) und vom Sauerteig (Q 13,20f.) veranschaulichen dann den Kontrast zwischen unscheinbarem Anbruch und großartiger künftiger Vollendung der Königsherrschaft Gottes.

Zum Verhältnis von Johannes zur angebrochenen Königsherrschaft Gottes gibt es zwei rätselhafte Worte. Eine paradoxe Gnome stellt die maximale Größe des Johannes in diesem Äon antithetisch der Gemeinde im kommenden Äon gegenüber: „[28]Ich sage euch: Unter den von Frauen Geborenen ist kein größerer als Johannes. Doch ist der Kleinste in der Königsherrschaft Gottes größer als er." (Q 7,28) Da schon jetzt die Königsherrschaft Gottes angebrochen ist, überragt der kleinste Jünger, Lehrer, Prophet und Glaubende jetzt und bei der künftigen Vollendung den Täufer (Schulz 1972, 235). Dieser bleibt aber als eschatologischer Vollender der alttestamentlichen Propheten selbstverständlich Teilhaber an der Königsherrschaft Gottes, auch wenn er ihrem Anbruch in Jesus nur zögernd vertraut (Q 7,18f.22f.).

Anteil des Täufers an der angebrochenen Königsherrschaft Gottes

Der Stürmerspruch, ein weiteres Rätselwort (Jeremias 1971, 40), kennzeichnet das Verhältnis der Gottesherrschaft zu der bisherigen Offenbarungsgeschichte Gottes mit seinem Volk: „Das Gesetz und die Propheten sind bis Johannes. Von da an leidet die Königsherrschaft Gottes Gewalt und Gewalttäter rauben sie." (Q Lk 16,16)

Die heiligen Schriften des Judentums mit den Hauptteilen Gesetz (1–5 Mose), vordere Propheten (die Geschichtsbücher: Josua – 2 Könige) und hintere Propheten (Jesaja – Maleachi) reichen bis Johannes. Der Anfang der Gottesherrschaft in Jesus setzt eine Zäsur. Die Bundesgeschichte Jahwes mit seinem Volk erfüllt sich in Jesu Wirken. Daher drängen die Entschlossenen auf Teilhabe an Jesu Botschaft. Der Täufer ordnet sich zwar nicht der Botschaft Jesu unter, aber er fragt suchend nach, da auch für ihn die nah erwartete Königsherrschaft Gottes das höchst Gut ist (Q 7,18–23). So fällt er nicht unter das *Zorngericht,* sondern erhält schon jetzt die Seligpreisung, Teilhabe an der angekommenen *Königsherrschaft* Gottes zu haben: „Und selig ist, wer an mir nicht Anstoß nimmt." (Q 7,23)

Die Königsherrschaft Gottes bleibt offen für Vorbereiter und Sympathisanten aus Israel und den Völkern.

das Vater-Gebet Jesu

## *d) Gott, der Vater und Schöpfer*

Exemplarisch für die Gottesverkündigung Jesu steht das Vater-Gebet:

> „[2]Wenn ihr betet, sagt:
> Vater,
> dein Name werde geheiligt.
> Deine Königsherrschaft komme.
>
> [3]Unser Brot für den Tag gib uns heute.
> [4]Und erlass uns unsere Schulden,
> wie auch wir sie unsern Schuldnern erlassen haben.
> Und führe uns nicht in Versuchung." (Q 11,2b–4)

Statt der matthäischen 7 Bitten hat das Gebet im Lukasevangelium und in Q nur 5 Bitten, eine Zahl, die auf das originale Gebet Jesu zurückgeht. Im Wortlaut wiederum hat Matthäus den ursprünglichen, eschatologischen Klang bewahrt (Luz 1985, 1, 335f.; Gnilka 1986, 1, 213ff.).

Das Gebet besteht aus zwei Strophen, die sich asymmetrisch zueinander verhalten. Auf 2 Du-Bitten folgen 3 Wir-Bitten. Die beiden Du-Bitten folgen asyndetisch. Die 3 Wir-Bitten sind durch „und“ verbunden. Der überschießende Vergleich in der 2. Wir-Bitte ist wahrscheinlich nachösterlich zugewachsen (Vögtle in Brocke 1974, 165f.). Der ausgewogene, gleichbleibende Rhythmus, die klare, syntaktische Zweiteilung der Strophen mit dem Achtergewicht auf der zweiten Strophe und der deutliche Wechsel in der Thematik zwischen beiden Strophen verweisen auf rituellen, liturgischen Gebrauch.

Strophe 1 leitet mit der *Vater*-Anrede ein. Jesus öffnet seinen Anhängern seine singuläre Gott Beziehung für das tägliche Gebet. Der *Vater*gott Israels (Dtn 32,6; Ps 68,6; Hos 11; 2 Sam 7,14) hat sich Jesus in der endzeitlichen Nähe der Gottesherrschaft exklusiv zugewandt und erfüllt in dessen Praxis anfanghaft die nun folgenden Bitten. Die ersten beiden Du-Anreden bitten mit einem synthetischen Parallelismus um das machtvolle Handeln Gottes. Das Passivum divinum in Q 11,2b verweist auf Gottes Aktivität, „dein *Name*“ auf die Durchsetzung des 2. Gebotes des Dekalogs für die Gegenwart (Ex 20,7; Dtn 5,11). Von Gott geht die Eröffnung des Heiligkeitsraumes aus. Die zweite Du-Bitte (Q 11,2c) ist eschatologisch auf die Zukunft ausgerichtet. Die *Königsherrschaft* Gottes soll in naher Zukunft kommen und die Heiligung des *Namens* Gottes vollenden. Beide Bitten haben den Charakter von Lobpreisungen (Homologien/Eulogien; s. o. III.1.h).

Die Verbindung dieser beiden Bitten hat eine Parallele in der frühjüdischen Liturgie. Die ersten beiden Eulogien des Kaddisch-Gebetes handeln gleichfalls von der Heiligung des Namens und dem Kommen der Königsherrschaft Gottes. Diese beiden Eulogien haben ein hohes Alter und stammen noch aus der Tempelliturgie (Graubard in Brocke 1974, 103f.). Die Verselbständigung und Ausgestaltung der beiden Eulogien zu einem Abschlussgebet des Synagogengottesdienstes, und zwar zu dem *Kaddisch*-Gebet, fand eventuell schon in jesuanischer Zeit statt (Jeremias 1971, 192).

Strophe 2 wendet sich mit performativen Bitten den Interaktionsbereichen des Beters zu. Q 11,3 nennt die Ökonomie. Die elementare Grundlage des Lebensunterhalts wird benannt. Das notwendige *Brot* für den heutigen Tag soll angesichts der nahenden Gottesherrschaft und ihrer eschatologischen Form von Gemeinschaftsstiftung zur Verfügung stehen. Q 11,4a geht auf den sozialen Bereich über. Die Vergebung eigener *Schuld* durch Gott setzt dazu frei, fremde *Schuld* zu vergeben. Die ethisch-eschatologische Botschaft der Gnomen von der Bedürfnislosigkeit und der Nächstenliebe (s. u. V.4) ist in die Gebetssprache übertragen worden. Die Abschlussbitte Q 11,4b greift die Botschaft von der eschatologischen Entscheidungszeit auf. Mit *Versuchung* (peirasmo's) ist der zerrüttete, apokalyptische Endzeitzustand gemeint. Gott läßt die Verfolgung der Gläubigen in der gottfeindlichen Welt zu, verheißt aber gleichzeitig seinen Schutz (Dan 7–12). An ihm liegt es, wie intensiv die endzeitliche Versuchung ausfällt und wie der Glaubende sie durchhält.

Die ersten zwei Wir-Bitten haben Parallelen im jüdischen Achtzehngebet, dem Hauptgebet des Synagogengottesdienstes. Einzelne Segenssprüche (Berachot) gehen entweder wie beim *Kaddisch*-Gebet noch auf die Tempelliturgie zurück oder auf synagogale Ortstraditionen. Die Sammlung zu 18 Benediktionen erfolgte erst Ende des 1. Jh. n. Chr. (Petuchowski 1979, 84ff.).

Die Brotbitte entspricht der Benediktion 9 über die Jahresernte (Petuchowski 1979, 85f.), die Bitte um Vergebung entspricht der Bitte 6. Die apokalyptische Schlussbitte hat nur indirekte Anklänge im Achtzehngebet.

Zu dem gesamten Vater-Gebet bildet der Kleanthes-Hymnus eine entfernte Parallele aus dem Hellenismus (s. o. III.1.c).

Gottes Fürsorge befreit von alltäglicher Sorge

Es schließen sich weisheitliche Worte zur väterlichen Fürsorge Gottes für den Bittenden (Q 11,9–13) und den Sich-Sorgenden an (Q 12,22b–31) an. Für den Bittenden wird im Gleichnisstil von der familiären Fürsorge auf die übersteigende Liebe Gottes geschlossen.

Die indikativischen Bildworte zu den Vögeln und den Lilien wiederum verweisen auf Gottes ständige Fürsorge für seine Schöpfung (Q 12,22b–31). Mit weisheitlicher Schöpfungstheologie schließt Jesus wie in seinen Erzählgleichnissen vom Geringeren auf das Größere. Gottes Fürsorge für die Menschen ist größer als für die übrige Schöpfung. Gott hat mit Weisheit die Natur erschaffen. Er sorgt mit persönlicher Führung für den Verlauf des menschlichen Lebenszyklus nach weisheitlicher Ordnung. Mit der andrängenden Gottesherrschaft gibt er darüber hinaus dem Menschen den Raum, nach dem weisheitlichen Schöpfungsplan sich zu vollenden. Die Sorge der Gläubigen soll daher auf die Wahrnehmung des Anrufes Gottes mit seiner nahenden Herrschaft gerichtet sein. Die Sorgen um die täglichen Lebensnotwendigkeiten erledigen sich dem Vater-Gebet entsprechend aufgrund der gemeinsamen Erfahrung der andrängenden Gottesherrschaft von selbst. Denn die nahe Gottesherrschaft befreit schon jetzt zu einem neuen, zwischenmenschlichen Handeln.

## 3. Christologie

Der *Messias/Christus*-Hoheitstitel fehlt. Der Hoheitstitel *Sohn Gottes* kommt nur am Anfang bei den Versuchungen (Q 4,3.9) und der hypothetisch aus Mk 1,9–11 erschlossenen Tauf-Notiz vor (Q 3,22). Der Sinngehalt von *Sohn Gottes* entspricht dem des Markusevangelium (s. u. VI.4.b). Jesus widerlegt als weisheitlich geschulter *Sohn Gottes* (Weish 2,10–24) und als (messianischer) *Freudenbote* mit drei Schriftbeweisen die drei Versuchungen des *Teufels*, des *Verwirrers* (s. u. IX.3.c).

Jesus erfüllt als leidender Sohn Gottes die alttestamentliche Prophetenverfolgung

Verklärung (Mk 9, 2–8 parr.) und Auferweckung (Mk 16,1–8 parr.) werden nicht berichtet, auch nicht die Passionsgeschichte und die Sühnetodvorstellung. Der Tod Jesu steht in der Linie der Verfolgung und Tötung der Propheten im Alten Testament (Q 11,49–51; 13,34f.; 14,27).

Dagegen findet der Hoheitstitel *Menschensohn* größere Beachtung. Wie in den synoptischen Erzähl-Evangelien wird der irdische vollmächtige Menschensohn (Q 6,22; 7,34; 9,58) vom apokalyptischen, zum Gericht kommenden Menschensohn (Q 17,24.26.30) unterschieden (s. u. VI.4.d). Zugleich erfolgt eine spezifische Verbindung zwischen beiden Bedeutungen. Im irdischen *Menschensohn* wohnt die präexistente Weisheit ein: „[34]Der Menschsohn kam, er aß und trank, und ihr sagt: Siehe, dieser Mensch, ein Fresser und Säufer, ein Freund von Zöllnern und Sündern. [35]Und Recht bekam die Weisheit von ihren Kindern." (Q 7,34f.; Weiser 1993, 37–39) die singuläre Beziehung des Sohnes und Menschensohnes zu Gott-Vater

Als Wohnstatt und Kind der Weisheit hat der eschatologische *Sohn* ein singuläres Verhältnis zum *Vater*–Gott. Der sogenannte *eschatologische Jubelruf* bringt eine Dichte dieses Verhältnisses zum Ausdruck, die bis zum Johannesevangelium geht und dort weiterentfaltet wird: „[21]In diesem Augenblick sagte er: Ich preise dich, Vater, Herr des Himmels und der Erde, denn du hast dies vor Weisen und Gebildeten verborgen und es Unmündigen enthüllt. Ja, Vater, denn so war es wohlgefällig vor dir (Sir 51,1 f.). [22]Alles wurde mir von meinem Vater übergeben, und keiner kennt den Sohn, nur der Vater, und keiner kennt den Vater, nur der Sohn und der, dem es der Sohn enthüllen will." (Q 10,21 f.)

Nach seinem irdischen Prophetentod tritt der *Menschensohn* Jesus beim Endgericht als der Weltenrichter überraschend machtvoll in Erscheinung und wird seine Anhänger retten (vgl. die Endzeitrede Q 17,23f.26f.30.34f.37 und das Gerichtsgleichnis von den Talenten Q 19,12–26).

## 4. Spruchevangelium und Ethik

Polemik gegen Gegner und unbedingte Feindesliebe

Insgesamt bietet das Spruchevangelium nur ein fragmentarisches Bild über Jesu öffentliches Wirken und seine Gottesbeziehung. Auch zu den Rollen von Jüngern, Gegnern und Volk wird nur wenig gesagt. Es gibt pauschal eine Polemik gegen *diese Generation* (Q 7,31–35; 11,29–32.49–51) und gegen die Pharisäer und Schriftgelehrten (Q 11,39–44.46–48.52; Hoffmann/Heil 2002, 26). Die radikale Ethik von der Feindesliebe, dem Nicht-Richten, dem Handeln nach den Worten Jesu, der unbedingten Nachfolge, der unbegrenzten Vergebung realisiert schon jetzt die Königsherrschaft Gottes (Q 6,27–49; 9,57–60; 17,3 f.) (Broer 1998, 68–71; Ebner/Schreiber 2008, 106 f.).

Das Reden und Handeln Jesu ist so intensiv von der angekommenen Königsherrschaft Gottes und seiner väterlichen Fürsorge, insbesondere für die Armen und Kranken, geprägt, dass die Selbstbezeichnung Jesu als *Freudenbote* zutrifft und die Spruchsammlung als Spruchevangelium zutreffend charakterisiert „[18]Und als Johannes von all dem hörte, schickte er und ließ ihm durch seine Jünger [19]sagen: Bist du der Kommende oder sollen wir auf einen anderen warten? [22]Und er antwortete und sagte ihnen: Geht und berichtet Johannes, was ihr hört und seht: Blinde sehen wieder, und Lahme gehen umher, Aussätzige werden rein, und Taube hören, und Tote werden erweckt und Arme bekommen ein *Evangelium verkündet* (Jes 26,19; 29,18 f.; 42,7.18; 61,1). [23]Und selig ist, wer an mir nicht Anstoß nimmt." (Q 7,18 f. 22 f.; s. o. III.1.f).

# VI. Die Theologie des Markusevangeliums

## 1. Der Evangelist und seine Gemeinde

Das Markusevangelium trägt ursprünglich keinen Verfassernamen. Es ist wie die nachfolgenden Evangelien anonym verfasst. Die Überschrift „Euangelion kata Markon = Evangelium nach Markus" wird zu Anfang des 2. Jh. den Evangelien-Abschriften zugefügt (Hengel 1984, 8–11.43–51). Papias kennt bereits um 130 die Evangelisten-Namen Markus und Matthäus (Eus., KG 3, 39,1). Die klassische These zum Evangelisten lautet noch immer, „dass der Verfasser des Mk ein uns sonst nicht näher bekannter Heidenchrist ist" (Conzelmann/Lindemann 2004, 321). Der Abfassungsort bleibt ebenfalls unbekannt. Rom erscheint zum ersten Male bei Clemens von Alexandrien († vor 215; zit. in Eus., KG 4,14,6). Die vielen Latinismen könnten auf Rom verweisen, sind aber auch „durch die Anwesenheit der Römer im Osten genügend erklärbar" (Broer 1, 1998, 87).

Der Evangelist wollte bewusst anonym bleiben, und er wollte die Gemeinde bewusst anonym halten; sein Evangelium sollte allen Völkern als Evangelium Jesu Christi verkündet werden (Mk 13,10; Bauckham 1998, 9–49). Für die heidnischen Hörer erläutert der Evangelist wiederholt aramäische und hebräische Fremdwörter (z.B. Mk 15,34), andererseits setzt er beim Leser die Kenntnis Galiläas und Judäas und der jüdischen Religion voraus. Der judenpalästinensische Leser weiß sofort Bescheid, der heidenhellenistische Leser muss sich erst kundig machen, will er alle Konnotationen verstehen.

Der Evangelist kann davon ausgehen, dass die Zusammensetzung der Gemeinde aus Heiden und Juden für alle Gemeinden in der 2. Hälfte des 1. Jh. gilt. Denn die jüdische Diaspora war über das ganze römische Weltreich ausgedehnt. Das Diasporajudentum wird auf 5 Millionen Mitglieder geschätzt, während die Juden Palästinas vermutlich nur 1 Millionen Einwohner zählen (Bösen 1985, 57–60). Zur Zeit des Evangelisten werden die Christen noch zum jüdischen Synagogenverband gerechnet. Der Ausschluss aus dem Judentum erfolgte erst allmählich nach dem jüdischen Aufstand 66–70 und dem Fall Jerusalems im Jahre 70. Der Evangelist konnte an jedem Ort des römischen Weltreichs für jede aus Heiden und Juden zusammengesetzte Gemeinde sein Evangelium schreiben. Eine Stadt im Osten mit italischem colonia-Recht und mit griechischsprachiger Mehrheit oder nach wie vor Rom mit seiner griechischsprachigen Minderheit kommen besonders infrage (Ebner/Schreiber 2008, 171 f.).

Evangelium für alle Völker im Jahre 70

Es besteht der Konsens, den jüdischen Krieg gegen Rom 66–70 in enge Verbindung zum Markusevangelium zu setzen. Da die zweite große Rede im Markusevangelium, die Testamentrede oder Apokalypse Jesu (Mk 13), die nachösterliche Zeit nur in apokalyptischen Andeutungen behandelt, bleibt der Bezug zur Tempelzerstörung mehrdeutig. Sie wird in Mk 13,2.14 angesagt. Im Rahmen des Evangeliums ist die Zerstörung nach Mk 14,58, dem Wort von der Tempelzerstörung im Prozess vor dem Hohen Rat, vorauszusetzen (Schnelle 2005, 217–219). Es kann aber auch das Markusevangelium noch kurz vor dem Fall Jerusalems angesetzt werden (Hengel 1984a, 43).

## 2. Das Markusevangelium als Idealbiographie

Das Erzähl-Evangelium ist „die einzige originelle Form ..., mit welcher das Christentum die Literatur bereichert hat." (Overbeck, 1966, 36) Dieses Urteil von Overbeck von 1882 gilt noch immer mit Abstrichen. Allerdings hält der mit Overbeck einsetzende Streit, ob die Gattung *Evangelium* eine originäre Schöpfung des Urchristentums (Schmidt 1985, 137ff.) oder eine analoge Bildung zu anderen Erzählgattungen wie dem Volksbuch (Wendland 1912, 266ff.), der Aretalogie (Hadas/Smith 1965), dem Drama (Via 1975; Bilezikian 1977; Standaert 1978), dem Roman (Tolbert 1989; Vines 2002) oder der Biographie (Weiß 1903, 11–16; Talbert 1977; Dormeyer/Frankemölle 1984; Cancik 1984; Aune 1987, 17–77; Witherington 2001) ist, noch an.

die Evangelien als antike Biographien

Doch zeichnet sich gegenwärtig „ein gewisser Konsens ab, dass die Evangelien gattungsgeschichtlich der antiken biographischen bzw. historiographischen Literatur zuzuordnen sind." (Toit 2006, 21f.; vgl. Becker 2006, 17–23; Dormeyer 1989; ders. 2005, 153–185; Yarbro-Collins 2007, 15–53)

Die Biographie zeigt durchgängig eine dreiteilige Struktur: 1. Vorbereitung zum öffentlichen Auftreten, 2. Öffentliches Auftreten, 3. Tod (Dormeyer 1989, 59f. 160–194; Frickenschmidt 1997, 192–210). Teil 1 muss nicht mit Empfängnis, Geburt und Kindheit einsetzen. Die Mehrzahl der lateinischen Biographien bei Cornelius Nepos setzt mit dem jungen Erwachsenen ein, ebenfalls der griechischen Biographien bei Plutarch; auch die Res Gestae des Augustus setzen mit dem jungen Erwachsenen Octavian ein. Die Geburtsgeschichten mit Wundern sind vielmehr die Ausnahme; sie gehen auf spätägyptische Einflüsse zurück (Frickenschmidt 1997, 253ff.; Kügler 1997, 133–185).

die Evangelien als vom Alten Testament beeinflusste Idealbiographien

Baltzer hatte die alttestamentliche Gattung *Idealbiographie* für die Propheten entwickelt (Baltzer 1975). Prophet umfasst nach dem hebräischen Kanon die vorderen und hinteren Propheten, also die großen Führer der Geschichtsschreibung (vordere Propheten ab Mose) und die Schriftpropheten der Prophetenbücher (hintere Propheten). Nun lässt sich aber an den disparaten biographischen Texten des Alten Testaments keine feste Gattung nachweisen. Doch zutreffend ist von Baltzer der Begriff *Idealbiographie* eingeführt worden. Im Unterschied zur antiken Biographie werden im Alten und Neuen Testament die prophetischen und königlichen Gründer nicht als *gemischte Charaktere*, sondern als *Idealgestalten* vorgestellt (Baltzer 1975, 185–189; Hengel 1979, 33f.; Lührmann1987, 20). Sie können wohl sündigen, aber sie kehren immer wieder zum *Ideal des Gerechten* um.

die Evangelien als Sondergattung der antiken Biographie

Sowohl die hellenistische wie die alttestamentliche und frühjüdische *Biographie* haben keine feste, sich konsequent durchhaltende Gesetzmäßigkeit. Ihre Elemente bilden vielmehr einen lockeren Zusammenhang, treten variabel in Erscheinung, gehen mit anderen Großgattungen Verbindungen ein wie mit der Geschichtsschreibung und nehmen wie diese kleine Gattungen auf wie aretalogische Wundergeschichten, Apophthegmata, Gleichnisse, Passionsberichte und Theophanien. Diese Varianz und Offenheit machen die *Biographie* geeignet für die Herausbildung einer originellen Variante mit kurzer Lebensdauer. Zugleich aber erschweren sie die eindeutige literarische Charakterisierung der Variante (Eckey 1998, 24–27; Klumbies 2001, 47–63; Roskam 2004, 215–237; Rose 2007, 34–42).

geographische Dreiteilung des Markusevangelium

Das Markusevangelium gibt als das älteste Evangelium den nachfolgenden Evangelien den literarischen Rahmen vor. Es besteht ein weitgehender Konsens, dass der geographische Kode des Markusevangeliums am deutlichsten eine Gliederung erkennen lässt (Dormeyer 2005, 149–153). Der Prolog (Mk 1,1–15) eröffnet mit der Taufe und Einsetzung des erwachsenen Jesus in das öffentliche Amt des Verkünders der nahen Königsherrschaft Gottes die Handlung. Dann folgt die geographische Dreiteilung: Galiläa (Mk 1,16–8,27), *Weg* von der Jordanquelle nach Jerusalem (Mk 8,27–10,52), Passion in Jerusalem (Mk 11,1–15,47). Den Epilog bildet die Grabesgeschichte (Mk 16,1–8). Dieser Dreiteilung lassen sich theologische Schwerpunkte zuordnen. In Galiläa überwiegen die Heilsverkündigungen und Heilstaten, auf dem *Weg* findet hauptsächlich die Belehrung von Jüngern und mitwanderndem Volk statt (Fritzen 2008, 263–312), in Jerusalem überwiegen Ablehnung und Passion. Es ergibt sich eine Zentralkomposition mit dem starken Achtergewicht der Passionsgeschichte (Iersel 1993, 68–74).

der göttliche Handlungsbogen

Das Evangelium bildet zwei Handlungsbögen. Der göttliche Handlungsbogen entsteht durch himmlische Stimmen. Am Anfang und in der Mitte proklamiert die Himmelsstimme Jesus zum Sohn Gottes (Mk 1,11; Mk 9,7). Am Schluss verkündet der Engel „Jesus, den *Nazarener*", als den *Gekreuzigten* und *Auferweckten* (Mk 16,6). Der Handlungsbogen von göttlicher Berufung, göttlicher Bestätigung, Ablehnung durch die Menschen, Erkenntnis der Sendung und göttlicher Auferweckung hat Parallelen in den antiken Gründerbiographien. Das Geheimnismotiv spielt besonders in der Numa-Biographie eine Rolle (Plutarch, Numa; Dormeyer 2002, 138–158)).

der christologische Handlungsbogen

Der christologische, menschliche Handlungsbogen setzt mit dem Beinamen *Christus* in der Überschrift ein (Mk 1,1). Es folgen die von Menschen gesprochenen Titel „Menschensohn" (Mk 2,10; Mk 3,28 u. ö.), „Herr" (Mk 2,10 u. ö.), „Lehrer" (Mk 4,38 u. ö.), „Prophet" (Mk 6,4; Mk 6,15; Mk 8,28), „Sohn Davids" (Mk 10,47 u. ö.), die alle dem Christus-Titel untergeordnet bleiben.

Jesus bestimmt mit seinen Interaktionen diesen zweiten Handlungsbogen. Das Evangelium handelt nicht nur von Jesus als Objekt, sondern viel umfangreicher von ihm als messianisch handelndem Subjekt. Er erschließt den Hörern die angekommene Königsherrschaft Gottes, die nirgendwo inhaltlich definiert wird, als realistische Erfahrung. Jesus zeigt ihnen den Weg der Umkehr und ermöglicht ihnen den Glauben an das Evangelium, wie er ihn vorbildhaft vorlebt. So hält er Gottes Evangelium von seiner Einsetzung zum Gottessohn geheim und erschließt seinen Mitakteuren dennoch öffentlich ab Mk 1,16 , und zwar seinen Jüngern, dann dem Volk, danach den sich herausbildenden Gegnern, das Evangelium von der in ihm angekommenen Königsherrschaft Gottes. Jesu Identität besteht in der Spannung von Verborgenheit der Gottessohnschaft und Öffentlichkeit seiner hoheitlichen Vollmacht (Dechow 2000, 149–268). Das Evangelium umfasst zusätzlich zu Einsetzung/Adoption, Autoritätsbestätigung und Auferweckung alle heilbringenden Handlungen Jesu. Erlösung geschieht nicht nur im Kreuzestod Jesu, sondern der gesamte *Weg* Jesu war und ist noch immer heilbringend (Mk 1,2; Mk 12,6–11). Nach Ostern geht das Evangelium weiter.

das Markusevangelium als Anti-Biographie zur griechisch-römischen Herrscherbiographie

Wie Plutarch in seinen Biographien und Thukydides in der pragmatischen Geschichtsschreibung deckt das erste Evangelium auf, welche geheimen Gründe einen gescheiterten Lehrer und Herrscher zu seinem öffentlichen Aufruhr mit seinen erkennbaren Ursachen angeleitet haben (Thuk 1,23). Zu den *Ursachen* zählen die konkreten Erfahrungen mit Ungleichgewichtszuständen wie Krankheit, Verbrechen, Unterdrückung, Missbrauch, parteiische Justiz. Ihre Veränderung durch Jesus bleibt korrelierbar mit den Erfahrungen aller künftigen Leser. Der verschwiegene *Grund* ist „das Geheimnis (mystérion) der Königsherrschaft Gottes" (Mk 4,11). Dieser Grund wird im Prozess nicht genannt, er ist nur in den Mysterienfeiern der Nachfolge Jesu erfahrbar (Jeremias 1967, 118–132). Himmelsstimme, Satan, Dämonen und Engel tauchen ebenfalls in der gesamten Passion nicht auf. Der *Grund* für Jesu Identität, Konfliktstrategie und Leiden bleibt als Hintergrund den Gegnern mit Ausnahme des Hauptmanns verborgen. Das Evangelium Jesu Christi und von Jesus Christus erschließt dagegen den glaubenden, forschenden Lesern intensiv den *Grund* (Evangelium Jesu Christi als Verkündigung der Königsherrschaft Gottes) und versucht, die *Ursachen*, d.s. die *Taten* und *Lehren* Jesu, genau zu erzählen und als Evangelium allen Lesern nahezubringen (Evangelium Jesu Christi und von Jesus Christus), so dass auch die distanzierten Leser nach dem *Grund* zu forschen und voll Vertrauen zu glauben beginnen. Sie sollen sich abwechselnd mit allen Rollen und schließlich mit der Autor-Perspektive identifizieren.

Die Gattung Idealbiographie lässt sich in dieser Ausformung als Analogie zur hellenistischen *Herscherbiographie* bestimmen, und zwar als *Anti-Biographie* (Dormeyer 2002, 316–321.383–388; Wördemann 2002, 138–198; Theißen 2007, 88; Ebner/Schreiber 2008, 112–125).

## 3. Gott

### a) Redeweisen von Gott

Der Begriff *theós* kommt im Markusevangelium 48-mal vor, *abba* 1-mal und *Vater* (pater) 4-mal (Mk 8,38; 11,25; 13,32; 14,36), so dass 53-mal von *Gott* gesprochen wird. Hinzu kommen die substantivischen Umschreibungen *(Sohn) des Gelobten* (Mk 14,61), *Sitzen zur Rechten der Kraft, Himmel* (Mk 14,62), *Kyrios* (Mk 5,19; 11,9; 12,9.11.29(2x).30.36; 13,20 = 9-mal), verbale Umschreibungen (Mk 2,27; 4,11; 10,6.30; 11,24) sowie das *Passivum divinum* in Jesusworten (21-mal u.a. Mk 9,31;14,41; Jeremias 1971, 20–24) und im Engelwort (Mk 16,6) und das *muss* bei den prophetischen Leidens- und Auferweckungsaussagen (Mk 8,31), so dass es rund 100 Nennungen gibt. Gegenüber der Gesamtzahl von 11242 Worten des Markusevangeliums bedeutet diese Zahl aber nur einen kleinen Anteil.

81-mal fällt der Name Jesus. Zusammen mit seinen Hoheitstiteln, Titeln und Pronominalisierungen („er, ...") wird er mehrfach öfter genannt. Er ist als Subjekt, Objekt oder Sprecher mit 48,6% der Verben, also mit der Hälfte des Markusevangeliums, direkt verbunden, während von Gottes Wirken wesentlich weniger gesprochen wird (Burridge 1992, 271). „Gott greift nicht direkt in die Wirklichkeit ein, sondern ist ihr prinzipiell jenseitig." (Guttenberger 2004, 115)

Theozentrik und Jesuzentrik im Markusevangelium

Dennoch bleibt das Markusevangelium ein *Evangelium Gottes* (Mk 1,14–15). Doch dieses wird erst durch das *Evangelium von Jesus Christus* erschlossen, in dem Gott direkt und indirekt an Jesus handelt (Mk 1,1; 8,35; 10,29; 13,10; 14,9) (Strecker 1996, 358f.; Dechow 2000; Guttenberger 2004, 115f.). Jesus verkündet nach der Umkehrtaufe durch Johannes, nach der Geistbegabung und der Einsetzung zum *Sohn (Gottes)* (Mk 1,11) die Nähe der *Königsherrschaft Gottes* (Mk 1,14.15), den ihm geoffenbarten *Willen Gottes* und sein *Gesetz* (Mk 3,35; 8,33; 12,14–30; 14,36), die ihm verliehene *Vollmacht Gottes* (Mk 1,22.27; 2,10; 3,15; 6,7; 11,28(2x).29.33; 13,34) und das allmächtige *Schöpfer*handeln Gottes (Mk 10,6.9.27; 13,19; Hahn 2002, 496). Hinzu kommen die vier *Vater*-Anreden. Die beiden zentralen Metaphern *Königsherrschaft Gottes* und *Vater/Abba* schließen Wille, Macht und Schöpferhandeln Gottes mit ein (Schnelle 2007, 369–375).

### *b) Heiliger Geist, Engel, Dämonen und Satan*

*Pneuma* kommt im Markusevangelium 23-mal vor; doch auf den *heiligen Geist* beziehen sich nur 6 Nennungen: Mk 1,8.10.12; 3,29; 12,36; 13,11. Vom *Geist* Jesu wird 3-mal gesprochen: Mk 2,8; 8,12; 14,38; die übrigen 14 Nennungen gehen über die *Dämonen*.

Kampf gegen Satan

Der Täufer kündigt das Kommen des *heiligen Geistes* an. Unmittelbar nach der Taufe erfüllt der *Geist* Jesus; zunächst treibt er ihn in die Wüste; dort befähigt er ihn zum Kampf gegen Satan und die Dämonen (Mk 1,12f.; 3,21–29). Der *heilige* Geist inspirierte bereits im Alten Testament König David zu den Psalmen (Mk 12,36). Entsprechend wird er auch die Jesusanhänger in der Verfolgung zur richtigen und wahren Verteidigungsrede befähigen (Mk 13,11).

Verdrängung der Dämonen durch den heiligen Geist

Der *heilige Geist* verbindet die alttestamentlichen Propheten, Johannes den Täufer als den letzten prophetischen Umkehrprediger vor Jesus, Jesus selbst und die nachösterliche Gemeinde mit dem Kraftfeld Gottes. Jesus ist als eschatologischer *Geist*-Träger Erfüller der alttestamentlichen *Geist*-Erfahrung. Er setzt den *heiligen Geist* gegen die *unreinen Geister = Dämonen* durch und hält den von ihm beherrschten Raum bis zur Vollendung der neuen Welt für seine Anhänger gegenwärtig (s.. VI.3.c.4.j).

Engel als Symbole der himmlischen Welt und Offenbarungsträger

Engel kommen einschließlich des jungen Mannes am Grab nur 6-mal vor. Sie dienen einmal dem irdischen Jesus während der Versuchung (Mk 1,13); sie werden ihn erneut bei seiner feierlichen Wiederkehr zum Weltgericht begleiten (Mk 8,38; 13,27). Sie haben im Himmel den Rang unterhalb von Gott (Mk 13,32), vergleichbar mit dem Rang der Menschen nach der Auferstehung (Mk 12,25). Nur einmal, und zwar am Schluss, tritt ein Engel, und zwar in der Gestalt eines jungen Mannes, mit Menschen in Kontakt (Mk 16,8). Der Evangelist hat den Engeln eine Hintergrundrolle gegeben. Sie schmücken die himmlische Welt aus und treten nur am Anfang bei Jesus und am Schluss bei den Jüngerinnen als Symbolisierung der Offenbarung Gottes auf. Im Unterschied zu Paulus werden sie durchgängig positiv beschrieben.

Diesen sparsamen Einsatz behält nur das Johannesevangelium bei, in dem lediglich am Schluss zwei Engel am Grab von Maria Magdalena gesehen und gehört werden (Joh 20,12). Das Matthäusevangelium und Lukasevangelium dagegen setzen Engel wesentlich häufiger als Boten Gottes zu den Menschen ein.

### *c) Königsherrschaft Gottes*

Der Begriff *basileia tou theou* kommt im Markusevangelium 14-mal vor: 1,15; 4,11.26.30; 9,1.47; 10,14.15.23.24.25; 12,34; 14,25; 15,43.

Das Frühjudentum umschreibt das Rezitieren des täglichen Gebetes *Schema* („Höre Israel, der Herr, unser Gott, ist Einer ..." Dtn 6,4) mit „das Joch (der Königsherrschaft der Himmel) auf sich nehmen", d.h., Gott als König und Herrn über sich anzuerkennen (vgl. Mt 11,29). Dieser freie Willensentschluss des Menschen, sich unter die Herrschaft und den Willen Gottes zu stellen (Mk 3,31–35), ist erforderlich, weil die Königsherrschaft Gottes noch nicht in der Welt offenbar ist (Dan 2,37; 4,34). Erst am Ende der Zeiten wird sie offenbar werden und die Wahlmöglichkeiten der Anerkennung oder Ablehnung der Herrschaft Gottes abschneiden (Mk 13,26f.; Mt 25,31–46). Allerdings bildet das Thema der verborgenen und zukünftigen Königherrschaft Gottes ein Randgebiet der frühjüdischen Theologie innerhalb des zentralen Themas von Gott als *König* in der Tempelliturgie (PsSal 17; 18 Bitten-Gebet; Litanei „Unser Vater, unser König") (Merklein 1978, 110–115; Campovono 1984, 437–447; s.o. V.2.c).

Anbruch der Königsherrschaft Gottes in Jesus

Die Verkündigung Jesu von der Königsherrschaft Gottes beschränkt sich daher nicht auf die frühjüdische Rand-Vorstellung von der Verborgenheit der Herrschaft Gottes und ihrer eschatologischen Vollendung, sondern weist auf die bereits geschehene Offenbarung der Königsherrschaft Gottes hin. Die Verborgenheit der Königsherrschaft Gottes offenbart sich nicht nur in der Tempelliturgie, sondern bricht in Jesus bereits unverborgen außerhalb des Tempels an. Aber diese Offenbarung hat noch nicht die die Entscheidung aufgebende Eindeutigkeit der völlig offenbaren Königsherrschaft Gottes in einer neuen Schöpfung am Ende der Zeit. Die Königsherrschaft Gottes bleibt gebunden an die unscheinbare Person Jesu mit seiner Katastrophe des Kreuzes.

Diese Spannung der Offenbarung der Königsherrschaft Gottes in Jesus und der gleichzeitigen Unscheinbarkeit dieses Geschehens stellen die Evangelien und Paulus in ähnlicher Weise mit unterschiedlichen Mitteln dar (s.o. III.1.i). Dabei ist zu berücksichtigen, dass für den vorösterlichen Jesus die Königsherrschaft Gottes weiterhin eine streng eschatologische Größe bleibt, d.h. erst am Ende der Welt wird sie vollkommen offenbar werden. Das Weitergehen der Königsherrschaft Gottes im auferstandenen Christus besteht in den Kräften, die die zukünftige volle Königsherrschaft Gottes in unsere Welt weiterhin ausstrahlt, also in einer dynamischen Aktionsweise. Besonders das Markusevangelium hat es sich zur Aufgabe gemacht, den unscheinbaren Anbruch der Königsherrschaft Gottes im irdischen Jesus darzustellen. Jesu Worte betonen die Zukünftigkeit der Königsherrschaft Gottes, deren Nähe aber schon jetzt auf die Gegenwart einwirkt (Mk 1,15). Ihre Macht (Dynamis) zeigt sich schon jetzt anfanghaft (Mk 9,1).

Die Testamentrede (Mk 13) sagt darüber hinaus die eschatologische Vollendung der Königsherrschaft Gottes durch eine kosmische Theophanie und die Zusammenführung der Auserwählten an. Offen bleibt, ob es einen Zusammenbruch des Kosmos mit Weltgericht und anschließender Neuschöpfung geben wird (Geddert 1989, 223–255; Toit 2006, 221–227) oder diese Welt nach einer grundlegenden Krise die Heilswende erfährt (Brandenburger 1984, 54–65.102–104). Auch bei Paulus bleibt diese Frage offen. Schon jetzt kann Gott mit kosmischen *Wehen*, z. B. Erdbeben (Mk 13,8), und mit kosmischen Begleitwundern, z. B. Sonnenfinsternis und Zerreißen des Tempelvorhangs (Mk 15,33.38), das baldige Ende dieser Weltzeit ankündigen.

Vollendung in der Zukunft

In den Worten und in der Person Jesu ist die Königsherrschaft Gottes bereits geheimnisvoll anwesend (Mk 4,11 f.). Sie wird nur von wenigen erkannt. Sie ist wie ein unscheinbares Samenkorn bzw. Senfkorn, aber sie wird am Ende der Zeit allen hell leuchten und offenbar sein und eine überraschende Universalität der Herrschaft haben (Mk 4,3–8.21 f.31 f.; 13,24–27). Um diesen bescheidenen Anfang der Königsherrschaft Gottes setzen zu können, erhält Jesus den Geist (Mk 1,9–11) und muss Satan und sein Gegenreich besiegen (Mk 1,12 f.; 3,22–30). Jesus beendet die Herrschaft der Dämonen (Mk 1,23–28.34.39 u. ö.). Er heilt Kranke (Mk 1,21–31.32–34.40–45 u. ö.) und erweckt Tote (Mk 5,35–43), um zu offenbaren, das er Vollmacht hat über Dämonen, Krankheiten und Tod und dass er deren Macht durch die sich offenbarende Königsherrschaft Gottes beenden wird. In seinem Kreuzestod und seiner Auferstehung besiegt Jesus endgültig Satan und die unheilvollen Kräfte wie Tod und Krankheit.

machtvoller Anbruch der Königsherrschaft Gottes schon jetzt

Der bescheidene Anfang der Königsherrschaft Gottes wirkt nach Jesu Tod und Auferstehung weiter in Jesu Wort (Mk 13,31) und Herrenmahl (Mk 14,22–25). Diese werden von der Gemeinde tradiert. Dabei ist die Gemeinde nicht identisch mit der Königsherrschaft Gottes, vielmehr ist sie die Institution, durch die die Kräfte des Königtum Gottes sich in Wort und Sakrament weiterhin geheimnisvoll und unscheinbar offenbaren (Mk 4,11 f.). Nur wer im Glauben das Evangelium hört, umkehrt und die Sakramente Herrenmahl und Taufe, die nur angedeutet werden (Mk 10,13–16.38–40; 14,22–25), mitvollzieht, hat Anteil am Königtum Gottes. Die Mitarbeit an der Ausbreitung der Kräfte der Königsherrschaft Gottes verlangt in der Nachfolge Jesu die Lösung aller menschlicher Bindungen und kennt nicht das hierarchische Herrschaftssystem der irdischen Institutionen (Mk 10,29 f.42–45). Wer in der Arbeit für die Königsherrschaft Gottes ausharrt in den Verfolgungen, in den politischen und wirtschaftlichen Mühsalen dieser Welt, wird in die vollkommen offenbarte Königsherrschaft Gottes der neuen Schöpfung am Ende der Welt eingehen (Mk 13,13–27).

Weitergehen nach Ostern

Gleichzeitig erzeugt Jesus mit der Metapher *Königsherrschaft Gottes* einen Kontrast zum Königtum der Herodessöhne und zur Herrschaft des römischen Kaisers. Denn Gottes Herrschaft steht über dem römischen Kaiser (Mk 12,17) und jüdischen *König* (Mk 6,14), und Jesus selbst lehnt mit dem *Dienst* für die *vielen* jegliche gewalt-politische Herrschaft ab; es herrscht ein Kampf der Ideologien zwischen Gewaltherrschaft und Gewaltlosigkeit (Myers 1988; Dawson 2000).

Kontrast zur Königsherrschaft jüdischer und römischer Herrscher

Tiefgreifende Kontroversen gibt es in der Forschung zur markinischen Theologie von *Gott* nicht. Es wird wohl um den Grad der Anwesenheit der

Machtvolles Sichtbarwerden in Jesus schon jetzt

Königsherrschaft Gottes gestritten. Ist sie schon in Jesus realisiert (realized eschatology) (Dodd 1958) oder ist sie nur unscheinbar in Jesus angebrochen und wird erst in der Endzeit voll realisiert (Schweizer 1979, 166–174). Die Diskussion um die Wunder, die Gleichnisse und die Ethik Jesu tendiert zu einem Mittelweg. Die Wunder und der Zulauf von Jüngern und Volk zeigen schon jetzt einen machtvollen Anfang der Königsherrschaft Gottes. Die Vollendung für alle Menschen bringt aber erst die Endzeit (Kollmann 1996, 18–61.287–292; Rau 1990, 18–172; Merklein 1978, 17–47; Weder 1993; Ebner/Schreiber 2008, 175–181).

### *d) Vater und Sohn*

*Vater* ist der einzige Gottesname, den Jesus neben der Gattungsbezeichnung *theós = Gott* zusätzlich im Markusevangelium (4-mal) und im gesamten Neuen Testament verwendet.

Die zentrale Stelle ist Mk 14,36, da hier noch der *Abba*-Anruf hinzukommt. *Abba* ist die aramäische Intensivform für Ab = Vater. Sie bedeutet die kindliche Anredeform im Sinne von *Papa*. Jeremias legt großen Wert darauf, dass die Abba-Anrede Gottes durch Jesus die Distanz des Frühjudentums zum monotheistischen Gott provokativ durchbricht. Die Anrede Gottes als barmherziger Vater teilt Jesus hingegen mit dem Frühjudentum (Jeremias 1971, 67–73).

Intensivierung der Vater-Erfahrung des Frühjudentums und exklusive Beziehung des Vaters zum Sohn

Wegen dieser gleichfalls bezeugten frühjüdischen Vater-Bezeichnung Gottes sollte aber die *Abba*-Anrede Jesu nicht überbetont werden. Auch sie gehört ins Frühjudentum und wird zur Anrede Gottes von allen Christen (Röm 8,15; Gal 4,6 s. o. III.4.d). Die Platzierung von Jesu Abba-Anrede in die Gethsemani-Szene hingegen trifft das Zentrum der exklusiven Beziehung Jesu zu dem Vatergott Israels (Mk 14,32–42). Jesus ist in der Taufe von dem Vater-Gott Israels eine besondere Beziehung geoffenbart worden. Er ist der „geliebte *Sohn*", in dem gemäß Ps 2 und Dt-Jes 42,1 Israel vor dem Vatergott repräsentiert ist (Mk 1,11). Er ist nicht ontologisch der Sohn für sich selbst, sondern funktional der Sohn für Israel. Jesus selbst hat sich nach dem Markusevangelium nicht als Messias und Sohn Gottes bezeichnet, wohl aber als den *Sohn*, der die intensivste Nähe zum Vatergott, aber als irdischer Jesus noch nicht vollen Anteil an der göttlichen Weisheit und Weltplanung hat: „Über jenen Tag aber oder die Stunde weiß keiner, auch nicht die Engel im Himmel, auch nicht der Sohn, außer dem Vater." (Mk 13,32)

Jesus erfüllt in Gethsemani den Willen Gottes, des *Abba-Vaters*. Die Einhaltung von dessen Willen begründet die erweiterte Familie Jesu (Mk 3,20–35). Jesus ordnet sich dem Vatergott Israels subordinatianistisch unter. Dieser wird in naher Zukunft den Menschensohn Jesus bei seinem Kommen zum Weltgericht mit göttlicher Herrlichkeit und göttlichem Wissen ausstatten (Mk 8,38).

Während die drei *Vater*-Anreden nur die exklusive Beziehung Jesu als *Sohn/Menschensohn* aussagen (Mk 8,38; 13,32; 14,36), bezieht sich die vierte Stelle auf alle Glaubenden. Für seine Vergebungsbereitschaft setzt der *Vater* die Vergebungsbereitschaft für den Mitmenschen als Bedingung (Mk 11,25parr.).

Seit Julius Cäsars Vergöttlichung nennen seine Nachfolger Cäsar *divus pater = vergöttlichter Vater.* Denn die römischen Senatoren tragen den Titel *pater.* Die verstorbenen Cäsaren erhalten durch das senatorische Ritual der Apotheose die Vergöttlichung und Unsterblichkeit. Seitdem hat die römisch-griechische Welt eine Ahnengalerie von Vater-Göttern. Ihre Mausoleen, z. B. das Mausoleum des Augustus und das des Hadrian (= Engelsburg), sind noch heute zu bewundern. Auch Zeus wurde als *Vater* der olympischen Götter und der Menschheit bezeichnet (der Hymnus des Kleanthes; s. o. III.1.c). Ihm wurde nun diese Galerie von fragwürdigen Staatsführern zur Seite gestellt. Gegen diese Inflation setzt Jesus von Nazaret die Vaterschaft des einzigen Gottes. Ihm allein kommt die liebevolle, väterliche Lenkung der Weltgeschichte zu. Das Spruchevangelium Q hat mit dem *Vater*-Gebet (Mt 6,5–15/Lk 11,1–4) diese theologische Singularität und Nähe für alle Glaubenden noch stärker akzentuiert (s. o. V.2.d). Der frühjüdische Monotheismus (Mk 2,7; 10,18), der singulär für die griechisch-römische Welt ist, lebt aus der familiaren Grund-Erfahrung kindlichen Vertrauens zu den Eltern. Gott wird allen Betern als seinen Kindern in väterlicher Liebe die Übertretungen erlassen (Mk 11,25).

der eine Vater-Gott gegen die vielen vergöttlichten Cäsaren-Väter

## 4. Jesus Christus

Der Eigenname Jesus ist mit 81 Nennungen das häufigste Nomen im Markusevangelium. Es folgen anthropos (Mensch 56-mal) und theos (48-mal). Jesus ist der Mittler zwischen Mensch und Gott, dem Vater.

### *a) Christus und König*

Christus/Messias steht in der Überschrift und ist dort zum Beinamen verblasst (Mk 1,1). Erst in der zweiten Hälfte des Markusevangeliums wird der Hoheitstitel wieder mehrfach (6-mal) gebraucht: im Messiasbekenntnis des Petrus Mk 8,29f.; im Trostwort an die Jünger Mk 8,41; im Gespräch über die Davidssohnschaft Mk 12,35; in der Warnung vor falschen Messiassen in der nachösterlichen Zeit Mk 13,21 und in der Passion Mk 14,61 f.; 15,32.

Vorbereitet wird der Hoheitstitel durch die Verkündigung der angebrochenen Königsherrschaft Gottes (ab Mk 1,15). In Jesus, dem Christus = Messias, ist die Königsherrschaft Gottes bereits angebrochen. Daher kann er auch *basileus* = König genannt werden: Mk 15,2.9.12.18.26.32. Die *basileus*-Stellen aber missverstehen Jesus als machtpolitischen König und machtpolitischen Christus-Messias. Während Pilatus dieses Missverständnis aufklären will (Mk 15,2.9–12) und doch als Verurteilungsgrund beibehalten muss (Mk 15,26), gehen die Soldaten zum Spott über (Mk 15,18). Die jüdischen Hohenpriester und Schriftgelehrten schließen sich dem Spott an und setzen den Christustitel ausdrücklich mit dem Königstitel gleich (Mk 15,32).

Offen ist die Reichweite des Christus- und Königstitels. Haben die Hoheitstitel nur eine Beziehung zum Alten Testament und zu frühjüdischen Erwartungen oder sind sie zugleich gegen den römischen Kaiser-Anspruch gerichtet? Das Streitgespräch um die Steuermünze erkennt die Finanzhoheit des Kaisers an und stellt ihm gleichzeitig die Hoheit Gottes gegenüber (Mk

die politische universale Vollmacht des machtvoll auftretenden und zugleich leidenden Christus

12,13–17). Der Evangelist stellt explizit keine Hierarchie auf, sondern überträgt es dem Leser, diese Hierarchie selbst zu entwickeln. Die Hoheitstitel Christus und König weichen einerseits von der alttestamentlichen, frühjüdischen und antiken Erwartung mit der Betonung der Leidensbereitschaft durch die drei Leidensvoraussagen (Mk 8,31–33; 9,30–32; 10,32–34) und das anschließende Leiden ab und setzen andererseits die alttestamentliche und frühjüdische Erfahrung des verfolgten Propheten und leidenden Gerechten fort (Weihs 2003, 453–577). Steht der leidende Christus-König Jesus erst als endzeitlicher Menschensohn-Richter über dem Kaiser oder fordert er schon jetzt zum gewaltlosen Widerstand gegen den Kaiser auf (Myers 1988; Dawson 2000; Ebner 2002)? Die „*Vollmacht*" des Menschensohnes Jesus Christus steht schon jetzt über der des Kaisers, und der Menschensohn urteilt später im Weltgericht über dessen Ausübung seiner *Vollmacht* (Mk 13,33–37).

### *b) Sohn Gottes*

Es fällt auf, dass der Gebrauch von Christus und König noch vor dem Tode Jesu endet.

Sohn Gottes als ägyptisches ontologisches Thronritual oder alttestamentliche und griechisch-römische biographische Funktion?

Nach seinem Tode fällt nur noch der Hoheitstitel *Sohn Gottes* (Mk 15,39). Vielhauer hat richtig herausgestellt, dass *Sohn Gottes* auch den Anfang mit dem Zusprechen von Hoheitstiteln macht (Mk 1,11); in der Mitte fällt der Hoheitstitel noch einmal (Mk 9,7); diese dreifache Nennung kann die Übertragung des ägyptischen Thronbesteigungsrituals für den Gottkönig Pharao auf Jesus Christus bedeuten (Vielhauer 1975, 344f.). Der Mythos von der Menschwerdung des präexistenten, königlichen Christus, den der literaturgeschichtliche Vergleich und z.T. die Formgeschichte noch undifferenziert für das gesamte Markusevangelium behauptet hatten (s.o. III.1.f), wird nun auf den Sohn Gottes Titel eingeengt. Alle Handlungen ohne den Sohn Gottes-Titel können ohne den Präexistenzmythos verstanden werden.

Die These von Vielhauer ist zunächst bestechend. Tatsächlich wird der Hoheitstitel *Sohn Gottes* bis zur Verklärung nur von übermenschlichen Stimmen ausgesprochen: von der Himmelsstimme in Mk 1,11; 9,7 und von Dämonen in Mk 3,11; 5,7.

Doch dann bezeichnet sich Jesus selbst als der Sohn, der nicht die Allwissenheit des Vaters teilt (Mk 13,32; s.o. VI.3.d), und der Hauptmann vor dem Kreuz akklamiert Jesus als den *Sohn Gottes* (Mk 15,39). Entgegen dem ägyptischen Thronritual gehört der Hauptmann aber nicht der himmlischen Welt an. Der Pharao betont auch nicht seine Distanz zum Bereich der Götter. Außerdem stellen Apotheose als Taufe, Präsentation als Gespräch mit einem Obergott und Akklamation der Götterversammlung nur einzelne Akte des himmlischen Rituals dar, das in dieser Reihenfolge auch nicht angeordnet ist (Brunner-Traut 1960; Schnelle 2005, 252f.).

Der erste Teil der *Sohn-Gottes*-Anreden geht vielmehr auf die alttestamentlichen und die griechisch-römischen Königs-Vorstellungen zurück. Beide Vorstellungskreise sind zwar von ägyptischer Herrschaftsideologie beeinflusst, sind aber keine undifferenzierten Kopien (Klauck 1997, 40–66.100–111; Dormeyer 2002, 21–31; Hahn 2002, 498f.).

Der alttestamentliche König hat keine ontologischen Beziehungen zum monotheistischen Jahwe. Die göttliche Kraft der hellenistischen Könige und römischen Kaiser wiederum geht auf gründungszeitliche, göttliche Stammmütter und -väter zurück. Julius Cäsar führt sich auf Aphrodite/Venus zurück, der Mutter des Trojaners Äneas. Das Markusevangelium verzichtet aber noch auf diese Stammbäume. Der erste Sohn-Zuspruch ist vielmehr ein Mischzitat, das die Adoption des Königs (Ps 2,9) und die Einsetzung des Freudenboten (Jes 42,1) als eine Einheit zusammenbringt (Mk 1,11). Alttestamentlicher König und zukünftiger, endzeitlicher Freudenbote werden als endzeitlicher Christus erwartet, der von Gott als *Sohn Gottes* adoptiert oder bestätigt wird.

Die Zuordnung des Hoheitstitels *Sohn Gottes* zu den übermenschlichen Stimmen trifft auch nur für den ersten Teil und die Mitte des Markusevangeliums zu. Die himmlischen Stimmen melden sich erst wieder am Schluss. Der Engel am Grab gebraucht aber überhaupt keinen Hoheitstitel mehr, sondern verwendet den biographischen Titel *Jesus, der Nazarener* (Mk 16,6). Die himmlischen Stimmen und nicht die Anrede *Sohn Gottes* bilden zum einen die Markierungspunkte von Anfang, Mitte und Ende des Markusevangeliums, so muss Vielhauer präzisiert werden, zum anderen transformieren die übermenschlichen Stimmen den *Sohn-Gottes* Hoheitstitel zu einem biographischen Namen.

Dieser Verschmelzungsprozess trifft nicht für das ägyptische Thronbesteigungsritual zu, weil dort der Pharao einen göttlichen Namen erhält und zum Gott wird, wohl aber für die alttestamentlichen und antiken Thronbesteigungen, weil die Könige ihren biographischen Namen behalten. Da diese Identifizierung im Markusevangelium erst zum Abschluss erfolgt, kann sie weiterhin doppelt gedeutet werden. Entweder stand die Inkarnation unter einem göttlichen Geheimnis, das trotz der Offenbarung vor den Jüngern in der Verklärung (Mk 9,2–9) unverstanden blieb (Schenke 1988, 113–115), oder die *Sohn-Gottes*-Anrede war eine königliche Adoption, deren zukünftiger Glanz in der Verklärung den Jüngern sichtbar und verständlich wurde, deren Leidensgehalt ihnen aber bis zur Auferweckung ein Geheimnis blieb (Mk 9,11–13). Der Engel enthüllt mit dem Zusatz *der Gekreuzigte* endgültig das Geheimnis des Nazareners als des leidenden Jesus (Christus, des Sohnes Gottes) (Mk 16,6).

### *c) Herr (Kyrios)*

Der Titel Kyrios wird 16-mal im Markusevangelium gebraucht. 7-mal bezeichnet er Jesus: Mk 1,3; 2,28; 7,28; 11,3; 12,36.37; 13,35. 9-mal bezeichnet er Gott: Mk 5,19; 11,9; 12,9.11.29(2x).30.36; 13,20.

In Mk 1,2 erhält die angekündigte zweite Heilsgestalt den Kyrios-Titel, der in der Septuaginta für Jahwe reserviert ist. Wie Jesus als *Herr* seinen Weg verwirklicht, klären Prolog und Buch im weiteren Verlauf. Kyrios ist hier Ehrentitel, noch nicht Hoheitstitel (Hahn 1974, 86–88). Tolbert u.a. dagegen beziehen Kyrios auf Gott und machen Jesus entweder zum *Vorläufer* Gottes (Tolbert 1989, 245–247) oder zum präexistenten Gott (Kampling 1992, 40).

Herr hat unterschiedliche Bedeutungen

Dagegen ist zu sagen, dass Jesus in Geistbesitz und in der Verkündigung des Evangeliums Gott als den Kyrios Israels repräsentiert, ohne bereits Gott selbst zu sein. Der Kyrios-Titel wird von Jesus später explizit als Selbstbezeichnung verwandt (Mk 2,28; 11,3) oder ihm zugesprochen (Mk 7,28), ohne dass Jesus sich mit Gott über den Kyrios-Titel gleichsetzt (Mk 12,35–37) (Fitzmyer 1992, 811–828). Die „Du"-Anrede des kommenden Kyrios in Mk 1,2 bedeutet kein „Vorspiel im Himmel" (so Kampling 1992, 40), sondern die allen Lesern zugängliche Ankündigung der künftigen, intimen Beziehung, die durch die Verleihung des *Sohn-Gottes*-Hoheitstitels in Mk 1,11 für Jesus hergestellt wird (Klauck 1997, 106ff.). Auch der Perserkönig Kyros wird von Gott als Gesalbter mit der Du-Rede bedacht, ohne dass nach Detero-Jesaja ein Dialog im Himmel zwischen Gott und dem *präexistenten Kyros* stattgefunden hat: „Ich selbst gehe vor dir her und ebne die Berge ein." (Jes 45,2)

Johannes bereitet den Weg des gesalbten Gottessohnes vor, der von Gott, dem einzig wahren Kyrios, erst mit der Auferweckung zum Kyrios über die Welt eingesetzt (Mk 12,35–37) und damit zum Kyrios über den Kyrios Kaiser wird (Mk 12,13–17). Jesus wird dann als der verheißene, endzeitliche Christus-Messias der *Herr* über Geschichte (Mk 12,35–37) und Welt sein (Mk 13,35; s.o. III.1.c).

In der vollmächtigen Anfrage um einen Esel hat Kyrios die anthropologische Grundbedeutung einer ehrenden Selbstbezeichnung (Mk 11,3). Jesus als der *Herr* bedarf eines Reittieres (Mk 11,1–11) und später als *Lehrer* eines Wohnraumes in Jerusalem (Mk 14,12–16). Die Deutung dieser beiden Erzählungen und der Wunderheilung an der Tochter der heidnischen Syrophönizierin (Mk 7,24–30) als öffentliche Anerkennung des Präexistenten dürfte schwer fallen.

### *d) Menschensohn*

der Menschensohn als der Völkerengel für Israel im Gericht

Die rätselhafte Selbstbezeichnung *Menschensohn*, die Paulus als unverständlich für hellenistische Hörer weglässt, fällt in den Streitgesprächen (Mk 2,10.28) und findet ihre erste Auflösung in der Mitte des Markusevangelium innerhalb der christologischen Belehrung: „Denn wer sich von dieser treulosen und sündigen Generation meiner und meiner Worte schämt, dessen wird sich auch der Menschensohn schämen, wenn er mit den heiligen Engeln in der Hoheit seines Vaters kommt." (Mk 8,38 par Q12,8f.) *Menschensohn* meint den Völkerengel, der nach Dan 7 dem gläubigen Israel den Platz im Himmel freihält und beim Weltgericht die Gerechten zu Jahwe führen wird. Doch was hat der Lehrer Jesus mit dem apokalyptischen Völkerengel zu tun? Die Selbstbezeichnung *Menschensohn* gehört noch immer zu den Rätseln des Neuen Testaments.

mehrere Deutungsvorschläge für Jesus als Menschensohn

Hat Jesus sich vor Ostern nicht als *Menschensohn* bezeichnet (Vielhauer 1965, 113–141)? Hat er mit *Menschensohn* nicht den apokalyptischen Gehalt, sondern nur eine aramäische Umschreibung für *Ich* gemeint (Schweizer 1963, 54–85)? Hat er den Bezug zum kommenden Menschensohn nur vorsichtig angedeutet (Bultmann 1995, 163)?

Der Zusammenhang zwischen der Verkündigung der *Gottesherrschaft* mit der Selbstbezeichnung *Menschensohn* muss beachtet werden. Nach Dan 7 bringt Gott erst im Endgericht seine Herrschaft zur Geltung. Der Menschensohn eröffnet dann den Gerechten aus Israel die ewige Teilnahme an der Gottesherrschaft. Die erneute Verkündigung der Gottesherrschaft durch Jesus erhellt ebenfalls den Hoheitstitel *Menschensohn*. Wenn Gottes Königsherrschaft schon jetzt in den Wundertaten Jesu und in seinem Wort anbricht, dann ist der Völkerengel Israels schon jetzt unter seinem Volk und den Völkern (Betz 1985, 12–18).

Menschensohn als Kompositionsmetapher

*Menschensohn* wird im Kontext zum Wort Mk 8,38/Q 12,8f. zu einer Kompositionsmetapher, die Naheliegendes, aber bisher Unvorstellbares als existierende Wirklichkeit aufdeckt (Colpe 1969, 424f.; Kearns 1980, 2, 151ff.: Symbol).

Doch *Menschensohn* (hyiós anthrópu) ist zunächst keine Metapher, sondern eine Metonymie, die das Gegenteil einer Metapher ist. Metonymie ersetzt das gebräuchliche Wort durch ein anderes, das zu ihm in enger Beziehung steht. Hyiós anthrópou ist als Metonymie die allgemeinste mögliche Aussage über eine männliche Person. Jeder Mann ist ein Sohn von Menschen, also ein *Menschensohn*. In der Konfrontation eines Menschen mit Gottes Offenbarung erhält diese Herausstellung der anthropologischen Grundgegebenheit Sinn (Ez 2,1ff.). Sie betont die Distanz zwischen Gott und Mensch und schreibt dem Propheten in Form eines Vokativs die Repräsentantenrolle für das menschliche Israel zu: „du sterblicher Mensch" (Schenk 1997, 23f.).

Menschensohn als Metonymie für *Ich*

Wenn Jesus nur diesen metonymischen Gebrauch von Ezechiel übernommen hätte, würde er mit der Anrede *Menschensohn* nur ein betontes *Ich* und keine apokalyptische Hoheitsmetapher meinen. Menschensohn könnte daher ohne Bedeutungsverlust durch das Personalpronomen *Ich* ersetzt werden, wenn es nicht noch das apokalyptische Segment von Menschensohnaussagen gäbe, das die Vertreter der Ich-Hypothese dann auch entsprechend konsequent nivellieren (Vögtle 1989, 71f.).

Vorwegnahme der himmlischen Herrlichkeit des künftigen Richter-Menschensohnes

Die Kompositionsmetapher *Menschensohn* erhält daher erst durch die Parusieaussagen ihre metaphorische Bedeutung und würde ohne sie reine Metonymie bleiben. Jesus wird in Zukunft zusätzlich zu seinen theophoren *Vollmachten* und Privilegien (Hoheitstitel) die göttliche Funktion des göttlichen *Menschensohnes* einnehmen. Die theophoren Merkmale des irdischen und leidenden *Menschensohnes* sind nicht nur von Gott verliehene Geistelemente, wie sie auch andere Geistträger besitzen können, sondern sind schon jetzt singuläre Prolepsen der zukünftigen himmlischen Existenz Jesu als Menschensohn. Unter den Bedingungen der Anthropologie lebt Jesus schon jetzt metaphorisch die himmlische Existenz des Menschensohnes. Die vorösterliche, exklusive Bezugnahme Jesu auf den himmlischen Menschensohn wird durch die nachösterliche Identifizierung vertieft, aber nicht in eine neue, ontologische Qualität für den irdischen Jesus umgewandelt.

Das semantische Feld der Metonymie und der Kompositionsmetapher Jesus als Menschensohn baut eine Spannung zwischen Bildspender und Bildempfänger auf, die das Evangelium als Makrotext ebenfalls in eine narrative Spannung bringt. Erst nach Ostern und in der nahen Zukunft wird sich Jesus als der himmlische Menschensohn offenbaren, während sein irdisches Wirken Prolepse seiner zukünftigen Identität ist. Der vollmächtige und leidende Menschensohn müsste also in Weiterführung von Schweizer doppelt übersetzt werden: „*Ich* (als der zukünftige himmlische) *Menschensohn* habe, bin, werde …". Diese Spannung zwischen Metonymie und Metapher prägt auch die anderen Hoheitstitel Christus, Sohn Gottes und Herr auf der Ebene der Evangelien (Dormeyer 2002, 177–185).

Die anderen Titel sind klarer vom Bereich Gottes getrennt: Lehrer, Prophet, Davidssohn. Sie bezeichnen die von Gott einem Menschen verliehene Vollmacht, als Ausleger des alttestamentlichen Gesetzes, als Weiterführer der alttestamentlichen Prophetie und als Erfüller der alttestamentlichen davidischen Messiaserwartung zu wirken.

### *e) Lehrer*

Lehre als gesamte Praxis Jesu

Das Lehren Jesu beherrscht das Markusevangelium. *Lehre* hat den umfassenden Bedeutungsgehalt von Praxis. Es werden besonders die Funktionen Worte, Reden, Gespräche, Prophezeien und Jüngerkreisbildung als *Lehre* gekennzeichnet (Normann 1967, 1–23; Ebner 1997, 54–249). Verkündigung und Wundertätigkeit fallen ebenfalls unter Lehre. Entscheidend ist nicht, dass Jesus zusätzlich zur Verkündigung die Gabe der Wundertätigkeit besitzt. Neben Jesus gab es noch andere Schriftgelehrte, die zur Wundertätigkeit fähig waren: Honi, der Kreiszieher (M Taan 3,8); Chanina ben Dosa (b Berakh 34b; bPes 112B/113a); Eleazar (Jos.ant. 8,46–49). Entscheidend ist vielmehr, dass die Wundertätigkeit in Bezug zur Gottesherrschaft gebracht wird. Die dauernde Nähe Gottes in Jesus erweist sich darin, dass die Dämonen vor Jesus endgültig weichen. Mit dieser Dauer-Repräsentanz Gottes erweist sich die Lehre Jesu der der z. T. auch charismatisch begabten Schriftgelehrten überlegen.

die Vollmacht des Lehrers Jesus als irdischer und zukünftiger Menschensohn

Jesus ist als *Menschensohn Herr* der Gesetzesauslegung (Mk 2,28), und er beherrscht als *Lehrer* die frühjüdischen Formen der Schriftauslegung. Mit ihr kritisiert er Fehlformen der Kasuistik (Mk 7,1–23; 10,2–12) (Sariola 1990, 248–262). Er will nicht im paulinischen Sinne das Gesetz aufheben, sondern es von der nahen Königsherrschaft Gottes her neu interpretieren. Wie sehr der Evangelist bemüht ist, die gemeinsame Wurzel des jesuanischen und pharisäischen Gesetzesverständnisses aufzuweisen, zeigt sich an der Diskussion um das wichtigste Gebot. Der Schriftgelehrte und Jesus sind sich darin einig, daß die Gottes- und Nächstenliebe das erste Gebot ist (Mk 12,28–34; Pokorný/Heckel 2007, 425–429). Für den Schriftgelehrten, der hier auch die Meinung der Pharisäer wiedergibt, dürfte daher die Liebe zu Gott die Liebe zum Nächsten nicht behindern oder gar verhindern. Doch der grundsätzlichen Zuordnung von Gott und Mensch steht zugleich das Anderssein Gottes gegenüber. „Der Menschensohn hat die Vollmacht, auf Erden Sünden zu vergeben.“ (Mk 2,10)

Wenn Gott das Gesetz durch Mose in schriftlicher und mündlicher Überlieferung geoffenbart hat, bedeutet dann eine Neuinterpretation, die zum Teil vor Mose bei der Schöpfung ansetzen will (Mk 10,3–9), nicht eine Missachtung Gottes, eine anmaßende Vereinnahmung seines Andersseins? – so fragen die Schriftgelehrten und Pharisäer mit ihrem Vorwurf der *Lästerung* (Mk 2,7). Doch für Jesus ist das Gesetz nur eine vorläufige Offenbarung der Herrschaft Gottes. Ohne dass Gottes Anderssein angetastet wird, macht Jesus Gottes Herrschaft in all den Bereichen geltend, die vom bisherigen Gesetz nur unzulänglich erfasst sind, und ermöglicht dadurch eine Neuinterpretation des Gesetzes von seiner weisheitlichen Intention her, den Willen Gottes in der gesamten Schöpfung zu repräsentieren (Sir 24). Jesus baut nun keine neue, schriftgelehrte Schule auf, um die vergessenen, verdrängten, abgesonderten Bereiche des Lebens mit einem erneuerten Gesetz zu erfassen, das dann als mündliche Halakha weitergegeben wird. Vielmehr macht er die Öffnung dieser Bereiche für die Herrschaft Gottes von der Hinwendung zu seiner eigenen Person und Praxis abhängig. Eine ausgearbeitete Ethik fehlt noch. Diese bietet anschließend das Matthäusevangelium (s. u. VII.4.i).

Aus der öffentlich akzeptierten Lehrerrolle wird in der Passion der unverständige Missbrauch (Mk 14,45). Judas benutzt die Lehreranrede *Rabbi* als Verratszeichen, weil er von der gesamten Praxis Jesu zutiefst enttäuscht ist. Jesus hebt dieses Missverständnis auf die grundsätzliche Ebene (Mk 14,49). Seine öffentliche Lehrtätigkeit im Tempel und damit seine gesamte Praxis sind letztlich nicht verstanden worden. In den anschließenden Prozessen steht er daher allein. Zuerst verlassen die Jünger ihren Lehrer (Mk 14,50); dann wendet sich das Volk gegen ihn (Mk 15,11–13 als Umschwung zu 11,18).

der Verrat am Lehrer Jesus

*Lehrer* ermöglicht als verstandene und unbestrittene Rolle die alltägliche Verständigung. Er ist die grobe, akzeptierte Außenseite für die verborgene, differenzierte Identität Jesu als Bringer der Königsherrschaft Gottes. Nachdem auch diese Rolle bestritten und ironisiert wird, bricht die Verständigung konsequent ab. Jesus kann seine Identität durch keine anerkannte Rolle mehr zur Geltung bringen. Von daher ist es verständlich, dass unter dem Kreuz aufgrund des Unverstehens nur noch die Verspottung herrscht, die allein vom Bekenntnis zu der von Jesus im Prozess geoffenbarten Identität als Sohn Gottes durchbrochen werden kann (Mk 15,39).

### *f) Prophet*

Der Prophetentitel (Mk 6,4.15; 8,28) wird ganz in den Lehrer-Titel eingepasst. Jesus wird vordergründig mit dem lehrenden und wundertätigen *Gründungspropheten* wie Mose oder Elija, deren Wiederaufleben in neuen Propheten für die Endzeit erwartet wird, identifiziert (Mk 6,15; 8,28); doch Jesu eschatologische Messianität übersteigt diese Erwartungen. Die Selbstbezeichnung Jesu als *Prophet* verbindet dann seine Weisheit und Wundertätigkeit mit der verdeckt angefragten davidischen Herkunft (Pesch 1976, 1, 317); Jesus erfüllt die Erwartung auf einen weisheitlichen, prophetischen Messias aus dem Hause Davids und durchkreuzt sie zugleich:

„[4]Und es sagte ihnen Jesus: Nicht ist ein Prophet ungeehrt, außer in seiner Vaterstadt und bei seinen Verwandten und in seinem Haus." (Mk 6,4)

Jesus in der Linie der alttestamentlichen Gründungspropheten

*Prophet* hat die Bedeutung der frühjüdischen Sammelbezeichnung für die großen Führer, Könige, Lehrer und Propheten der heiligen Schriften, besonders für die Gründergestalten im Pentateuch wie Mose (Jos.c.Ap.1,40). *Prophet* stellt für den messianischen Lehrer Jesus von Nazaret gemeinsam mit dem Täufer (Mk 11,32) die Kontinuität zum Alten Testament her (Mk 1,2) und ermöglicht idealbiographisches Erzählen von diesem neuen und ganz anderen Gründungspropheten Jesus von Nazaret.

Nach der Johannestaufe zieht Jesus nach Galiläa und verkündet die nahegekommene Königsherrschaft Gottes (Mk 1,14–15). Die erste Handlung Jesu in Galiläa stellt die Berufung der zwei Brüderpaare Simon (Petrus) und Andreas, Jakobus und Johannes dar (Mk 1,16–20). Die Art der Berufung ist zwar dem Berufen des *Propheten* Elija nachgebildet (1 Kön 19,19–21), doch

Jesus als charismatischer Prophet und Lehrer

gehört die Bildung eines Jüngerkreises auch zur Tätigkeit eines schriftgelehrten Lehrers. Daher steht in der anschließenden Geschichte die *Lehre* Jesu im Mittelpunkt. In Jesus kommen drei Rollen zusammen: politischer *Gründungsprophet*, charismatischer *Prophet* und weisheitlicher *Lehrer*. Die Anschlussgeschichte Mk 1,21–28 entfaltet unmissverständlich die drei Rollen: „[21]Sie kamen nach Kafarnaum. Am folgenden Sabbat ging er in die Synagoge und lehrte. [22]Und die Menschen waren sehr betroffen von seiner Lehre, denn er lehrte sie wie einer, der göttliche Vollmacht hat, nicht wie die Schriftgelehrten." (Mk 1,21–22)

Der Leser weiß, dass die göttliche Vollmacht auf der Erfüllung der Prophezeiung vom Freudenboten (Mk 1,2 f.), auf dem Geistbesitz Jesu und der Einsetzung zum Gottessohn unmittelbar nach der Johannestaufe (Mk 1,9–11) beruht. Die Mitakteure wissen um diese Beziehung nicht. Sie sind darauf angewiesen, aus der Praxis Jesu die Vollmacht zu erschließen. Die machtvollen Ereignisse dieser neuen Praxis lassen auch nicht auf sich warten. Im Anschluss an seine Lehre, die die Nähe der Gottesherrschaft verkündet, treibt Jesus aus einem Besessenen den Dämon aus (Mk 1,23–26) (zur seltenen Kombination von Lehre und Wundertätigkeit im Frühjudentum und der Antike vgl. Kollmann 1996, 298–316). Die Anwesenden reagieren erstaunt: „[27]Da erschraken alle, und einer fragte den andern: Was hat das zu bedeuten? Hier wird mit Vollmacht eine ganz neue Lehre verkündet. Sogar die unreinen Geister gehorchen seinem Befehl. [28]Und sein Ruf verbreitet sich rasch im ganzen Gebiet von Galiläa." (Mk 1,27–28)

Missverstehen des Prophetenamtes Jesu

Doch nicht alle Hörer finden zum Vertrauensglauben an Jesu prophetische und lehrende Vollmacht (Mk 6,15 (2x); 8,28; 14,65). So fragen u. a. die Heimatbewohner vergebens nach der Herkunft der Weisheit Jesu, da sie seine Prophetenrolle nicht anerkennen wollen (Mk 6,2–4). Sie werden eher den kommenden Pseudopropheten vertrauen (Mk 13,22). Als falscher Prophet wird Jesus in der Passion aufgrund des angeblichen Versagens seines Prophezeiens von persönlichem Unheil verspottet (Mk 14,65 gegen 8,31–33). Jesus stirbt u. a. als falscher Lehrer und Prophet. Lehrer und Prophet sind wiederum in enger Weise mit der Erwartung eines *Davidssohnes* verbunden.

### *g) Davidssohn*

Jesus als der weisheitliche und charismatische Davidssohn

Den Titel *Davidssohn* kennt bereits Röm 1,3. Die späteren Kindheitsgeschichten des Matthäusevangelium und Lukasevangelium bauen ihn aus. Doch die Herkunft aus dem Hause Davids erlaubt keine machtpolitischen Vorerwartungen. Denn das Haus Davids ist als politischer Machtfaktor in der frühnachexilischen Zeit untergegangen, also bereits am Ende des 6. Jh. v. Chr. Jesus aktiviert dagegen die weisheitliche und prophetische Seite der Hoffnung auf einen Davidsmessias (Mk 6,2). Jesus kann Dämonen austreiben wie David (1 Sam 16,14–23) und Salomon (Jos.ant. 8,44–49), lehren wie sie, als Lehrer prophezeien (Mk 13,1 f.) wie David in den ihm zugeschriebenen Psalmen und den salomonischen Tempel wie Salomon überwachen (Mk 11,1–19). Er tritt als wundertätiger *„Davidssohn"* auf (Mk 10,47.48), vermeidet aber die eschatologische, machtpolitische Rolle des Davidmessias, obwohl die Reich-Davids-Erwartung auf der letzten Tempelwallfahrt Jesu von Volk und Jüngern akklamiert wird (Mk 11,1–11). Jesus stellt klar, dass weder die königliche Salbung zum Christus noch die Herrschaft als Kyrios über die Welt von dieser genealogischen Abkunft verliehen werden (Mk 12,35–37). Jesus will nicht durch ererbte Macht, sondern durch Lehre seine Hörer gewinnen, an deren Ende Kreuz und Auferweckung stehen (Mk 11,1–11). Die kommende Königsherrschaft Davids wird in Vollendung „ der Erhöhte und bei Gott Inthronisierte bei der Parusie bringen". (März 1981, 130).

die biographische Herkunft des Sohn-Davidstitels

Umstritten ist, ob der *David-Sohn*-Titel nachösterlich oder vorösterlich biographisch ist. Burger vertritt die nachösterliche Bildung (Burger 1970, 42–72), für den vorösterlichen Haftpunkt spricht wiederum die geringe Bedeutung des Titels im Markusevangelium (Huber 1995, 332–428). Erst mit der Lehr- und Wundertätigkeit Jesu gewinnt er im Markusevangelium Bedeutung. Weil Jesus u.a. aus dem Königshause Davids stammt, schreibt Petrus ihm in der Mitte des öffentlichen, vollmächtigen Auftretens und schreiben die Gegner ihm am Ende den Christus/Messias/Königs-Titel zu (Mk 8,27–30; 14,55–65; Pokornyý/Heckel 2007, 405–407). Doch Jesus hält zu seiner biographischen Herkunftsfamilie und seinem Heimatdorf mit ihren verdeckten, dynastischen Ansprüchen Distanz (Mk 6,4).

### *h) Kreuzestod und Soteriologie*

Jesus als leidender Gerechter

Die Endgestalt der Markus-Passion bildet eine theologische Erzählung mit hohem historischem Anspruch (Dormeyer 2002, 286–316). Auch wenn eine traditionsgeschichtliche Absicherung hypothetisch bleibt, lassen sich doch die historischen Bezüge und die theologischen Interpretationen durch Lokalgeschichte und Gattungsanalyse bestimmen. Die Gattungen der frühjüdischen Martyrien, der hellenistischen Märtyrerakten, der Philosophenmartyrien und des *Sterbens berühmter Männer (Exitus illustrium virorum)* haben Einfluss auf die Gattung der Passionsgeschichte genommen und stellen Jesus zeitgeschichtlich plausibel als unschuldig leidenden Gerechten und Märtyrer zur *Erlösung vieler = aller* dar (Dormeyer 2005, 207–211; Frey/Schröter 2007). Jesus durchbricht mit seiner Pro-Existenz für die Unterdrückten und Leidenden den Kreislauf der Gewalt. Dieser sichtbare Anfang der Königsherrschaft Gottes gilt über den Kreuzestod Jesu hinaus für alle Menschen weiter (Mk 10,41–45; 14,22–25; 15,33–41).

Erlösung geschieht in Jesu Kreuzestod und Lebenspraxis für alle

Alle Hoheitstitel werden in der Passion zum letzten Male verwandt. Sohn Davids fehlt zwar, lässt sich aber dem Christus- und Königstitel zuordnen. Doch die *Erlösungsaussage*, die Jesus während des letzten Passamahles zentral setzt, bleibt ohne Hoheitstitel (Mk 14,22–25). Die Ansage vom dienenden und leidenden Menschensohn (Mk 10,45) bereitet zusätzlich die Einsetzungsworte des Herrenmahles vor. Nur diese beiden Stellen sprechen explizit vom *Lösegeld für viele* bzw. *vom für viele vergossenen Bundesblut* (s.o. III.2.d; 4.g).

Einigkeit besteht darüber, dass semitisierend *viele* universal *alle* meint. Einigkeit besteht ebenfalls darüber, dass nicht nur die eine Voraussage und die Einsetzung des Herrenmahls die Erlösung für alle ansagen, sondern bereits die in Jesus angebrochene Königsherrschaft Gottes von Anfang an die Erlösung für alle zusagt. Diese Zusage verläuft in einem Spannungsbogen von Israel zu den Völkern.

Umstritten ist allerdings, ob der heidnische Hauptmann das Bekenntnis der Völker bereits ausspricht oder dieses Bekenntnis erst nach Ostern fällt. Doch diese Nuance beeinträchtigt nicht den Konsens, dass das Gesamtgeschehen des Markusevangeliums auf den Kreuzestod Jesu hinführt und dass die Auferstehung das gesamte öffentliche Wirken *„Jesu, des Nazareners, des Gekreuzigten“* (Mk 16,6) als *Erlösung* für alle bestätigt.

### *i) Vollmacht*

Vollmacht und alttestamentliche Königsherrschaft

Die Hoheitstitel und Titel Jesu beschreiben nicht vollständig sein Amt und Selbstverständnis. Als zentraler Begriff erweist sich die *exusia* = Vollmacht Jesu. Sie ist eng mit der *Königsherrschaft Gottes* verbunden. Nur Jesus hat die Vollmacht, sie anfanghaft anbrechen zu lassen und diese Vollmacht an einen Jüngerkreis weiterzugeben; der Begriff *Vollmacht* lässt sich aus dem alttestamentlichen und frühjüdischen Hintergrund erschließen (Scholtissek 1992, 26–64).

antike Leser verstehen unter Vollmacht Befreiung

Dawson stellt die Vollmacht Jesu in den Mittelpunkt; sie wählt das *„sozio-politische* Lesen“ als neue Methodologie im Unterschied zur *Motiv*-Kritik (Dawson 2000, 219–221). Dawson erschließt aus den *Res Gestae* des Augustus die Leseinteressen der antiken Welt. In der Provinz *Asia* wurden drei Kopien von den Bronzetafeln gefunden, die ursprünglich am Eingang des Augustus-Mausoleums in Rom standen. Es ist erwiesen, dass sich solche Kopien auch in anderen Provinzen befunden haben, u. a. in Palästina (Dawson 1992, 13–18). Die antike Leserschaft liest ein Evangelium von einem Jesus Christus mit der Vorkenntnis der *Res Gestae* vom Kaiser Oktavian Augustus. Bei den Res Gestae handelt es sich um ein Enkomion, einen Lobpreis, beim Markusevangelium um eine Anti-Biographie. Letztere ist gegen den Kaiserkult und seine Enkomia gerichtet. Die Leser interpretieren die Vollmacht Jesu von der Perspektive „the world before the text“ aus. Die *Vollmacht* Jesu bringt die Befreiung von der Unterdrückung durch den Kaiser. Die Leser analysieren nicht mehr die Welt im Text und hinter dem Text, also die alttestamentliche Herkunft der Vollmacht und den frühjüdischen Hintergrund der Gesetzesdiskussion Jesu. Die Leser sind vornehmlich an der Zusage der Befreiung durch die Königsherrschaft Gottes interessiert (Dawson 2000, 219–221).

historisch verankerter Streit um Gesetze, Normen und Werte

Nun ist dagegen zu bedenken, dass antike Leser seit Herodot und Xenophon durchaus an Verfassungen und Gesetzen alter Völker interessiert sind. Das Markusevangelium kann daher nach der Überschrift mit einem Zitat des prophetischen Buches von Jesaja aus einer längst vergangenen Zeit einsetzen. Der Streit um die „Sitten der Väter“ (mores patruum) prägt geradezu zentral die frühe Principats-Zeit des 1. Jh.s. Der jüdische Priester Josephus nimmt in seiner Streitschrift *Contra Apionem* zu Recht an, dass alle antiken Leser Kenntnisse über das jüdische Gesetz erlangen wollen. Es geht nur darum, ob sich die Leserschaft mit unwahren und lächerlichen Vorurteilen begnügen oder die Wahrheit ernsthaft kennen lernen will (Jos. C.A. 1,1–4; vgl. Apg 15,21). Dawson unterschätzt den Bildungswillen (Paideia) der antiken Gesellschaft. Da noch keine Informationsüberflutung herrscht wie beim heutigen modernen Leser der 1. Welt, werden die griechischen Werke fremder Kulturen und Religionen sorgfältig gelesen. Endlich meldet sich auch im

2. Jh. der Rhetoriker Kelsos/Celsus nach einem gründlichen Studium der Evangelien zu einem kritischen Wort (Origenes, c. Celsus). Der Streit um das jüdische Gesetz *im Text* wird durchscheinend für den Streit um die griechisch-römischen Gesetze, Werte und Religion.

### *j) Messias-Wunder- und Gleichnisgeheimnis und Unverständnis*

Seit Wrede gilt das Messiasgeheimnis als der Schlüssel der Auslegung des Markusevangeliums (Wrede 1969 = [1]1901). Es sieht so aus, als ob von dieser Mittelpunktstellung Abschied genommen werden kann (Schnelle 2005, 232–234). Denn die Herrscherbiographien kennen die Geheimhaltung der Herrschaftsabsichten der Helden (Plut., Caes. 11–13; Dormeyer 2002, 273–276). Auch die paganen Wundergeschichten haben die Geheimhaltung als Motiv (Theißen 1998, 143–154). Syme macht sich ein Vergnügen daraus, Octavian als perfekten Verberger des eigenen Machtstrebens zu karikieren (Syme 2003, bes. 7–17). Auch Vespasian schlug im Bürgerkrieg des Vierkaiserjahres 68/69 erst als Letzter zu (Holzbach 2006, 173f.; Ebner/Schreiber 2008, 175–181).

strategisches gegen dogmatisches Missverständnis

1. Die Geheimhaltung der Messianität ist kein störender, dogmatischer Kunstgriff des Evangelisten, ein unmessianisches Leben Jesu mit der überraschenden Auferweckung zu verbinden, sondern eine didaktische Autor-Leser-Strategie, die politisch plausibel ein vollmächtiges, hoheitsvolles Auftreten Jesu als frei von gewalttätigen Herrschaftsabsichten darstellen und zugleich das Unverständnis des Volkes und der Gegner erklären will (so bereits Dibelius 1959, 232). Es liegt das Geheimnis der Person-Würde Jesus vor, das die Jünger bis Ostern geheim halten müssen (Mk 9,9).

Jüngerunverständnis und Leidensgeheimnis

Dem strategischen Messiasgeheimnis entspricht das Unverständnis der Jünger. Denn nur sie gelangen in der Mitte des Markusevangeliums zur Erkenntnis der Messianität Jesu, bedürfen aber des didaktischen Schweigegebots bis zum Kreuz, um die Notwendigkeit des Leidens zu erkennen. Im Prozess Jesu bleibt es weiterhin beim Unverständnis der Gegner. Sie erhalten aber kein Schweigegebot, weil sie während des Prozesses erkennen können, dass zur Messianität Jesu das Leiden gehört.

Schweigegebot an die Dämonen und sich steigernde Enthüllung der wahren Identität Jesu

2. Eine zweite Gruppe bildet das Schweigegebot an die Dämonen (Mk 1,25.34; 3,11 ). Sie sind aus den Besessenen vertrieben worden. Gegen Jesu Willen offenbaren sie seine Gottessohnschaft. Sie werden sogleich von ihm zum Schweigen gezwungen. Den Umgang eines Helden mit höheren Mächten in Dämonenbefragungen und -bannungen kennen ebenfalls die antiken Biographien. Den Außenstehenden wird die Beziehung bekannt, aber nicht der Inhalt (Plut., Num 15,3–4; Brut 16–17,1; 48). So hören zwar die Umstehenden das Geschrei des ausfahrenden Dämons, verstehen aber seine Worte nicht. Nur der Leser erfährt sie nachträglich: Jesus Christus, der Sohn Gottes, ist der Herr der Dämonen. Sie müssen ihn anerkennen und ihren Platz unter den Menschen mit Verstummen räumen. Das Schweigegebot zeigt ihre Überwältigung und Vertreibung an, während Jünger und Volk mit Schweigegebot und Unverständnis Jesu weiter mit Vertrauen nachfolgen. Diese Facetten des Schweigegebots dienen der Verbergung und der gleichzeitig sich steigernden Enthüllung der wahren Identität Jesu als Christus, Sohn Gottes und leidender, aber in Vollmacht wiederkommender Menschensohn.

3. Die Wunder hängen eng mit dem Anbruch der Königsherrschaft Gottes in Jesus, dem bevollmächtigten Lehrer, zusammen. Es fällt die Fülle der Wundergeschichten im Markusevangelium auf: 9 Heilwunder, 4 Exorzismen, 5 Naturwunder, 3 Sammelberichte mit Wundern.

Wundergeheimnis, Vertrauensglaube und Übertretung

Die Wundergeschichten zielen auf den Glauben an die göttliche Vollmacht des Wundertäters. Speziell im Markusevangelium symbolisieren sie den Anbruch der Königsherrschaft Gottes. Sie transportieren nicht aus der Tradition ein feststehendes religionsgeschichtliches Modell vom *göttlichen, präexistenten Menschen* (Toit 1997, 1–40). Sie bringen aber wohl religionsgeschichtliche Analogien und Anklänge ein. Wie die Götter ihren bevollmächtigten Personen Wunder ermöglichen, so verleiht auch der Gott Israels Jesus, dem Christus, Sohn Gottes, Menschensohn und Davidssohn die Vollmacht über die Schöpfung, die Dämonen und die somatischen Heilungskräfte.

Als Fazit ergibt sich: Galiläa ist das Land des Heils und Vertrauensglaubens, während in Jerusalem der Unglaube der Gegner Unheil bewirkt und nur ein Straf-Naturwunder zulässt (Mk 11,12–14). Die Wunder sind auf einen breiten, friedlichen Vertrauensglauben an den Anbruch der Königsherrschaft Gottes in Jesu Handeln angewiesen; Jerusalem kann erst nach Jesu Kreuzestod und Erscheinen in Galiläa zu diesem Vertrauensglauben gelangen.

Doch die Wundertätigkeit löst bei allen Gruppen Unverständnis aus. Das *Schweigegebot* Jesu gehört als grenzbetonendes Motiv des Wundertäters zum Inventar der hellenistischen Wundergeschichte. Der Wundertäter stellt einen Einzelvorgang oder ein Einzelobjekt unter die Geheimhaltung. Die Endredaktion des Markus macht dann aus der Geheimhaltung des Einzelvorganges oder -objekts ein Schweigegebot über die Vollmacht und Personenwürde Jesu. Jesus kann erst als Gekreuzigter in seinem wahren Wesen als leidender Christus und Sohn Gottes erkannt werden. Er setzt dem Verstehen als irdischer Wundertäter eine christologische Grenze, die erst im vollen Bekenntnisglauben an den leidenden Sohn Gottes (Mk 15,39) überschritten wird (Söding 1985, 251–280).

Während des irdischen Wirkens herrscht wenigstens der Vertrauensglaube. Das Wundergeheimnis muss daher übertreten werden, auch wenn die Einsicht in die Notwendigkeit des Leidens des Wundertäters noch fehlt. Das unverständige, aber notwendige Übertreten sorgt für die vertrauensvolle, weitreichende Werbung für den Wundertäter und seine Vollmacht (Koch 1975, 180–193). Alle erhalten die Chance, durch bedingungslose Nachfolge bis zum Kreuz vom Vertrauensglauben zum Bekenntnisglauben zu gelangen.

Gleichnisgeheimnis und Vorrang der Jünger im Verstehen

4. Auch das Unverständnis der Gleichnisse Mk 4,10–12.33–34 ist als vierte Gruppe diskutiert worden. Raeisaenen behauptet eine Unvereinbarkeit des Gleichnisgeheimnisses mit dem Messiasgeheimnis (Raeisaenen 1976, 232). Doch der Evangelist fügt nicht konzeptionslos unterschiedliche Traditionsstränge vom Unverständnis zusammen, sondern integriert sie zu einer überzeugenden Einheit.

Die Gleichnisse erfordern in jedem Falle die Weiterarbeit des Lesers. Er muss zu der Bildhälfte die theologische Sachhälfte selbst entwickeln (Dormeyer 1993, 140–159; Zimmermann 2007, 3–45). Das Unverständnis warnt vor Auslegungen, die sich nicht am Gesamtverlauf des Markusevangelium und seiner praxisorientierten Auslegung durch Nachfolge und Gemeindebildung orientieren. Die Jünger erhalten einen Vorrang im Verstehen und Auslegen der Gleichnisse auf dem Hintergrund der angebrochenen Königsherrschaft Gottes.

Diskutiert wird auch Jesu Wort vom „*Mysterium* der Königsherrschaft Gottes" (Mk 4,10–12). Ist es auf deren anfanghaften Anbruch (Lehnert 1999, 24f.) oder auf deren verborgenen messianischen Bringer (Gnilka 1978, 1, 165) bezogen? Spielt *Mysterium* zusätzlich auf die Nähe der Jesusgemeinschaft zu philosophischen Mysterien-Vereinen an (Klauck 1997, 112–117; Dormeyer 2002, 188–191)?

leserorientiertes Geheimnis der Königsherrschaft Gottes

Lehnert macht auf die textpragmatische Funktion von *Mysterium* aufmerksam. Der Leser wird paradox auf ein Nichtwissen hingewiesen. Dieses Verfahren wenden sowohl das Prophetenbuch Jesaja, als auch hellenistische Philosophenschulen an (Lehnert 1999, 128–181). Der Leser, nicht der Autor, soll also das Mysterium bestimmen. Daher umfasst Mysterium für den Leser den anfanghaften Anbruch der Königsherrschaft Gottes, den verborgenen Bringer Jesus Christus und die nachösterliche Auslegung in einer philosophischen Mysteriengemeinschaft.

## 5. Prolog und Auferweckung

### *a) Prolog*

Eine Sonderstellung nehmen Anfang und Schluss des Markusevangeliums ein.

Der Prolog ist bereits hinsichtlich der christologischen Aussage kontrovers (s.o. VI.4.b). Umstritten ist auch das Verhältnis Jesu zum Täufer Johannes.

Fragen zu Johannes und zur Taufe Jesu

Mit Johannes beginnt die Umkehrforderung zur Wassertaufe und Vergebung der Sünden. Verkündet Johannes schon die angekommene Nähe der Königsherrschaft Gottes mit ihrer Sündenvergebung (Mt 3,2; Backhaus 1991, 319–325) oder kündigt er nur ein Hoffnungszeichen für die Rettung im künftigen Gericht an? Erwartet Johannes Gott selbst oder den himmlischen Menschensohn oder einen irdischen Heilbringer (s. o. V.2.b)? Diese Fragen müssen hier offenbleiben.

Begehrt Jesus die Wassertaufe oder will er nur eine Solidarität mit den Sündern demonstrieren (dazu Dormeyer 2005, 206f.)?

Die Beantwortung des Umkehr-Motivs Jesu hängt von der christologischen Auslegung von Mk 1,1 ab. Wenn in Jesus der präexistente Gottessohn Mensch wurde, bedurfte dieser Jesus Christus keiner Umkehr. Seine Wassertaufe wurde zum Heils-Zeichen für die Umkehr der anderen. Wenn Jesus Christus aber idealbiographisch als entwicklungsfähiger Mensch mit religiöser Entwicklung gedeutet wird, bedurfte er wie alle anderen der Umkehr. Vor seiner neuen Geist-Kompetenz unterlag Jesus wie ganz Israel den mündlichen und schriftlichen Überlieferungen der pharisäischen und sadduzäischen Schriftgelehrten. Diese vermochten es, Gottes Willen in Einzelfällen zu verkennen und so mit Normen menschlicher Interpretation diskussionsbedürftige Härten zu schaffen (Mk 7,7–13). Jesus von Nazaret musste sich nach dem Markusevangelium bis zum Geistempfang wie ganz Israel als Übertreter des Gesetzes bei kasuistischen Einzelfällen einschätzen. Deshalb warum lässt sich Jesus taufen?

wählte er aus freiem Entschluss den Gang zur Umkehrtaufe des Johannes; denn sie ist „vom *Himmel*" (ex ouranou 11,30) (Backhaus 1991, 83–89). Die Ablehnung der Umkehrtaufe wäre Unglaube gewesen (Mk 11,31). So rechnete sich Jesus nicht nur aus Solidarität zu den Sündern, wie die Auslegung der Väter ab dem 2. Jh. ihn als göttlich sündenunfähig immunisiert (Justin, Dial 87–88), sondern er wusste sich gemäß frühjüdischer Gerechtigkeit als Sünder, d.h. als Verletzter einzelner Gesetzesauslegungen (Hollenbach 1982, 198–200).

Eine Sünde hat Jesus wie die Mehrheit von Israel nicht begangen. Er ist nicht von Gott abgefallen (Mk 3,29; 2 Kor 5,21; Hebr 4,15). Damit ist er nicht aus dem Bund herausgefallen. Nur diese Sünde war für Israel unvergebbar, solange sie andauerte (Mk 3,29). Alle anderen Sünden konnte Jahwe in seiner Barmherzigkeit am Versöhnungstag, dem Yom Kippur, vergeben. Ein weiterer Streit sollte allerdings später darum entbrennen, ob Jesus diese gnädige Zuwendung Jahwes den Kranken schon jetzt im Heilungswort zusprechen durfte (Mk 2,1–12; s.o. VI.4.d) und ob Israel mit der Zurückweisung Jesu der Bundeszusage Jahwes verlustig geht (Mk 12,1–12; s.u. VI.6.d). Die neutestamentliche Grundsatzdiskussion um die prinzipielle Sündenlosigkeit Jesu deutet das Markusevangelium nur an.

### *b) Auferweckung*

Der Schluss Mk 16,1–8 ist nicht nur wegen des ungewöhnlichen Satzendes Mk 16,8b, sondern wegen der gesamten Szene umstritten. Die Gattungsbestimmung ist nicht eindeutig. Bultmann ordnet die Geschichte der *Legende* zu (Bultmann 1995, 314). Eine Entrückungsgeschichte mit anschließende Suche betonen Pesch (Pesch 1977, 2, 522–529) und Theißen/Merz (Theißen/Merz 2001, 424). Dormeyer arbeitet das alttestamentliche Angelophanieschema als Vorlage heraus (Dormeyer 1974, 229–231; Gnilka 1978, 2, 339f.; Lentzen-Deis 1998, 355–358). Lindemann spricht nur von einer „Szene am leeren Grab" (Conzelmann/Lindemann 2004, 318). Diese offenkundige *Unbestimmtheit* der Erzählung Mk 16,1–8 ermöglicht eine große Offenheit der Interpretation.

der offene Schluss als Aufforderung zur Entscheidung und zum Wiederlesen

Das völlige, anhaltende Schweigen der Frauen wird von keinem Exegeten ernst genommen. Denn sonst könnte der Erzähler von der Geschichte nicht wissen. Die Deutungen reichen vom zufälligen Abbruch eines weitergehenden Schlusses (Schweizer 1968, 202f.) über apokalyptische Geheimhaltung nur für Außenstehende nach Dan 12,4 (Matja 1999, 302–308) bis zum sorgfältig geplanten offenen Schluss, der den Leser zur Glaubensentscheidung und zum Wiederlesen zwingt (Zwick 1989, 472f.; Heckel 1999, 40–62). In jedem Fall schließt das Markusevangelium mit dem Bekenntnis der Auferweckung des Gekreuzigten, wie es bereits bei Paulus zentral ist (s. o. III.h).

## 6. Nebenrollen/Anthropologie

### *a) Jünger*

die Zwölf, die Jüngerinnen und Jünger

Es fällt auf, dass die Bezeichnung die *Zwölf* und *Jünger* miteinander konkurrieren. Nach Schenke sind nur die *Zwölf* die *Jünger* (Schenke 1988, 90–95).

Nun umfassen die Jünger aber einen größeren Kreis als die *Zwölf*, z.B. Levi Mk 2,14. Zur Nachfolge als Jünger gehören auch die galiläischen Frauen unter dem Kreuz (Mk 15,40f.); entsprechend macht das *Dienen* die Schwiegermutter des Petrus zur Jüngerin (Mk 1,31; Dschulnigg, 2007, 35–38).

Der Zwölferkreis hat drei Funktionen: Gemeinschaft mit Jesus; Verkündigen; Vollmacht zu Dämonenaustreibungen (Mk 3,14; 6,7).

Diese Funktionen können alle anderen Jünger und sogar einzelne Mitglieder aus dem Volk ausüben. Jeder Geheilte kann zum Verkünder werden (Mk 5,1–20; 10,46–52); jeder Vertrauende kann im Namen Jesu Dämonen austreiben (Mk 9,38–41), jeder hat uneingeschränkten Zutritt zu Jesus (Mk 3,7–35).

der Zwölferkreis als das erneuerte Israel

Der Zwölferkreis zeichnet sich durch die Zwölfstämmesymbolik aus. Er repräsentiert die zwölf Stämme des von Jesus erneuerten Israel. Die Zwölf rücken in die Position der Zwölf Patriarchen ein (Gen 49; Test Patr). Nirgends aber bilden die einzelnen Mitglieder des Zwölferkreises einen eigenen Stamm um sich. In der Gemeinschaft miteinander, mit allen anderen Jüngern und mit dem Volk repräsentieren sie das erneuerte Israel. Daher verleiht Jesus dem Zwölferkreis keine Sonderaufgaben und keine Sonderprivilegien außer dem *permanenten, freundschaftlichen Mitsein* mit ihm. Nur einmal erhalten die *Zwölf* die *Apostel*bezeichnung als Funktionsaussage: *apóstoloi* (Ausgesandte; Mk 6,30).

Die Jünger werden aufgrund ihrer Interaktion mit den anderen Rollen zu Charakteren entwickelt. Der implizite Leser vermag ihre Komplexität auszuarbeiten. Gemäß der Poetik des Aristoteles sind sie gemischte Charaktere. Der Leser kann sich mit ihrer Nachfolge identifizieren; zugleich warnt das Jüngerunverständnis den Leser vor *blinder*, unkritischer Rezeption (Mk 8,14–21; Lehnert 1999, 171–174).

Der Jüngerkreis umfasst alle Schichten. Der Ausfall des Reichen (Mk 10, 17–31) wird durch das spätere Hinzukommen des wohlhabenden Ratsherrn Josef von Arimathäa kompensiert. Allerdings steigert sich das Versagen des apostolischen Zwölferkreises bis zur völligen Gegnerschaft bei Judas (Mk 14,10f.; 17–21), bis zum Verleugnen des Petrus (Mk 14,26–31; 66–72) und bis zum völligen Fehlen beim Kreuzestod (Mk 14,43–15,47). Vorbereitet wurde diese Abwendung durch das anhaltende Unverständnis des Leidens (Mk 8,31–33; 9,11–13.30–32; 10,32–34.35–45; 14,26–31.32–42; s.o. VI.4.j) und das nur flüchtige Erkennen der künftigen Herrlichkeit Jesu in Verklärung und Wundern (Mk 9,1–9.14–29; 10,46–52). Allein die galiläischen Frauen des offenen Jüngerkreises halten die Nachfolge bis ans Kreuz durch (Mk 15,40f.) und erhalten von Simon von Zyrene Verstärkung (Mk 15,21).

Die Auferweckungsbotschaft an die Frauen sagt jedoch dem apostolischen Zwölferkreis und den übrigen Jüngern eine erneute Umkehr voraus.

Die Jünger können nicht wie bei Wrede und später in der Redaktionsgeschichte auf ein einziges Verhalten festgelegt werden, also auf das Unverständnis und den Unglauben. Sie sind handlungsfähige und zugleich ambivalente Identifikationsfiguren. Sie erhalten mit den kleinen Charakteren Vollmacht zu Heilwundern, Exorzismen und Verkündigung des Evangeliums bis zur Passion; angesichts der Verhaftung Jesu gibt aber der Zwölferkreis sein Sonderprivileg des *permanenten Mit-Seins* auf und flieht (Mk 14,43–52). Dieses Sonderprivileg wird nach Ostern durch das *Sehen* des Auferweckten erneuert. Die anderen Vollmachten für alle Glaubenden gehen ebenfalls weiter.

### *b) Volk*

Die Rolle des Volkes hat in letzterer Zeit große Beachtung gefunden. „Die Begriffs- und Motivanalyse ergab, dass Markus einen in der zeitgenössischen jüdisch-hellenistischen Literatur (Septuaginta, Philo, Josephus) eher peripher verwendeten Begriff, der vorwiegend der Bezeichnung einer ‚Volksmenge' diente und oft pejorativ besetzt ist, dazu benutzt, eine in seinem Evangelium zentrale Gruppe von Menschen zu bezeichnen, die durch Jesu unmittelbare Zuwendung eine immense Aufwertung erfährt. Die amorphe und in ihrer jeweiligen Zusammensetzung schwankende Gruppe von Mitgliedern der galiläischen Unterschicht ist Adressat der Mission Jesu." (Küster 1996, 95f.) Gleichzeitig war die Oberschicht politisch, ökonomisch und religiös auf das Volk angewiesen und umwarb es entsprechend. Josephus hebt in seiner Autobiographie *Vita* ständig seine Beliebtheit beim Volk hervor (Jos. Vita, 205–207.244.259). Plutarch stellt die Beliebtheit Cäsars und der anderen großen Führer, insbesondere der Stadtgründer Lykurg, Solon, Romulus und Numa, bei den Soldaten und beim Volk heraus.

Das ambivalente Verhalten des Volkes Jesus gegenüber mit Nachfolge und Verrat (Mk 15,8–15), und umgekehrt Jesu Ambivalenz dem Volk gegenüber mit Zuwendung und Rückzug entspricht sowohl dem griechisch-römischen Herrscher- und Philosophenbild als auch der alttestamentlichen Tradition vom leidenden und erhöhten Gerechten.

Die Platoniker legen auf Breitentwicklung keinen Wert, dagegen werben die stoisch-kynischen Wanderprediger um eine große Hörerschaft. „Wie bei Jesus, so wird auch in der hellenistischen Popularphilosophie der durch die polloi-Antithese gezogene Kreis bewusst überschritten; eine Analogie zu dem Gedanken der Verpflichtung des gesamten Volkes ist mir aber für die fragliche Zeit auf hellenistischer Seite nicht bekannt geworden." (Meiser 1998, 54)

Aufwertung des Volkes bei gleichzeitiger Unzuverlässigkeit

Meiser hat recht, dass der Philosoph (und Herrscher) nicht die Umkehr des gesamten Volkes anstrebt. Vielmehr sollen die alten Traditionen gepflegt werden, und es soll eine geistige Elite die notwendigen Anpassungen leisten. Neu ist daher, dass Jesus dem Volk fast den gleichen Rang wie den Jüngern einräumt (Mk 3,20–35; 6,30–44). Beide Gruppen sind Identifikationsfiguren für die nachösterliche Mission. Doch auch die Herrschenden umwerben damals permanent das Volk, weil sie seine Unterstützung brauchen (Mk 15,11). Die Fürsorge des Hirten Jesus (Mk 6, 34) aber steht gegen das Aufputschen der Hohenpriester aufgrund von Neid (Mk 12,1–12; 15,6–15).

die intensive Mitwirkung des Volkes

Das Volk ist der erste, nicht genannte, aber implizite Adressat der Verkündigung Jesu in Galiläa (Mk 1,14f.). Deren Dauer bleibt unbestimmt, weil das Fehlen einer Zeitangabe die Aussparung der erzählten Zeit (unbestimmte Ellipse) erzeugt. In der zweiten Szene des öffentlichen Auftretens Jesu, der ersten Besessenenheilung, tritt das Volk als dritte Hauptrolle, als Helfer, neben Jesus als Helden und dem Dämon als Gegner auf; in der Helferrolle lernt das Volk Admiration, Akklamation und Vertrauensglauben (Mk 1,21–28).

Das Volk ist die diffuse Großgruppe, die die Botschaft Jesu mit Staunen aufnimmt und das Geheimnis der Gottesherrschaft mitverwaltet, die die zur Umkehr und Kreuzesnachfolge Entschlossenen als Jünger bereitstellt, die aber auch für die Propaganda der Gegner anfällig bleibt (Mk 15,11). Die volle Integration des Volkes in die angebrochene Gottesherrschaft ist eine gemeinsame Aufgabe von Jesus und Jüngern.

### *c) Kleine Charaktere*

Vertrauensglaube

Wie Simon von Zyrene werden einzelne Mitglieder so sehr vom Vertrauensglauben erfüllt, dass sie als *kleine Charaktere* (minor characters) für jeweils eine Basissequenz eine Hauptrolle übernehmen (Williams 1994). Eine Fülle von Wundergeschichten, Gesprächen und Gleichnissen werden von Einzelpersonen und kleinen Gruppen beherrscht, die sich aber nicht zu einer eigenen, kontinuierlichen Großgruppe zusammenschließen. Sie treten für eine Szene aus dem Volk heraus und verschwinden danach wieder im Volk.

Für den Sympathisantenkreis bedeuten *Volk* und *kleine Charaktere* Identifikationsangebote. Wie der Chor in der antiken Tragödie das Volk einer Stadt repräsentiert und den städtischen Zuhörern ein nahes Identifikationsmodell anbietet, so kann sich der hellenistische Hörer in den Chor-Bemerkungen des Volkes wiederfinden. Im *kleinen Charakter* erkennt er seine Suche nach Vertrauen, Heilung, weisheitlicher Belehrung, großer Mahlgemeinschaft, die in den antiken philosophischen Mysterienkulten ebenfalls eine Bedeutung über den Tod hinaus haben (Dormeyer 2002, 227).

### *d) Gegner*

Über die Beschreibung der jüdischen Führungsgruppen im Markusevangelium besteht weitgehend Einigkeit. Die Sadduzäer sind die Partei des Priester-, Geld- und Landadels. Sie bilden im Hohen Rat, d.i. die höchste Gerichtsinstanz der jüdischen Selbstverwaltung, die Fraktion der Hohenpriester und Ältesten. Es amtiert zwar nur ein Hohepriester, aber dessen Vorgänger und die weiteren hohen Tempelbeamten behalten die Bezeichnung *Hoherpriester.* Zur Gruppe der Hohenpriester gehören weiterhin die Schriftgelehrten der Sadduzäer, die Mitglieder der Priesterschaft und des Geldadels sind. Denn das höchste Gericht bedurfte ausgebildeter Kenner des Gesetzes. 66 n. Chr. spalteten sich die zelotischen Priester von den Sadduzäern ab und rissen die Macht an sich. Zwei Jahrhunderte früher hatten sich bereits die Essener von der Priesterschaft getrennt und in Qumran einen geistigen Tempelkult gegründet. Der Evangelist erwähnt sie nicht, schafft aber mit der Kritik am Tempel eine Parallele (s. o. VI.3.g).

Die Pharisäer dagegen sind eine Partei von Laien. Sie wollen die Reinheit des Priestertums auf ihr Leben übertragen, um Israel *rein* von der umgebenden griechischen Kultur abgrenzen und bewahren zu können. Sie hören auf die Schriftgelehrten, die mit ihnen sympathisieren. Pharisäische Schriftgelehrte bilden im Hohen Rat die Fraktion der *Schriftgelehrten.* Aus der Mittelschicht der Laien und einfachen Priester gehen die charismatischen Apokalyptiker wie Johannes der Täufer und Jesus von Nazaret hervor (Mk 1,4–9). Auch die Widerstandskämpfer, zu denen Barabbas zu rechnen ist (Mk 15,6–15), gehören zur Mittel- und Unterschicht. Ihnen wird Jesus bei der

Verurteilung zugerechnet. Er wird zwischen zwei *Räubern* gekreuzigt, die im Sprachgebrauch von Josephus und den Römern Widerstandskämpfer bezeichnen (Jos.bell.1,304; 2,229).

Die Unterschicht besteht aus armen Leuten und hellenistischen Bürgern. Der Zöllner muss sich aus der Sicht der Frommen notwendigerweise hellenistisch verhalten, da er an der Grenze *unreine* Heiden mit *unreinem* Zollgut wie Schweinen (Mk 5,1–20) abfertigen muss. Aber nicht nur der Zöllner, viele andere aus der Unterschicht machen sich zu notorischen Sündern. Jesu Zuwendung zu ihnen aufgrund seines Anspruchs von der angebrochenen Königsherrschaft Gottes für alle bereitet den tödlichen Konflikt mit den Sadduzäern vor.

Jesu Reinigung des Tempelvorhofs von Geldwechslern und Taubenverkäufern führt dann zum ersten Konflikt mit dem Hohen Rat. Die einzelnen Gruppen, die zugleich Institutionen repräsentieren, bauen sukzessiv eine Koalition auf. Die unvorhersehbare prophetische Zeichenhandlung Jesu, den Tempelvorhof vom Opferhandel zu reinigen (Mk 11,15–19), wird zufälliger Anlass zu der verhängnisvollen Koalitionsbildung. Allerdings ist diese Koalition eine konsequente Folge der Verstockung gegenüber Jesu Botschaft von der Gottesherrschaft (Mk 4,10–12). Gott deckt im apokalyptischen *muss* der Leidensweissagungen (Mk 8,31–33 u.ö.) die Gewalt gegen Jesus als Konsequenz der Ablehnung seiner Botschaft auf. Pharisäer, sympathisierende Schriftgelehrte und die anderen herrschenden Gruppen verharren in der Verstockung und wechseln schließlich von der Dialogbereitschaft zu gewalttätigem Handeln über (Mk 12,1–12; Dormeyer 2002, 147–151).

Der Rollenbereich Gegner ist geradezu in unübersichtlicher Fülle besetzt. Schriftgelehrte, Pharisäer, Herodianer, Hohepriester, Älteste, Sadduzäer, Präfekt, Soldaten und die biographische Familie treten in ihm auf. Durchgängig bleibt für alle diese Einzelgruppen der Unglaube, der schließlich zum Todesurteil und seiner Vollstreckung führt. Allerdings werden ein Schriftgelehrter, der Hauptmann als Leiter des Hinrichtungskommandos und Josef von Arimathäa zu Hoffnungsträgern. Der Hauptmann findet sogar als erster und einziger Mitakteur zum öffentlichen Bekenntnis der Gottes-Sohnschaft Jesu (Mk 15,39). Gegnerschaft ist keine unabwendbare Gruppeneigenschaft, und es ist nie zu spät zum Ausbrechen und zur Umkehr (Lehnert 1999, 174f.; Dormeyer 2002, 235–239).

### *e) Israel und Verstockung*

Unterscheidung der Führer vom Volk

Kampling geht explizit auf die Differenz von Gegner und Israel ein: „Mk 11,27–12,12 hat [...] für die markinische Darstellung der Gegner und für seine Reflexion der Israelthematik zentrale Bedeutung." Die Führer „hindern durch ihren Ungehorsam gegen Gott Israel daran, seiner Erwählung entsprechend zu leben". Für Israel gilt weiterhin das Heilsangebot Gottes, aber nicht für seine Führer; denn sie teilen „den Glauben an Jesus als Christus nicht" (Kampling 1992, 193–195). Es ist daher zwischen den Führern, die für die ungerechte Verurteilung Jesu Mitverantwortung tragen, und dem Volk zu unterscheiden.

Gnilka hat 1961 das Wort vom „Mysterium der Königsherrschaft Gottes" und das anschließende Zitat Jes 6,9f. (Mk 4,11f.) redaktionsgeschichtlich dem Evangelisten zugeschrieben (Gnilka 1961, 82f.). „[11]Und er sagte ihnen: Euch ist das Geheimnis des Königtums Gottes gegeben; jenen aber, denen draußen, geschieht alles in Gleichnissen, [12]damit *Sehende sehen und nicht schauen und Hörende hören und nicht verstehen, damit sie nicht etwa umkehren und ihnen erlassen werde* (Jes 6,9f.)" (Mk 4,11f.).

Abwendung des Großteils des Volkes nach Ostern

„Die *draußen*" (Mk 4,11) meint „das ungläubig gewordene Israel oder genauer: das sind die Juden, die mit der Ablehnung Jesu ihre Vorzugsstellung verspielen" (Gnilka 1961, 85); sie verhärten sich im Unglauben (s. o. III.4.l). Die Gleichnisse bewirken final (*damit*) die Verstockung der außenstehenden Juden zur Zeit des Evangelisten (Gnilka 1961, 47f.). Das Volk hat sich nachösterlich weitgehend zur Ablehnung der Botschaft Jesu entschieden.

der Leser hat unterschiedliche Identifikationsrollen

Doch wenn der Leser sich mit dem Volk oder den Gegnern identifiziert, gerät er ebenfalls und nicht nur das nachösterliche Israel in die Außengruppe (Lehnert 1999, 27–32.152–164). Sowohl Israel als auch Gegner bleiben wie die Jünger offen für die Umkehr (Dormeyer 2002, 207–242).

### *f) Mission*

Nach Rau bildet die Mission den Mittelpunkt des Markusevangeliums. Dieses „älteste Evangelium (ist, Verf.) als die bewusste Darstellung des Anfangs der christlichen Mission zu verstehen". (Rau 1985, 2233; so auch Wilk 2002, 238f.)

schon früh strömen in Galiläa die Völker zu Jesus

Der Sammelbericht Mk 3,7–12 entwickelt den „geographisch-missionarischen Rahmen" von Mk 1,16–3,6 weiter; man kommt aus der ganzen jüdischen Diaspora und den jüdischen Zentren Judäa und Jerusalem zu Jesus; in Mk 7,24–30 wird die Syrophönizierin zur „Mutter der Heidenmission" (Rau 1985, 2099–2126).

die Größe des Sympathisantenkreises als Rückprojizierung der markinischen Gemeindesituation

Der Evangelist schreibt für die Gegenwart seiner Hörer und verankert die Größenordnung der Sympathisanten der Gegenwart im Gründungswirken Jesu. Plutarch hat ebenfalls keine Hemmungen, die Gegenwartszahlen von Sparta und Athen in die Gründungszeit von Lykurg und Solon zu transportieren (Plut., Lykurg; Solon). Das sympathisierende Umfeld der markinischen Gemeinden muss bereits so umfangreich sein, wie es Plinius rund 40 Jahre später in Bithynien, Kleinasien, antrifft (Plin.epist.10,96). Der erste Evangelist schreibt nicht für eine kleine, isolierte Gemeinde, sondern für eine erfolgreiche Bewegung, die nicht im Verborgenen bleibt, sondern Aufsehen erregt und damit Verfolgung, Leiden und Martyrium für sich heraufbeschwört. Jesus versteht sich nicht als elitärer Philosoph (Stoiker u. a.), der mit seiner Schule die Oberschicht lenken will, sondern als Gründer, der als Arzt, Hirte (Mk 6,34) und Diener für das Volk Israel und alle anderen Völker da ist. Doch der irdische Jesus bleibt besonders auf Israel bezogen.

### *g) Glaube, Unglaube, Furcht*

das Zusammenwachsen von Vertrauensglauben und Bekenntnisglauben

Nach Söding steht der *Glaube* im Zentrum des Markusevangeliums (Söding 1985). Der Glaube Jesu zeigt sich in der Verkündigung des Evangeliums und der Königsherrschaft. Der gegnerische, heidnische Hauptmann, die Jünger und das Volk antworten auf dieses Glaubensangebot in unterschiedlicher Weise. Der Hauptmann unter dem Kreuz findet als erster zum Bekenntnisglauben an Jesus als den Sohn Gottes und Christus. Die Jünger haben nicht nur Unverständnis, sondern werden ausdrücklich von Jesus im *Gebetsglauben* unterwiesen (Mk 11,20–25). Die Wunder lösen bei Volk und Jünger den *Vertrauensglauben* aus. Der Evangelist baut mit der Verbindung des Vertrauensglaubens mit dem Bekenntnisglauben in der Passion eine Steigerung auf.

Matja rückt die *Furcht* in den Vordergrund (Matja 1999). Sie begleitet bei einzelnen Szenen das Glaubensmotiv. Jünger und Volk entwickeln Furcht als Ausdruck der Gotteserfahrung. Die Wurzeln dieser Furcht liegen im Alten Testament. Die Furcht ist Ausdruck des Glaubens und bedeutet nicht Verharren im Unglauben.

Jeder, der von Jesu Wirken hört, ist zur Hinwendung zu ihm in Glauben und Furcht fähig. Die Sünde hat nicht wie bei Paulus die prinzipielle Macht, die Hinwendung zu Gottes angebrochener Königsherrschaft und zum irdischen Jesus zu verhindern (s. o. III.4.i). Allerdings bleibt die Generation Jesu und bleiben die nachfolgenden Generationen durch Satan und andere Einflüsse verführbar (Mk 4,13–20) und bilden insgesamt ein *ehebrecherisches* und *sündiges* Geschlecht, d. h. sie fallen ständig von Gottes Ehebund, den er im Alten Testament mit Israel geschlossen und in seiner in Jesus angebrochenen Königsherrschaft Israel neu angeboten hat (Mk 2,18–20), mit Unglauben ab (Mk 8,38; 9,19; 13,30). Gott hat über Israel die Verstockung verhängt, die er aber jederzeit aufheben kann.

## 7. Die Nachwirkung des Markusevangeliums

Die nachfolgenden Evangelien des Matthäus, Lukas und Johannes halten sich weitgehend an den literarischen Aufbau des Markusevangeliums, Galiläa an den Anfang und Jerusalem mit der Passion an den Schluss zu setzen. Durch die Kindheitsgeschichten verstärken Matthäus und Lukas den biographischen Charakter. Die neutestamentlichen Evangelien kennen nur den idealisierten Jesus Christus, der ab dem öffentlichen Wirken ohne Sünde den *Willen* des Vater-Gottes erfüllt. Auch in der Theologie wird mit jeweils anderen Konzeptionen die Spannung zwischen dem göttlichen Handlungsbogen und dem Handlungsbogen Jesu Christi als menschlicher Hoheitsträger durchgehalten. Die Evangelien bleiben Anti-Herrscherbiographien, in denen die hellenistische Biographieliteratur und das alttestamentliche idealbiographische Erzählen eine neue Verbindung gefunden haben.

# VII. Die Theologie des Matthäusevangeliums

## 1. Der Evangelist und seine Gemeinde

Der Evangelist selbst bleibt anonym. Die Gemeinde des Evangelisten ist ebenfalls unbekannt. Umstritten ist, ob der Evangelist für eine rein judenchristliche, eine rein heidenchristliche oder eine gemischte Gemeinde geschrieben hat. Am wahrscheinlichsten ist, dass der Großteil seiner Gemeinde die jüdischen Traditionen kannte und weiterführen wollte und dass ein kleiner Teil bereits heidenchristlich war (Ebner/Schreiber 2008, 140–146). Denn das *Evangelium* schließt mit dem Missionsauftrag an alle Völker: „[18]Und hinzukommend redete Jesus mit ihnen, sagend: Gegeben wurde mir alle Vollmacht im Himmel und auf der Erde. [19]Gehend nun, macht zu Jüngern alle Völker, taufend sie auf den Namen des Vaters und des Sohnes und des heiligen Geistes, [20]lehrend sie, alles zu bewahren, wie viel ich euch geboten habe; und siehe, ich bin mit euch alle Tage bis zur Vollendung der Welt(geschichte)" (Mt 28,18–20).

der anonyme Evangelist schreibt für eine gemischte Gemeinde aus Juden- und Heidenchristen

## 2. Das Matthäusevangelium als Idealbiographie

Den Aufriss des Markusevangeliums erweitert *Matthäus* (Neirynck 1982, 22ff.; Dormeyer 1984, 1630ff.; Luz 1985, 1, 24; Strecker 1992, 133ff.). Er gibt in der Kindheitsgeschichte den Christustitel öffentlich bekannt, begrenzt aber während des öffentlichen Wirkens die Weitergabe des Christus- und Sohn-Gottes-Titels auf den Jüngerkreis. Erst nach Ostern setzt die weltweite Mission ein, die von den zusätzlichen Christuserscheinungen begründet wird. Nur der zur Passion bereite Leser vermag hoheitsvolle Gottesbeziehung und Kreuz als Einheit zu sehen und zu verkünden.

Das Matthäusevangelium hat wie das Markusevangelium einen doppelten Handlungsbogen als Handlungsgerüst: „Er (Matthäus) hat die ethische Verkündigung Jesu vom Gottesreich an die Geschichte von Gottes Handeln mit Jesus gebunden" (Luz 1985, 1, 26). Während der Evangelist den markinischen göttlichen Handlungsbogen nur mit geringfügigen Änderungen beibehält, erweitert er den menschlichen Interaktionsbogen Jesu um eine Fülle von Material und gibt ihm eine selbständige Prägung. Dabei vermehrt er die Anzahl der Szenen des Markusevangeliums nur geringfügig. Der Schwerpunkt der Erweiterung liegt deutlich beim Redestoff. Das Spruchevangelium Q liefert etwa ein Viertel an zusätzlichem Material (Frankemölle 1994, 1, 101).

die Erweiterung des Markusevangeliums im Redeteil

Dem Evangelisten ging es darum, fünf große Redeblöcke zu schaffen. Die Bergpredigt (Mt 5,1–7,29) leitet nach der Kindheitsgeschichte, der Taufe, der Versuchung und der ersten Jüngerberufung das öffentliche Wirken programmatisch ein. Die Aussendungsrede (Mt 10,1–11,1) schließt die Wunder und Berufungen ab, die die Bergpredigt in Handlungen umsetzen. Der neu

Gliederung durch 5 große Reden

gebildete Zwölferkreis ruft jetzt ganz Israel zur Umkehr auf. Doch der volle Erfolg bleibt für Galiläa aus wie im Markusevangelium. Auf die Apophthegmen über Johannes den Täufer und die Streitgespräche mit den Pharisäern, den Schriftgelehrten und der Familie folgt wie im Markusevangelium die Rede über das Himmelreich (Mt 13,1–13,53). Sie zeigt anhand von Gleichnissen die Spannung von unscheinbarem Anbruch der Gottesherrschaft in Jesus und nahe bevorstehender Vollendung. Vor die Wanderung Jesu durch den Jordangraben auf dem Gebiet Peräas nach Jerusalem schiebt der Evangelist die vierte Rede über die ideale Jüngerschaft ein (Mt 18,1–18,35). Die markinische Rede über die nachösterliche Zeit am Ende des öffentlichen Wirkens in Jerusalem übernimmt er an der entsprechenden Stelle und erweitert sie um eine Weherede gegen die Pharisäer und Schriftgelehrten und eine Parabelrede (Mt 23,1–25,46). Durch diese fünf großen Redekomplexe wird Jesus in seiner Funktion als *Gründungslehrer* betont. Er liefert seiner Gemeinde in Wort und Tat ein Vorbild für die *Nachfolge* (Strecker 1962, 184ff.)

Diese fünf Reden sind als Einheiten offenkundig und unbestritten, wobei die Bergpredigt und die Schlussrede als die umfangreichsten Reden die anderen Reden umschließen (Lange 1980).

## 3. Gott

### *a) Gott, der Vater und Schöpfer, und seine Königsherrschaft*

Der Evangelist reduziert zwar den Begriff *theós* (Gott) aus der markinischen Vorlage, kommt aber aufgrund der zusätzlichen Vorgaben aus dem Spruchevangelium Q auf insgesamt 51 Nennungen parallel zum Markusevangelium (48-mal). Wie im Markusevangelium ist Gott der *Schöpfer* (Mt 19,4 par Mk 10,6).

intensive Betonung der angebrochenen Herrschaft der Himmel

Die *Königsherrschaft Gottes*, die überwiegend mit *Königsherrschaft der Himmel* umschrieben wird (Mt 3,2; 4,17 u.ö.) oder absolut steht (Mt 4,23 u.ö.), bricht schon jetzt in Jesus an (Mt 6,33; 12,28; 21,31; 21,43). Insgesamt kommt die Metapher *Königsherrschaft/Gottes/der Himmel* 51-mal vor gegenüber nur 18 Nennungen im Markusevangelium. Der Evangelist betont noch intensiver als das Markusevangelium deren Gegenwart und Vollendung.

Die markinischen frühjüdischen Umschreibungen vermehrt der Evangelist ebenfalls. Er ersetzt zwar den Sohn des *Hochgelobten* (Mk 14,62) mit Sohn *Gottes* (Mt 26,63), führt aber neu ein: *Gott Israels* (Mt 15,31) und *der lebendige Gott* (Mt 16,16; 26,63). Auch das *Passivum divinum* wird verstärkt gebraucht (Jeremias 1971, 21f.).

Die *Gleichnisse* im Schlussteil betonen den *geschichtsmächtigen* und *richtenden* Gott für Israel, die Jünger und die Völker. Das Gleichnis von den bösen Winzern (Mk 12,1–12/Mt 21,33–46) wird um das Gleichnis vom königlichen Hochzeitsmahl (Mt 22,1–14), von den zehn Jungfrauen (Mt 25,1–13), von den Talenten (Mt 25,14–30) und das Bild vom Endgericht über Israel und die Völker (Mt 25,31–46) ergänzt (Schnelle 2007, 400).

Auch die Metapher *Vater* für Gott in Jesusworten vermehrt der Evangelist mit 39 Nennungen deutlich gegenüber dem Markusevangelium (4-mal), so dass der *Vater*-Titel wesentlich stärker im Mittelpunkt steht. Er ist aber nicht mehr exklusiv auf die Beziehung Gottes zu Jesus, dem *Sohn,* bezogen (s. o. VI.3.d).

Gott hat nicht nur eine väterliche, privilegierte Beziehung zu Jesus („mein Vater“ Mt 7,21 u. ö.) und wird nicht nur als Vergeber von Verfehlungen genannt (Mt 6,14f./Mk 11,25), wie der Evangelist die Vergebungsbitte des Vater-Gebets Q 11,4 zusätzlich ergänzt (Mt 6,14f.), sondern sorgt umfassend *väterlich* für die *Schöpfung* (Mt 5,45; 6,26f.; 10,29–31), für die Bedürfnisse der *Beter* (Mt 6,8.32; 7,11) und für ihr frommes Handeln im Verborgenen (Mt 6,4.6.18).

Es haben auch die Jünger direkt teil an der Offenbarung des *Vaters*: „[17]Antwortend aber sprach Jesus zu ihm: Selig bist du, Simon Barjona, weil nicht Fleisch und Blut dir offenbarten, sondern mein Vater in den Himmeln.“ (Mt 16,17) Wie der Vater im Spruchevangelium Q alles dem Sohn offenbart (Q 10,22/Mt 11,27), so lässt er auch Petrus stellvertretend für die Jünger und die *Unmündigen* an der Offenbarung teilnehmen (Q 10,21/Mt 11,25).

Gott, der Vater Jesu und der glaubenden und handelnden Gemeindemitglieder

Das Vater-Unser-Gebet geht von dieser Offenbarung des väterlichen Willens Gottes an alle Glaubenden und Beter aus (Mt 6,9–13; s. o. V.2.d). Der *Vater* fordert daher das ethische Handeln nach seinem *Willen,* da er den Glaubenden schon jetzt die *Seligkeit* seiner Königsherrschaft schenkt. So eröffnen die acht *Seligpreisungen* die Bergpredigt (Mt 5,1–10), und schließen die zahlreichen *Mahnungen* für das richtige Handeln, für die Orthopraxie, die Bergpredigt ab: „[21]Nicht jeder Sagende zu mir: Herr, Herr, wird hineingehen in die Königsherrschaft der Himmel, sondern der Tuende den Willen meines Vaters in den Himmeln.“ (Mt 7,21)

## *b) Heiliger Geist, Engel, Dämonen, Teufel und Satan*

Der Evangelist übernimmt die Rede vom heiligen Geist des Markusevangeliums und des Spruchevangeliums Q. Jesus ist Geistträger und wird vom Geist in die Wüste getrieben (Mt 3,11–4,1). Als Geistträger vermag er die *unreinen Geister/Dämonen* und den *Teufel* zu verdrängen (Mt 7,22; 8,16; 10,1; 12,15–45 u. ö.). Der *Teufel* (Mt 4,1–11) aus dem Spruchevangelium Q verschmilzt mit *Satan* (Mt 4,10), den der Evangelist 2-mal aus dem Markusevangelium übernommen hat (Mt 12,26; 16,23); der *Teufel* (= *Verwirrer*)/*Satan* treibt verstärkt sein Unwesen (Mt 13,39) und wird beim Weltgericht mit seinen *Engeln* in das ewige Feuer geworfen werden (Mt 25,41). Wie bei Paulus gibt es auch *Engel des Teufels,* die mitverurteilt werden (s. o. III.2.c).

Der Geist inspirierte im Alten Testament König David zu den Psalmen (Mt 22,43). Als weiteren alttestamentlichen Geistträger zitiert der Evangelist den jesajanischen *Freudenboten* und *Gottesknecht*: „[17]damit erfüllt wird das Gesagte durch Isaias, den Propheten, den sagenden: [18]*Siehe, mein Knecht, den ich erwählte, mein Geliebter, an dem meine Seele Gefallen fand; ich werde meinen Geist auf ihn legen, und er wird den Völkern ein Gericht verkünden* (Jes 42,1).“ (Mt 12,17f.; s. o. III.1.f)

Erfüllung der vom heiligen Geist eingegebenen Verheißungen des Alten Testaments

Der Geist hat die alttestamentlichen Verheißungen veranlasst. Jesus als Geistträger erfüllt sie in Wort und Tat. Der Evangelist vermehrt die Schriftzitate und -anklänge des Markusevangeliums. Reflexions- oder Erfüllungszitate durchziehen jetzt das gesamte Evangelium (Mt 1,23; 2,6.15.18.23; (3,3);

4,15 f.; 8,17; 12,18–21; (13,14 f.); 13,35; 21,5; 27,9 f.), wobei die Zitate Mt 3,3; 13,14 f. in Mk 1,3; 4,12 vorgegeben sind und eine andere Form haben; allgemein auf die Schrifterfüllung verweisen das Herrenwort und der Autorkommentar Mt 26,54.56. Jesus steht durch den Geistbesitz in der Linie der Propheten, insbesondere von Jesaja (Mt 3,3; 4,14; 8,17; 12,17; 13,14; 15,7) und Jeremia (Mt 2,17; 16,14; 27,9), erleidet wie sie das Verfolgungsschicksal und führt so die alttestamentlichen Heils- und Unheils-Geschichte Gottes mit seinem Volk zur endzeitlichen Erfüllung.

Engel als Überbringer von Offenbarung, als Helfer Jesu und als Schutzengel

Während im Markusevangelium *Engel* nur 6-mal genannt werden einschließlich des *jungen Mannes* am Grab (Mk 16,5), verwendet der Evangelist 19-mal *Engel*. Die Kindheitsgeschichte wird von Angelophanien bestimmt (Mt 1,18–25; 2,1–15.19–23), aus dem *jungen Mann* am Grab wird eindeutig ein *Engel* (Mt 28,2.5). Die Engel bereiten als Überbringer der Offenbarung Gottes die Geburt Jesu vor und begleiten intensiver als im Markusevangelium den Lebensweg Jesu. In der Rede über die Jüngerschaft weist Jesus neu wie in Lk 16,22 auf die Schutzfunktion der Engel für die Glaubenden hin (Mt 18,10). Die frühjüdische Vorstellung vom persönlich Schutzengel, die das deuterokanonische Buch Tobit mit der Helferfigur des *Engels Rafael* prägt (Tob 5,4), hat in das Matthäusevangelium Eingang gefunden.

## 4. Christologie

### a) Jesus als Sohn Abrahams und Davidssohn

Die Überschrift des Matthäusevangeliums lautet: „[1]Buch der Geschichte von Jesus Christus, dem Sohn Davids, dem Sohn Abrahams." (Mt 1,1) Der *Buchtitel* hebt mit *Sohn Davids, Sohn Abrahams* die Verankerung des Hoheitstitels *Christus* und seines Trägers *Jesus* innerhalb der davidischen Messiaserwartung und abrahamitischen Bundeszusage heraus. Diese Beziehungsfelder erhalten im Matthäusevangelium eine dominierende Bedeutung.

Der Titel *Abrahamssohn* ist für Jesus singulär. Von einer Vaterschaft Abrahams spricht noch der Stammbaum unmittelbar nach der Überschrift (Mt 1,2.17). Kritisch spielt die Bußpredigt des Täufers darauf an (Mt 3,9: 2-mal; s. o. V.2.b). Die Abrahamssohnschaft garantiert noch nicht die Mitgliedschaft in *dem* Israel, das im Zorngericht gerettet wird (Röm 9,6; s. o. III.4.l). Dann wird Abraham noch zweimal als der erste Gründungs-Patriarch zitiert. Er hat den Anfang der Gottesoffenbarung für Israel erfahren (Mt 22,32) und wird den Abschluss dieser Offenbarung am Gerichtstag für das gerechte Israel und die glaubenden Völker setzen: „Ich sage euch aber: Viele werden von Osten und Westen kommen und sich mit Abraham, Isaak und Jakob im Himmelreich (zu Tische) legen, [12]die Söhne aber der Königsherrschaft werden hinausgeworfen werden in die Finsternis draußen; dort wird das Weinen und das Klappern der Zähne sein." (Mt 8,11 f./Q 13,28 f.)

Abraham als Vorbild des Glaubenden aus Israel und den Völkern

Abraham ist der Beginn der Bundesgeschichte Israels mit seinem Gott. In Abrahams Sohn Jesus, dem *Immanuel*, findet dieser Bund seine eschatologische Erfüllung (Mt 1,23). Aufgrund seines Glaubens ist Abraham der eschatologische, kritische Maßstab für die Zugehörigkeit Israels zur Königsherrschaft der Himmel (Mt 3,9; 8,11 f.). Er erweist sich als bekehrter Heide auch als Stammvater der Proselyten und der Völker der Endzeit, die ebenfalls den

Glaubensanruf hören und die Möglichkeit zur Glaubensentscheidung wahrnehmen.

der eschatologische weisheitliche und wundertätige Sohn Davids

Sohn Davids taucht häufiger für Jesus auf (11-mal) und dient ebenfalls der Perspektivierung des alttestamentlichen Hintergrundes. In einigen Wundergeschichten reden die Kranken oder ihre Stellvertreter Jesus mit *Sohn Davids* an (4-mal: Mt 9,27; 15,22; 20,30.31), und es reagieren auf die Wunder entweder das Volk (Mt 12,23) oder die Jünger mit dem Volk während des Einzugs nach Jerusalem (Mt 21,9) oder die Kinder auf dem Tempelplatz (Mt 21,15) mit dem Sohn-Davidstitel. Wundertätigkeit passt zur Erwartung eines salomonischen Messias, der Weisheit und Wunderkraft besitzt (s. o. VI.4.g), aber auch zur Erwartung des *Gottesknechtes* von Deutero-Jesaja (Jes 42,1–9), der mit Jesus zusätzlich identifiziert wird (Mt 8,17; 12,18–21). Jesus ist als der königliche Sohn Davids der wundertätige, leidende Gottesknecht und der Träger der wundertätigen Weisheit *Salomos* (Mt 12,42: 2-mal; 1,6.7; 6,29).

Emmanuel/ Immanuel als Einwohnung Gottes

Auf den Davidssohn (Jes 7,14) verweist zusätzlich der singuläre Titel *Emmanuel* in Mt 1,23a. Der Evangelist erläutert diesen Titel für Leser ohne Hebräisch-Kenntnisse: „das ist übersetzt: mit uns ist Gott“ (Mt 1,23b). Mit Jesus als Abrahams- und Davidssohn findet endgültig die Einwohnung Gottes in Israel und unter den Völkern statt (Frankemölle 1994, 156–159).

In einem abschließenden Schulgespräch mit den Pharisäern erklärt Jesus die so offenkundig komplexe Beziehung zwischen dem eschatologischen Christus und dem Davidssohn zur offenen Frage (Mt 22,42.43.45). Sie kann nur im Glauben an Jesus als den eschatologischen Christus, Herrn und zukünftigen Erhöhten beantwortet werden.

radikale Uminterpretation der alttestamentlichen Davidssohn- und Gottes-Knecht-erwartungen

Abrahamssohnschaft und Davidssohnschaft schließen die Biographie von Jesus Christus an die Heilige Schrift des Judentums eng an. Die Ausgestaltung der Biographie selbst geht aber den entgegengesetzten Weg einer radikalen Neuinterpretation der Heiligen Schrift aufgrund des Paradoxon, dass der öffentlich gewaltlos auftretende und leidende Jesus der erwartete, eschatologische Christus der Schrift ist. Das *Buch* des Matthäus kann und will nicht auf die vorgegebenen frühjüdischen, messianischen Traditionen verzichten, muss auch nicht ein historisch unmessianisches Leben gewaltsam uminterpretieren, sondern kann auf originären Zügen der tradierten Jesusüberlieferungen aufbauen. Der Preis der Synthese ist, dass der Evangelist die divergierenden Zentralfiguren und -themen der Schrift auf Jesus beziehen und radikal umdeuten muss. Der Evangelist führt dabei breiter als das Markusevangelium eine radikale Umwertung aller frühjüdischen Werte durch. Zwei gegensätzliche alttestamentliche Messias-Konzeptionen, der Sohn Davids und der leidende Gottesknecht, werden über die Wundertätigkeit, die bei diesen Messias-Konzeptionen periphär ist und bleibt, miteinander verbunden, um den Kreuzestod des Messias Jesus von der Schrift her zu begründen. Sohn Davids (Mt 1,1) baut eine Erwartung auf, die einerseits durch die Wundertätigkeit und die weiteren Hoheitstitel bestätigt wird, andererseits durch die Niedrigkeit in Verfolgung, Jüngerflucht und Kreuzestod antithetisch umgekehrt wird. Das Volk und die Gegner sind fixiert auf die Wundererwartung und vermögen daher das Leiden nicht zu verstehen (Mt 9,27; 12,23; 22,42. 43.45). Einzelne Heilungssuchende, die Jünger und die Kinder hingegen lassen sich vom Widerstand des offiziellen Judentums gegen Jesus zunächst nicht beirren (Mt 15,22; 20,30.31; 21,9.15).

Zweistufenchristologie als Spannung von Hoheit und Leiden

Was das Markusevangelium durch das Schweigegebot miteinander verschmilzt und erst nach Ostern dem Leser auflöst, bietet der Evangelist von Anfang an offen dem Leser zum Mitdenken an. Der Evangelist arbeitet narrativ und argumentativ unter teilweiser Beibehaltung des Schweigegebots und Unverständnisses aus, was das Markusevangelium andeutet, aber zugleich unter das Geheimhaltungsgebot des messianischen Amtes stellt. Der Sohn Davids lässt sich in seiner Vollmacht und Hoheit einerseits in seinen Taten und Reden schriftgemäß amplifizieren und lässt sich andererseits in seiner überraschenden Niedrigkeit aufgrund der Widerstände gegen ihn ebenfalls schriftgemäß amplifizieren, allerdings unter Schweigegebot (Mt 9,27.30) und Unverständnis (Mt 12,23f.; 22,41–46). Der zwischenmenschliche Handlungsbogen Sohn Davids ab Mt 1,1 wird in neuer Auslegung der Schrift in die Antithetik Hoheit und Niedrigkeit aufgespalten. Diese Spannung zwingt den Leser von Anfang an zum Mitdenken und zur Neuorganisation seiner gewohnten, religiösen Leseweise und seines Handelns, d.h. hermeneutisch formuliert, zur Revision seines Vorverständnisses von der Schrift. Es ist nicht nur die schriftgemäße Erwartung der Pharisäer möglich, die die Messiasverheißung von 2 Sam 7,12–16 in PsSal 17,4.21–32 zu einem herrschaftlichen, eschatologischen Sohn Davids-Porträt ausmalt. Es lassen sich auch der machtlose, weisheitlich wundertätige (Salomo) und der leidende, wundertätige Sohn Davids (Gottesknecht) aus der Schrift eruieren. Historisches Ereignis und Schrift interpretieren sich gegenseitig. Schweigegebot und Unverständnis sind nicht ein unverständlicher Rest aus Markus, sondern nehmen weiterhin die zentrale Funktion der Uminterpretation der falschen Erwartungen von Mitakteuren und Lesern wahr.

Ins Zentrum des Buches treten daher weitere alttestamentlich Titel, die sich zur Umwertung und Ergänzung der frühjüdischen Religiosität besonders eignen: *Sohn Gottes, Christus, Menschensohn.*

Die Leser oder Hörer des Buches vom messianischen Sohne Davids und Sohne Abrahams werden vom Spannungsbogen der Handlung zum nachösterlichen Erkennen und Bekenntnis des erhöhten Christus, Sohnes Gottes und Menschensohnes geführt. Denn das volle Erkennen und Bekenntnis wird erst in der Kreuzigungsszene und in den Ostergeschichten von Gott geschenkt. Erkennen und Bekennen des irdischen Jesus als des Sohnes Gottes und Christus beginnen zwar schon ab dem Anfang in Galiläa (Mt 4,12–7,29), stehen aber noch unter dem Missverstehen des Leidens (Mt 16,20–23) und unter dem Kleinglauben (Mt 14,30–33).

### *b) Christus*

Während Sohn Gottes eindeutig den göttlichen Beziehungsbereich Jesu anzeigt, verbleibt der Christustitel in der Mehrdeutigkeit des Beinamens, der politischen und weisheitlichen, davidischen Königserwartung, der Erwartung des wundertätigen Freudenbotens nach Jesaja und der Erwartung der göttlichen, eschatologischen Zeugung. Der Handlungsbogen des Christustitels ist entsprechend facettenreich. *Christus* schließt als Beiname den Stammbaum ab (Mt 1,16–17). So bildet er mit der Überschrift eine Klammer des Stammbaumes (Mt 1,1–17), der wie Genesis 5,1 in einen Abschnitt der Menschheitsgeschichte einführt.

Ein Autor-Kommentar (Mt 1,18a) leitet mit der Explikation der *Geschichte* (Genesis) Jesu Christi zur Erzählung von der geistgewirkten Zeugung über (Mt 1,18b–25). In dem Christus Jesus treffen sich menschliche Genealogie und Wirken des Geistes Gottes von der Zeugung an und bestimmen den Lebensweg des Christus bis zur Auferweckung. Der Vorrang des heiligen Geistes hebt die Vaterschaft von Josef nicht auf (Mt 1,24f.; 13,55). Die Zweistufenchristologie von Röm 1,3f. hat für den Zeitpunkt der Zeugung eine zusätzliche Qualifizierung der ersten Würdestufe *(Christus,* der Sohn Davids), aber noch nicht eine Einebnung im Sinne einer supranaturalen Christologie gefunden.

weisheitliche, prophetische und politische Facetten des Christus-Titels

In der anschließenden Geschichte huldigen weisheitliche Magier aus dem Osten dem neugeborenen *König der Juden* als dem *Christus* der Welt (Mt 2,2–4) und eröffnen das politische und weisheitliche Aktionsfeld des Christustitels. Wie im späteren öffentlichen Wirken ist dann der herrschaftsfreie, weisheitliche Anspruch Jesu der Todesbedrohung durch die Herrschenden ausgesetzt (Mt 2,13–23).

Im Gefängnis hört Johannes vom öffentlichen Auftreten Jesu als den *Werken des Christus* (Mt 11,2). Voller Ungewissheit fragt er nach und erhält eine indirekte Selbstkennzeichnung Jesu als des wundertätigen, messianischen Freudenbotens nach Tritojesaja (Jes 61,1; s.o. V.4). Die messianische Linie der Kindheitsgeschichte nach Jesaja (*Messias-Immanuel* Mt 1,23) wird als Ergänzung zum Davidssohn hoheitsvoll expliziert (*Immanuel, Gottesknecht und Freudenbote* Mt 11,2–6; 12,15–21). Anschließend bekennt Petrus in der Mitte des Evangeliums Jesus als den *Christus* (Mt 16,16) und erhält das Schweigegebot, das Sohn Gottes und eschatologischen Christus gemeinsam umfasst und sich auf die Niedrigkeit des Leidens bezieht (Mt 16,20).

Im Gespräch um die Davidssohnschaft trennt Jesus den eschatologischen Messiastitel von der Davids-Genealogie (Mt 22,42–45). Die Titel der Überschrift und des Kindheitsprologes finden eine abschließende Reflexion. Als Davidssohn ist Jesus nicht automatisch der *eschatologische* Christus. Zum *eschatologischen* Christus wird Jesus allein durch den Geist (Mt 1,18–25) und die Beauftragung zum *Sohn Gottes* durch Gott selbst (Mt 3,17).

die Singularität des Christus Jesus für die nachösterliche Zeit

In der Weherede konzentriert Jesus exklusiv den weisheitlichen Lehrertitel auf seine Funktion als *Christus* der Jünger und der nachösterlichen Gemeinde (Mt 23,10). In der Endzeitrede warnt er daher zweimal vor nachösterlichen Pseudo*messiassen* (Mt 24,5.23f.; Mk 13,21). Neben ihm als dem künftigen, auferstandenen *Christus* kann es keine neuen *Messiasse* mehr geben. Die nachösterliche Dimension des eschatologischen Christustitels wird deutlicher als im Markusevangelium angedeutet.

Missverstehen und Uminterpretation

Ähnlich wie im Markusevangelium bleibt der Christustitel auf die politische, weisheitliche und wunderwirkende Tätigkeit Jesu bezogen. Stärker als im Markusevangelium stellt er die Kontinuität zur Messiaserwartung Israels her (Mt 1,1.16.17.18; 2,4; 11,2; 16,16 par Mk 8,27f.; Mt 22,41–46 par Mk 12,35–37). Deutlicher als bei Markus interpretiert dann Jesus durch sein Auftreten in Hoheit (Mt 11,2–6) *und* Niedrigkeit den Messiastitel radikal um (Mt 2,4), muss den Jüngern deshalb Schweigen gebieten (Mt 16,20) und die Missverständnisse im Prozess ertragen (Mt 26,63.68; 27,17.22). Seinen Jüngern gibt er wie im Markusevangelium Warnungen für die nachösterliche Zeit mit (Mt 24,5.23) und erweitert gegenüber dem Markusevangelium die eschatologische Herrschaft des auferstandenen Christus um die exklusive Lehrautorität (Mt 23,10). Was bei Markus nur implizit gegeben ist, macht Matthäus explizit. Der *Messias* Israels ist nicht mehr der politische Leiter Israels. Der *eschatologische Messias* ist vielmehr der weisheitliche Lehrer und Wundertäter, wie es bereits David und besonders Salomo waren. Als Davidssohn setzt Jesus besonders *diese* weisheitlichen und wundertätigen Funktionen in Hoheit und Niedrigkeit fort und erweist sich so als künftiger Herrscher des Kosmos. Der aufgrund von Unverständnis Jesus zugesprochene *Basileus* (Königs)-Titel (Mt 2,2; 21,5; 25,34.40; 27,11.29.37.42) unterstreicht diese Linie.

Die theologische Mitte der Gottesbeziehung Jesu gibt der Christustitel nicht wieder, da er auf dem Interaktionsfeld zwischen Jesus, Israel und den Jüngern verbleibt. Der Handlungsbogen Gottes mit Jesus wird wie bei Markus vom Sohn Gottes Titel beschrieben.

### c) Sohn Gottes

Parallel zu den Stufen des Erkennens und Bekennens der Jünger verläuft der göttliche Handlungsbogen, der am deutlichsten am *Sohn Gottes*-Titel zu erkennen ist.

In der Taufe sieht nur Jesus wie im Markusevangelium den Himmel sich öffnen und den Geist als Taube herabsteigen; die Himmelsstimme erschallt im Unterschied zu Markus mit einer unpersönlich gehaltenen Proklamation: „Dieser ist mein geliebter Sohn, an dem ich Gefallen fand." (Mt 3,17) Aber niemand außer Jesus hört sie. Erst die nachösterlichen Hörer vermögen sie zu verstehen.

Erweiterung des Sohn-Gottes-Handlungsbogens um den Lehrauftrag für alle Völker

Wie im Markusevangelium dehnt dann die Himmelsstimme bei der Verklärung die Offenbarung der Gottessohnschaft Jesu auf drei Jünger aus (Mt 17,5). Diese geraten in große Angst und vollziehen erst jetzt die Proskynese (Mt 17,6). Was ihnen beim Seewandel Jesu erstmals mit Kleinglauben aufleuchtete (Mt 14,33) und sich beim Messiasbekenntnis bekräftigte (Mt 16,16), wird jetzt durch die Himmelsstimme Gewissheit: Jesus ist als der weisheitliche Davidssohn und Christus der von Gott beauftragte *Sohn Gottes.* Doch der Weg des Leidens verdunkelt die Sohnschaft weiterhin bis zum Bekenntnis des Hauptmanns beim Kreuzestod Jesu (Mt 27,54). Erst der gekreuzigte Sohn Gottes ist der auferweckte und erhöhte Sohn. Nur wer sich zum Abschluss des Buches vom *Sohn* den *Lehrauftrag* für alle Völker zusprechen lässt, ist zur vollen Erkenntnis und zum vollen Bekenntnis gelangt, die dann beide von allen *Zweifeln* frei sind (Mt 28,16–20).

Einbezug der alttestamentlichen Erweiterung mit Israel und den einzelnen Gerechten als Söhne Gottes

Neben der königlichen, theologischen Hoheitsmetapher *Sohn Gottes* übernimmt Matthäus die weiteren alttestamentlichen Begriffssegmente der Metapher *Sohn Gottes*, und zwar die Bezeichnung Israels und des einzelnen Gerechten als *Sohn Gottes.* Das Reflexionszitat Mt 2,15 ist ein direkter Kommentar des Evangelisten: „[15]und er war dort bis zum Ende von Herodes; damit erfüllt wird das Gesagte vom Herrn durch den Propheten, sagend: *Aus Ägypten rief ich meinen Sohn (Hos 11,1 f.).*" (Mt 2,15)

Der Evangelist bezieht die Bezeichnung des Volkes Israel als *Sohn Gottes* durch Hosea 11,1 direkt auf Jesus. Als Abrahamssohn steht Jesus in der Geschichte von Exil und Landnahme seines Volkes, wiederholt typologisch durch die Flucht nach Ägypten diese Ereignisse und schließt sie endgültig als erfüllt für Israel ab.

In der Bergpredigt erklärt Jesus die Friedensstifter und die zur Feindesliebe Fähigen zu *Söhnen Gottes*: „Selig die Frieden stiften; denn sie werden Söhne Gottes genannt werden" (Mt 5,9). Jeder Jünger wird wie bei Paulus zum Sohn oder zur Tochter Gottes (s. o. III.4.d)

Jesus selbst wird in seinem Wirken nach der Bergpredigt vorbildlich Friedensstiftung und Feindesliebe praktizieren. Er ist das Modell der Gerechtigkeit der Gottesherrschaft.

### *d) Der Sohn*

Sohn als die intensivste Verdichtung der Vater-Beziehung Jesu

In der Linie des frühjüdischen Gerechten liegt auch die Selbstbezeichnung Jesu mit dem absoluten *der Sohn* (Mt 11,27: 3-mal; 24,36; 28,19). Weil Jesus Gott unmittelbar als Vater anreden kann (Mt 11,25), kann er sich absolut als der Sohn bezeichnen, weil er sich wie in Q intensiver als die anderen Söhne in Israel von dieser Vaterbeziehung getragen weiß. Die Beauftragung zum Sohn Gottes, die Einwohnung der Weisheit Gottes in Jesus (Immanuel) und das Vertrauen des Abrahamssohnes Jesus zum Vater erfahren in diesem gegenseitigen Erkennen von *Vater* und *Sohn* die intensivste Verdichtung (Mt 11,25–27/Q 10,21 f.; s. o. V.3); diese setzt noch nicht eine Präexistenzchristologie voraus.

### *e) Menschensohn*

der irdisch bevollmächtigte, leidende und als Weltenrichter wiederkommende Menschensohn

Den Hoheitstitel *Menschensohn* gebraucht Matthäus am häufigsten für Jesus (30-mal). Jesus bezeichnet sich schon jetzt als der apokalyptische Völkerengel Israels, der sein Volk anfanghaft in die Gottesherrschaft einführt und seine Herrschaft im Weltgericht vollenden wird. *Menschensohn* ist die rätselhafte Selbstbezeichnung Jesu, mit der er gleichzeitig Vollmacht, Niedrigkeit und Weltherrschaft ankündigen kann. Trotz der Häufigkeit bleibt die Ausstrahlung dieses spezifisch apokalyptischen Hoheitstitels blass. Der Evangelist gebraucht ihn noch stärker als das Markusevangelium zur Verschlüsselung der geheimnisvollen Identität Jesu, die die anderen Hoheitstitel stufenweise für die Mitakteure und den Leser entschlüsseln.

### *f) Der Prophet*

Als Lehrer und Prophet verbleibt Jesus zunächst in den Linien des Davidssohnes. David wird von der hebräischen Bibel des Frühjudentums zu den *vorderen Propheten* gerechnet. Sein Sohn Salomo ist zum Prototyp des Weisheitslehrers aufgestiegen, wie die pseudepigraphische Überschrift zum deuterokanonischen Buch *Weisheit Salomos* ausdrückt. Sohn Davids umfasst aufgrund der weisheitlich-messianischen und wundertätigen Funktion auch die Funktionen der *Prophetie* und weisheitlichen Lehre. Aber in der Ausfüllung der Lehrer- und Prophetenrolle sprengt Jesus die frühjüdischen Rollenerwartungen.

Für den *Propheten* ist diese Umdefinition selbstredend aufgrund der alttestamentlichen Prophetenbücher. Der Prophet widersetzt sich aufgrund seines Amtes den Erwartungen von Hof und Volk. Besonders die deuteronomistische Theologie vom gewaltsamen Schicksal der Propheten in Israel hat auf Matthäus eingewirkt (Mt 23,29–39). Allerdings verleiht Matthäus dem Prophetentitel keine Dominanz.

Jesu Schicksal als Erfüllung des alttestamentlichen verfolgten Propheten

*Prophet* wird nur 5-mal zum Titel Jesu. Prophet ist bei der ersten Nennung, beim Konflikt Jesu mit dem Heimatort Nazaret, die Selbstbezeichnung Jesu (Mt 13,57). Anschließend ist Prophet Titel des Volkes für Jesus (4-mal: Mt 14,5; 16,14; 21,11.46). Indirekt ordnet sich Jesus in der Weherede in die Reihe der verfolgten Propheten und Gerechten ein (Mt 23,34.37) und versteht sich mit den elthon (Ich-bin-gekommen)-Worten (Mt 5,17; 10,34.35) als Erfüller der Verheißung vom endzeitlichen Propheten (Dtn 18,15).

Das Verb *propheteúo* wird nicht für seine Tätigkeit genannt. Die Ausnahme, das Spottwort während der Passion: „Prophezeie uns, Christus, wer ist es, der dich schlug“ (Mt 26,68), bestätigt diese Zurückhaltung. Die Einschätzung Jesu als Prophet durch Volk und Hohen Rat erfasst Jesu Vollmacht nur unzureichend.

Der Evangelist steht der Prophetie ambivalent gegenüber, obwohl er in seiner Gemeinde Wanderpropheten kennt (Mt 10,41; 23,34). Es tritt der Jünger wie Jesus in der Vollmacht des Propheten auf (Mt 10,41: 3-mal), aber der Jünger prophezeit nicht mehr Neues. Maßt er sich diese Tätigkeit an, wird sein Wort zur Falschprophetie.

christliche Propheten als Ausleger der Botschaft Jesu

„Haben wir nicht in deinem Namen prophezeit?“ (Mt 7,22) lässt Jesus die falschen Jünger in der Bergpredigt fragen. *Gesetz und Propheten* (Mt 5,17) sind in Jesus abgeschlossen. Allein die Auslegung der Propheten bis Johannes (Mt 11,9–13) durch die Lehre Jesus trifft den Sinn der Prophetie (Mt 28,20). Die Propheten gehören zum unantastbaren Bestand der Heiligen Schrift. Ihre Verheißungen haben sich in Jesus erfüllt (Mt 1,22 passim). Darum brauchen die christlichen Propheten keine neuen Prophezeiungen mehr zu stiften. Das Eschaton ist in Jesus bereits angebrochen. Die Gestaltung der Zwischenzeit bis zur Weltvollendung ist Aufgabe anderer prophetischer Fähigkeiten wie Auslegen der Prophetie Jesu und des Alten Testaments, Heilen und Sünden Vergeben im Namen Jesu (Mt 10,40–42).

### *g) Lehrer*

Jesus als der einzige wahre Lehrer

Didáskalos wird im Matthäusevangelium als Anrede und Titel 8-mal (Mt 8,19; 9,11; 12,38; 17,24; 19,16; 22,16.24.36) und als Selbstbezeichnung 4-mal (Mt 10,24.25; 23,8; 26,18) gebraucht; rabbí ist 2-mal Anrede Jesu (Mt 26,25.49) und 2-mal indirekte Selbstbezeichnung (Mt 23,7.8). Die exklusive Konzentrierung des *didáskalos*-Titels auf Jesus wird durch die betonte Verwendung des Verbs *didásko* für Jesus unterstrichen. 9-mal wird *didásko* (lehren) für Jesus verwandt (Mt 4,23; 5,2; 7,29; 9,35; 11,1; 13,54; 21,23; 22,16; 26,55), 3-mal für die Jünger (Mt 5,19: 2x; 28,20), 2-mal für die Gegner (Mt 15,9; 28,15). Während *didáskalos* für Jesus reserviert ist, wird mit *rabbí* 2-mal zusätzlich vor missbräuchlicher Inanspruchnahme durch Schriftgelehrte und Pharisäer einerseits (Mt 23,7) und Jünger andererseits (Mt 23,8) gewarnt.

Von den fünf großen Reden, die das Evangelium gliedern, rahmt *Lehren* Einleitung und Schluss der ersten, programmatischen Rede, der Bergpredigt

(Mt 5,2; 7,29), sowie Einleitung und Schluss der zweiten Rede, der Missionsrede (Mt 9,35; 11, 1), und den Schluss der dritten Rede, der Rede vom Himmelreich (Mt 13,54). Christliche *Schriftgelehrte* haben die besondere Aufgabe, als *Hausherren* aus ihrem Überlieferungs-*Schatz* Neues und Altes für die Auslegung der *Lehre* Jesu hervorzuholen (Mt 13,52). Die fünfte Rede (Weherede gegen die Schriftgelehrten und Pharisäer; Rede von der Endzeit Mt 23–25) wird von Jesus nachträglich bei seiner Verhaftung als *Lehre* im Tempelbezirk gekennzeichnet (Mt 26,55). Lediglich die vierte Rede, die Rede über die Gemeinde, hat keine explizite Bezugnahme zum *Lehren*. Ist Jüngerverhalten nicht als Theorie lehrbar, sondern nur als Nachfolge in der Gemeinde praktizierbar? Da Matthäus seine Textsignale für Großeinheiten wie die Reden sorgfältig setzt, muss diese Frage gestellt werden. Dazu passt, dass die Jünger die Kyrios-Anrede dem didáskalos-Titel vorziehen.

### *h) Kyrios*

*Kýrios* (Herr) ist die dominierende Bezeichnung für die neue Lehr- und Wundervollmacht (Mt 3,3 LXX-Zitat; 8,2.6.8.21.25; 9,28 u.ö.). Mit Mt 8,2 setzt die Kýrios-Anrede Jesu ein. Die Wundergeschichte von Kafarnaum, die Berufungen, die Sturmstillung und die Blindenheilung führen Kýrios als Anrede fort. Meint die Kýrios-Anrede nur den erhöhten Herrn der Gemeinde (Bornkamm 1980, 115)?

der *Herr* Jesus als Identifikationsangebot

Kýrios lebt, wie Fitzmyer richtig gesehen hat, von mehreren Bedeutungsschichten, ist also irdische Ehrenbezeugung oder göttlicher Hoheitstitel (Fitzmyer 1981). In Mt 18,21 bezieht sich die Anrede Jesu als *Herr* auf die Lehrerrolle des irdischen Jesus. Dasselbe gilt für das Gespräch Mt 22,42–45. Nicht erst der nachösterliche Christusglaube der Urgemeinde gelangt zur Einsicht in die unbedingte Vergebungsbereitschaft, sondern jeder, der dem irdischen Jesus im Evangelium als seinem geistgezeugten Christus, geistbegabten Sohn Gottes, Lehrer und Herrn begegnet. Jeder Leser ist vom Erzähltext *Buch* aufgefordert, sich mit der Rolle der Jünger und Jesu zu identifizieren, auch wenn er noch nicht zum vollen Oster- und Christusglauben vorgedrungen ist, wenn er noch *kleingläubig* wie die Jünger oder gar noch randständig wie das Volk, die Völker und die Gegner ist. Wahres Jüngerverhalten wird besonders in der unbedingten Nachfolge des Lebensweges Jesu erlernt.

### *i) Gerechtigkeit*

Der *Abrahams-* und *Davidssohn* Jesus erweist sich durch seine Reden als der eschatologische *Prophet*, *Lehrer* und *Herr* Israels, der die Gesetzgebung des Mose erfüllt (Mt 5,17ff.), die die bisherigen Abrahams- und Davidssöhne nach der deuteronomistischen Theologie nur mangelhaft verwaltet haben. Als eschatologischer Lehrer Israels sammelt er das neue Volk Gottes um sich, lehrt und lebt die neue *Gerechtigkeit* und ruft für die Zeit nach Ostern die Völker in dieses neue Volk mit der neuen *Gerechtigkeit* hinein (Mt 1,21; 28,16–20).

*Gerechtigkeit* (dikaiosýne) ist zentraler Inhalt der *Lehre*. 5-mal steht Gerechtigkeit in der Bergpredigt, 2-mal wird sie außerhalb der Bergpredigt genannt. Sie steht dann in Verbindung mit dem Täufer. Jesus antwortet

Johannes vor der Taufe: „Lass jetzt; denn so gebührt es uns, zu erfüllen alle Gerechtigkeit." (Mt 3,15)

Zur frühjüdischen Gerechtigkeit gehören die Waschungsriten zur Reinigung von kultischer Verunreinigung; nach der erneuten Geistbegabung Jesu nach der Taufe beginnt die eschatologische Freiheit von kultischen Regeln der Tora (Mt 15,1–20). Der Evangelist unterscheidet deutlicher als Paulus zwischen den veralteten kultischen Regeln, deren Anwendung in der Lebenspraxis völlig unterschiedlich ausfallen kann, und den gültig bleibenden moralischen Weisungen, die ebenfalls der Interpretation bedürfen (vgl. die Antithesen Mt 5,21–48). Aufgrund der Interpretationsvollmacht Jesu kann der Evangelist im Unterschied zu Paulus an der Gültigkeit der ganzen Tora mit den Höhepunkten der *Feindesliebe* (Mt 5,17–20.21–48) und der *Goldenen Regel* (Mt 7,12) weiter festhalten.

Zum Abschluss seines Wirkens in Jerusalem verweist Jesus noch einmal auf Johannes: „[32]Denn Johannes kam zu euch auf dem Weg der Gerechtigkeit, und ihr glaubtet ihm nicht, die Zöllner aber und die Dirnen glaubten ihm." (Mt 21,32)

neue Gerechtigkeit als Gabe und Ziel

Als Chiasmus umgreift die Gerechtigkeit des Täufers die in der Bergpredigt verkündete Gerechtigkeit der Gottesherrschaft (Mt 6,33). Die Gerechtigkeit des Johannes und der Hörer der Bergpredigt (Mt 5,20; 6,1) erfüllen sich in der Gerechtigkeit der Gottesherrschaft. Gottes Gerechtigkeit wird als Spannung erfahren. Die Gerechtigkeit ist Gabe und Ziel (Schnackenburg 1994, 1, 13). Gabe ist sie durch das Wort Gottes in den Propheten (Mt 3,15; 21,32), im Gesetz (Mt 5,20), in den Formen der Frömmigkeit (Mt 6,1) und in Jesu Praxis. Ziel ist sie für die Antwort auf diese Angebote durch gerechtes Handeln. In dem weisheitlich-apokalyptischen Lehrgedicht der acht Seligpreisungen wird die Gerechtigkeit doppelt betont und steht an exponierter Stelle: in der 2. und 8. Seligpreisung: „Selig, die Hungernden und Dürstenden nach der Gerechtigkeit, sie werden gesättigt werden" (Mt 5,6); „Selig, die Verfolgten um der Gerechtigkeit willen, ihrer ist die Königsherrschaft der Himmel." (Mt 5,10)

apokalyptische Weisheitssuche und Jesus als Modell der Gerechtigkeit

Gerechtigkeit ist der Mittelpunkt weisheitlich-apokalyptischer Identitätssuche (s. o. III.4.d). Die Seligpreisungen 2 und 8 sind im Stile des weisheitlichen Preispsalms Kurzfassungen der weisheitlich-apokalyptischen Hoffnungen. Der entscheidende Unterschied zu den Buchapokalypsen liegt aber darin, dass Jesus schon jetzt die Königsherrschaft Gottes anbrechen lässt. Er selbst, Jesus, ist das Modell der Gerechtigkeit, in dem sich alle Hoffnungen Israels erfüllen und die Königsherrschaft Gottes anfanghaft anbricht. Selbst Heiden können diesen Modellcharakter Jesu ahnen wie die Frau des Pilatus, die zum einzigen Male für Jesus den Titel *Gerechter* anwendet (Mt 27,19). Das Leben nach dem Modell Jesu verleiht allein Anteil an der Königsherrschaft Gottes: „[40b]Amen, ich sage euch: Was ihr einem dieser meiner geringsten Brüder tatet, tatet ihr mir." (Mt 25,40b).

Im Unterschied zum Abstraktum *Gerechtigkeit* wird aber die Personalisierung der Gerechtigkeit in Personen als *Gerechte* ambivalent gebraucht. Die gesetzesfrommen Juden halten sich für *Gerechte*, überhören jedoch so den Ruf Jesu in die *Gerechtigkeit* der Gottesherrschaft (Mt 9,13; 23,35–39). Aufgrund dieser Ambivalenz setzt der Evangelist Adjektiv und Substantivierung *gerecht/Gerechter* für Jesus mit der einen Ausnahme in der Passion nicht ein. Allerdings kann Jesus die Jünger und Glaubenden *Gerechte* nennen (Mt 10,41; 13,49; 25,37–46).

### *j) Zusammenfassung*

Das Matthäusevangelium bietet als Biographie jedem Hörer die Chance, den Weg des Lehrers und Herrn Jesus mitzugehen, ohne bereits den vollen christlichen Glauben angenommen zu haben. Diesen Weg offenbart von Anfang an der messianische Davidssohn in Wundermacht und Lehre und deckt gleichzeitig die Faktoren für sein Leiden auf. Das Evangelium ist nicht eindimensional binnenkirchlich ausgerichtet, sondern will als Vollendung der Geschichte der Abrahamssöhne im *Sohn* Jesus *Israel* und *alle Völker* erreichen (Mt 28,16–20). Das Evangelium ist mehrdimensional und damit offen für unterschiedliche, biographisch bestimmte Lese- und Nachfolgeweisen.

## 5. Jünger, Jüngerinnen, Zwölferkreis und Kirche: geschwisterliche Gemeinde

die Jünger als der Zwölferkreis

Mit der Wahl der *Zwölf* (Mt 10,1–4) setzt die zweite große Rede, die *Missionsrede* an die Jünger (Mt 10,5–11,1), ein. Jesus ruft seine *Jünger* zu sich, die er inzwischen zu einer *Zwölfzahl* aufgefüllt hat; eine Liste von zwölf Männernamen wird angehängt (Mt 10,2–4). Der Vorgang der Auffüllung wird nicht erzählt; es bleibt eine Leerstelle. Ab jetzt gibt es keine Berufungen mehr. Der Zwölferkreis repräsentiert das erneuerte Israel. Das Volk war bis jetzt der Pool, aus dem die Jünger herausberufen wurden und die Gegner sich ausgliederten. Ab Mt 10,1 sind die Rollen weitgehend festgelegt. Der Zwölferkreis folgt Jesus in ständiger Lebensgemeinschaft nach; das Volk umgibt Jesus ebenfalls voll *Begeisterung*, aber in ständig wechselnder Zusammensetzung; die Gegner greifen Jesus ständig in unterschiedlichen Gruppierungen an. Der Evangelist schematisiert wesentlich stärker als das Markusevangelium. Doch es bleiben die Fundamente der Rollenbeweglichkeit erhalten.

Versagen und geschwisterliches Verhalten im Zwölferkreis und im offenen Jüngerkreis

Das Jüngerunverständnis wird zum Teil beibehalten und geht weiter bis zur Passion (s. o. VII.4.a). Dort verschwindet der Zwölferkreis aus der Handlung. Erst zum Abschluss treten die Zwölf wieder auf und erleben die Erscheinung Jesu auf dem Berg in Galiläa (28,16–20). Der Evangelist endet für den Zwölferkreis versöhnlicher als das Markusevangelium.

Doch das Versagen der Zwölf öffnet wie im Markusevangelium den geschlossenen Kreis für neue JüngerInnen: Die Frauen unter dem Kreuz erweisen sich als die wahren, einzig verlässlichen Jünger, ihnen schließt sich Josef von Arimathäa an (Mt 27,55–56.57–61). Anschließend besteht der Jüngerkreis aus Josef von Arimathäa, den galiläischen Frauen und den Elfen (Mt 27,57–28,20). Ihnen kann sich der suchende Leser anschließen wie zuvor in der Anfangsphase des öffentlichen Auftretens Jesu bis zur Einsetzung der Zwölf (Mt 4,18–9,38). Nur die Hauptphase (Mt 10,1–27,54) ist auf den Zwölferkreis konzentriert, der besonders für den gläubigen, männlichen Leser ein Identifikationsangebot ist. Auch die glaubende Gemeinde unterliegt wie der Zwölferkreis der Gefahr des Abfalls. Das Jünger-Unverständnis bleibt also nicht auf den *Kleinglauben* (oligópistos) beschränkt, wie Strecker im

Anschluss an Bornkamm behauptet (Strecker 1962, 191; Bornkamm 1980), sondern ist zur Verhärtung mit völligem Abfall fähig. Der Zwölferkreis wird nicht als heilige Vergangenheit idealisiert und monopolisiert, sondern die Zwölf stehen als gemischte Charaktere für Vergangenheit, Gegenwart und Zukunft; sie decken nur die Hauptphase des öffentlichen Wirkens Jesu ab.

Im Zwölferkreis gibt es keine Hierarchie und Ämter (Mt 23,8–12). Die Jesus nachfolgenden *Propheten* und *Schriftgelehrten* haben ihre herausragenden *Fähigkeiten* im Dienst an den anderen Jüngern auszuüben (Mt 13,52).

Der offene Jüngerkreis zu Anfang des öffentlichen Wirkens und während und nach der Passion repräsentiert besonders die rechtlich unterprivilegierten Gemeindemitglieder (Frauen, Kinder, Kleine) und die Sympathisanten der Gemeinde innerhalb und außerhalb des Judentums (heidnische Soldaten, Schriftgelehrte, Zöllner, Galiläer, Juden). Diese können sogar wie die Frauen und der heidnische Hauptmann unter dem Kreuz und anschließend der reiche Josef von Arimathäa standhafter als die männlichen, bevollmächtigten Mitglieder sein, die eigentlich die gesamte *Familia* repräsentieren sollten (Mt 12,46–50). Denn sie sollen ja in der neuen Welt auf den *zwölf Thronen* sitzen, umgeben von ihrer Familia und Klientel, und die *zwölf Stämme* Israels richten (Mt 19,28; Q 22,30).

Auf die Zugehörigkeit der *Kinder* und *Kleinen* (*mikrós*) zum offenen Jüngerkreis verweist die Jüngerrede (Mt 18,1–19,2). Das *Kind* ist schon jetzt im Besitz des Himmelreiches (Mt 18,1–5); die *Kleinen* haben schon jetzt den wahren, christologischen Glauben, können aber noch verführt werden (Mt 18,6–10). Die *Kleinen* meinen nicht eine besondere Gruppe innerhalb der *Zwölf*, können aber in der nachösterlichen Gemeindesituation besonders auf die Randgruppen bezogen werden (Dormeyer 2004, 119–122).

Die *Zwölf* stehen insgesamt für die *ekklesía* (Mt 16,18; 18,17 (2-mal)). Das christliche lateinische Lehnwort ecclesia wurde bereits althochdeutsch zu chirihha = *Kirche*. Mit *Kirche* ist zunächst wie bei Paulus die Einzelgemeinde mit ihren Versammlungen gemeint (Mt 18,15–20). Da das Matthäusevangelium aber an keine individuelle Gemeinde gerichtet ist, stehen die *Zwölf* für alle Gemeinden unter *allen Völkern* (Mt 16,18; 28,19). Sie alle erhalten die Binde- und Lösegewalt, die zuvor Petrus übertragen wurde (Mt 16,18f.):

„[18]Amen, ich sage euch: Wie viel immer ihr bindet auf der Erde, wird gebunden sein im Himmel, und wie viel immer ihr löst auf der Erde, wird gelöst sein im Himmel." (Mt 18,18)

Das Verhältnis des Petrusvorranges zu der Kompetenz der *Zwölf* und damit aller Gemeinden soll hier nicht mehr diskutiert werden (Brown 1976; Franz 2001; Gnilka 2002). Das konstruktive Zusammenspiel zwischen offenem JüngerInnen-Kreis, männlichem, patriarchalischem Kernkreis und petrinischem Vorrang, nicht Amt, ergibt die lebendige Gemeinde, in der der Auferstandene *mitten unter ihr* ist (Mt 18, 20; 28,20).

## 6. Volk

Das Volk tritt fast so häufig wie die Jünger in den einzelnen Szenen auf: Volk 56-mal; Jünger und Zwölferkreis 67-mal. Im Unterschied zum Markusevangelium finden in der Hauptphase (Mt 10,1–27,26) keine Anschlüsse des Volkes an den Zwölferkreis statt. Die Distanz des Volkes zur *Kirche* (Mt 16,18; 18,17) ist größer geworden. Gleichzeitig bleibt das Volk am Anfang begeistert von Jesu Lehre und Tat.

Der Sammelbericht Mt 9,35–38 wiederholt fast wörtlich die Einleitung des Sammelberichts Mt 4,23–25 und schafft eine Umschließung für die Bergpredigt und ihre Praxis (Mt 5,1–9,34):

Doch es gibt kleine, entscheidende Abweichungen: Mt 4,25 spricht von der „Nachfolge" der „vielen Völker"; Mt 9,36–38 sprechen vom „Mitleid" Jesu mit den „Völkern" und seiner Aufforderung an die *sieben* bisher berufenen *Jünger*, Gott, den Herrn, um mehr *„Arbeiter* zu bitten". Mit fünf weiteren Jüngern wird die *Zwölfzahl* aufgefüllt (s. o. VII.5). Mehr *Arbeiter* konnten aus den nachfolgenden Völkern nicht gewonnen werden; denn „sie waren müde und erschöpft wie Schafe, die keinen Hirten haben" (Mt 9,36).

von begeisterter Nachfolge zu ermüdendem Mitlaufen

Ein Prozess hat zwischen der anfänglichen, begeisterten *Nachfolge* und der anschließenden Praktizierung der Bergpredigt stattgefunden. Die wahre *Nachfolge* der *Lehre* Jesu erfordert den Existenzwechsel, d. h. den unbedingten Anschluss an den *Hirten* Jesus, die Aufgabe von festem Wohnsitz und von familiären Begräbnispflichten (Mt 8,18–22), schließlich das bedingungslose Hineinsteigen in das Boot Jesu. Alle Werte werden umgekehrt. Wer von den nachfolgenden Völkern diesen Existenzwechsel nicht vollzieht, verändert unmerklich die anfängliche Nachfolge zu einem ermüdenden und erschöpfenden *Nachlaufen* (Mt 14,13). Diese vielen, unentschiedenen Mitläufer bedürfen der *Arbeiter*, die sich unbedingt für den Hirten Jesus entschieden haben. In der Passion verstärkt der Evangelist den Abfall des Volkes gegenüber dem Markusevangelium. Mit dem Blutruf übernimmt das Volk ausdrücklich die Verantwortung für den Prozess gegen Jesus wegen nicht erfüllter messianischer Erwartungen (Mt 27,25).

Im Unterschied zum Markusevangelium kommen die *kleinen Charaktere* über den Status der Mitläufer nicht hinaus. Denn im Matthäusevangelium sind alle Volksscharen zwar anfänglich *kleine Charaktere* der Nachfolge, werden aber dann zu Mitläufern, während das Markusevangelium die *Nachfolge* für die Jüngerschaft und einzelne, kleine Charaktere durchhält.

Unter dem Kreuz und nach Ostern erhalten die *kleinen Charaktere* mit den *Völkern* der ganzen Welt einschließlich der Juden erneut die Chance, endgültig zu Jüngern zu werden.

## 7. Gegner

Die Gegner treten nur 42-mal beim öffentlichen Wirken Jesu auf. Im Unterschied zum Markusevangelium bevorzugt der Evangelist das alleinige Handeln Jesu mit ihnen. Die Singularität und Hoheit Jesus wird mit dieser Konzentrierung unterstrichen.

Es fällt auf, dass die verbale Auseinandersetzung mit den Gegnern viel heftiger ist als die narrativen Konfrontationen. Die Jüngerrede (Mt 18,1–19,2) bildet eine auffallende Parallele. Einige Jüngerunverständnisse sind zwar vorausgegangen, doch sie erklären nicht den warnenden und verurteilenden Ton der Rede (Mt 18). Jesus spricht vom Standpunkt des angebrochenen, eschatologischen Gerichts. Die Jünger müssen sich schon jetzt und nach Ostern für ihr gesamtes Verhalten verantworten. Parallel dazu erfolgt die spätere Rede an die Gegner (Mt 23,1–39). Diese müssen sich schon jetzt und für die Zeit nach Ostern für ihr gesamtes Handeln verantworten. Wie das Satanswort an Petrus und die Jüngerrede zeigen, ist die Gegnerschaft nicht auf die historischen, jüdischen Führungsgruppen begrenzt, sondern umfasst alle Formen möglicher Gegnerschaft innerhalb und außerhalb der Gemeinde (Frankemölle 1979). Die narrativ nachvollziehbaren, plausiblen Streitpunkte lassen ein spannungsvolles Miteinander-Leben zu.

Gegnerschaft durch Kleinglauben und Gottes Verstockung

Die wiederholten Verhärtungen in den beiden Todesbeschlüssen der jüdischen Führer sind spontan und gehen auf die Verstockung durch Gott zurück (Mt 13,10–17); sie sind keine notwendigen, zwingenden Entscheidungen, und sie können rückgängig gemacht werden, z. B. von dem römischen Hauptmann und seinen Soldaten (Mt 27,54). Erst die Reden decken auf, dass die Entscheidungen für oder gegen die angebrochene Königsherrschaft Gottes zu fest fixierten Feindschaften gegen die Nachfolge Jesu geführt haben. Die Reden decken diese Fixierungen auf und ermöglichen im Nachhinein den Hörern, sich von ihnen zu lösen und ein neues, friedliches Handeln mit den Glaubenden zu beginnen.

## 8. Die Nachwirkung des Matthäusevangeliums

Der szenische Erzählteil deckt sich nicht mit dem Redeteil. Die matthäischen Reden analysieren und entwerfen Programme und bringen einen Überschuss an Polemik. Die Szenen stellen mögliche Handlungsverläufe vor. Jüngerschaft, Gegnerschaft und sympathisierendes Volk sind plausible, übersituative Rollenangebote. Sie sind offen definiert und fordern zum permanenten Wechsel auf. Sie strukturieren indirekt die Lesereinstellung.

die Reden als gemeindebezogene Warnungen und nicht als historische Verurteilungen

Die Reden dagegen erhellen die eschatologische Verantwortlichkeit. Sie appellieren direkt an die Einstellung des Lesers und verurteilen direkt zeitbedingte Entscheidungen. Wenn eine Rede vom narrativen Zusammenhang abgeschnitten wird, können unversehens im Leseprozess die Verurteilungen und Appelle historisiert werden. Aus den historischen, jüdischen Führern werden abschreckende Geschichts-Exempla, – so früher in den Medien der Christentumsgeschichte realisiert –, aus den historischen Zwölf werden die die *Kleinen* missbrauchenden Lüstlinge (Mt 18,6–10), – so zu Recht nicht von den Medien der Christentumsgeschichte realisiert –. Denn die Christen haben immer die Warnungen und Verurteilungen der Zwölf in den narrativen Rahmen der Evangeliumbiographie eingeordnet und dementsprechend als vermeidbare Möglichkeiten und nicht als historische Vorgänge interpretiert. Nur bei den Gegnern wurde diese verantwortungsvolle Lesestrategie lange Zeit außer Kraft gesetzt. Das damalige Judentum ist daher wieder mit einer verantwortungsvollen, narrativen Lesestrategie neu zu würdigen und die verurteilenden Reden sind aufgrund ihres narrativen Rahmens besonders auf die Gemeinde mit ihren internen Konflikten zu beziehen.

# VIII. Die Theologie des lukanischen Doppelwerks

## 1. Das lukanische Doppelwerk

Trennung der Apostelgeschichte vom Lukasevangelium durch den altkirchlichen Kanon

Der altkirchliche Kanon hatte mit dem Vierer-Evangelium die Apostelgeschichte vom Lukasevangelium getrennt. Die sekundären, unterschiedlichen Überschriften aus dem 2. Jh. zeigten ebenfalls eine Gattungsdifferenz an: Euangélion katà Loúkan; Práxeis Apostólon. Der Titel *Praxeis* (Taten) darf nicht auf die prinzipatzeitliche, romanhafte Praxeis-Literatur von Alexander d. Gr. eingeengt werden ((Ps.-Kallisthenes), *Bíos Alexándrou tou Makedónos kai Práxeis* = Leben und Taten des Makedonen Alexander (des Großen), 3. Jh.), sondern bezeichnet umfassend Taten und Worte von Personen innerhalb von Geschichtswerken, insbesondere der kritisch-pragmatischen Richtung (Polybios 1,1,1; 9,1,5–6). Daher kann die sekundäre Überschrift durchaus das zweite lukanische Buch zutreffend in den antiken Gattungskanon einordnen (Dibelius 1975, 168; Reiser 2001, 115; Holzbach 2006, 25–30).

getrennte oder zusammenhängende Auslegung

Aufgrund der unterschiedlichen Anordnung im Kanon und der unterschiedlichen Überschriften wurden beide Bücher getrennt voneinander ausgelegt (Schröter 2007, III 383). Erstmals stellte Cadbury 1927 mit dem programmatischen Titel *Luke-Acts* die theologische und historiographische Einheit des lukanischen Doppelwerks heraus (Cadbury 1961). Die Frage nach der gemeinsamen Theologie des lukanischen Doppelwerks setzte sich dann in der heutigen Lukasforschung durch (Schneider 1980, 1, 76–82; Tannehill 2, 1990; Schröter 2007, III 383–402).

## 2. Der Evangelist und seine Gemeinde

der anonyme Evangelist als Gottesfürchtiger oder Judenhellenist

Der Verfasser des dritten Evangeliums ist anonym. Seine Sprache wie auch seine theologischen Anschauungen weisen ihn als einen gebildeten Schriftsteller der griechischen Muttersprache aus. Er ist in der griechisch-hellenistischen Kultur des antiken Mittelmeerraumes verwurzelt. Seine Vertrautheit mit dem Alten Testament und die zentrale Bedeutung Jerusalems in seinem Doppelwerk bilden seine Besonderheit. Sie legt die Annahme nahe, dass Lukas entweder als Heide zu den sogenannten *Gottesfürchtigen* zählte, – d. h. zu Nichtjuden, die in Kontakt zur Synagoge in der griechisch sprechenden Welt lebten –, oder ein Judenhellenist war.

anonyme, mehrheitlich heidenchristliche Gemeinde im Osten zwischen 80–96

Nach der Zweiquellentheorie sind das Evangelium und die Apostelgeschichte nach 70 geschrieben. Im Vorwort wird vorausgesetzt, dass es schon vor *Lukas* mehrere Versuche gab, die Überlieferung aufzuschreiben (Lk 1,1–4). Über den Ort der Abfassung fehlen altkirchliche Zeugnisse. Vieles weist darauf hin, dass der Verfasser die Verhältnisse in Palästina nur unzureichend kennt. So dürften das Evangelium und die Apostelgeschichte außerhalb Palästinas im östlichen Mittelmeerraum zwischen 80–96 entstanden sein.

## 3. Zeit

Der Evangelist übernimmt aus dem Markusevangelium den unbestimmten, offenen Zeitraum des öffentlichen Wirkens Jesu von einem bis zu drei Jahren; nur das Passafest liegt als Zeitpunkt der Hinrichtung Jesu fest (Lk 22,1; Dormeyer 2002, 163–170). Allerdings verknüpft der Evangelist wiederholt den Anfangsteil durch Synchronismen mit der Lokal- und Weltgeschichte: Lk 1,5 (Herodes I.); 2,1 f. (Augustus; Quirinius); 3,1 f. (Tiberius; Pontius Pilatus, Herodes (Antipas), Philippus, Lysanias, die Hohenpriester Hannas, Kajaphas).

Synchronismen als Verklammerung mit der Weltgeschichte

In der Apostelgeschichte sind die Zeitangaben ebenfalls nicht so klar wie der Raum gegliedert. Zum Leben der Gemeinde in Antiochien und zum Martyrium des Apostels Jakobus in Jerusalem liefert der Evangelist dann die ersten Synchronismen. Es werden der römische Kaiser Claudius und der jüdische König Agrippa I. eingeführt (Apg 11,28; 12,1). Ab Apg 18,12 folgen weitere Synchronismen.

biographische pathetische Geschichtsschreibung

Die Zeitangaben bauen zum einen keinen kontinuierlichen Rahmen auf. Zum anderen setzen sie mit den wenigen Synchronismen und den Angaben von längeren Zeitspannen eindeutige Markierungen. Die Apostelgeschichte erstreckt sich vom Zeitpunkt des Todes Jesu unter Pontius Pilatus im Jahre 30 bis zum Romaufenthalt des Paulus im Jahre 60–62/64. Die lockere Zeitfolge zeigt an, dass der Evangelist weder eine Chronik, noch ein kritisch-pragmatisches Geschichtswerk schreiben will. Ihm geht es um eine biographische, pathetische Geschichtsschreibung. Auf die Aufeinanderfolge weltentscheidender Personen und deren Affekte und Leiden kommt es an, nicht auf einen objektiven, zeitlichen Ablauf (Dormeyer/Galindo 2003, 16–26).

## 4. Theologische Geschichtsschreibung und Heilsgeschichte

das Drei-Epochenschema

Bereits 1954 konstruierte Conzelmann mit dem *Drei-Epochen-Schema* ein singuläres, *heilsgeschichtliches* Zeitverständnis für das lukanische Doppelwerk. Jesus Christus ist die *„Mitte der Zeit"*, Israel ist die Vorbereitung, die Kirche ist die *„Zeit seit der Erhöhung des Herrn"* (Conzelmann 1993, 9). Die Kirche schaut nicht auf die Jesuszeit als Vergangenheit zurück, sondern lebt unmittelbar aus der Jesusbegegnung als gegenwärtige Heilszeit. Quellen und Traditionen haben keine historische, sondern nur literarische Bedeutung. Die griechisch-römische *Monographie* ist literarisch die naheste Parallele zur Apostelgeschichte; sie bleibt aber gegenüber der theologischen Intention nur äußere Form (Conzelmann 1993, 6). Von der Apostelgeschichte ist das Lukasevangelium zu unterscheiden, da es zur singulären urchristlichen Gattung *Evangelium* gehört (Conzelmann 1993, 2–7).

das Zwei-Epochenschema

Gegen diese Einseitigkeit setzte 1979 Hengel: „*Unzeitgemäße Gedanken zu Lukas als theologischem Geschichtsschreiber*" (Hengel 1979, 54–62). „Hinter *anderen antiken Geschichtsschreibern* steht Lukas an Vertrauenswürdigkeit nicht zurück ... Er ist nicht bloßer ‚Erbauungsschriftsteller', sondern ernst zunehmender Historiker und Theologe zugleich." (Hengel 1979, 55f.) Gegen Conzelmann sieht Hengel eine formale und inhaltliche Kontinuität zur alttestamentlichen Geschichtsschreibung (Hengel 1979, 37–41). Das Drei-Epochenschema ist zum Zwei-Epochenschema von *Verheißung und Erfüllung* abzuwandeln (Kümmel 1956, 117–132; Hengel 1979, 41; Schneider 1980, 1, 73–76.122–139).

Der neuzeitliche weite Begriff *Heilsgeschichte* trifft außerdem nicht nur für die biblischen Schriften, sondern auch für die hellenistische pathetische und römische Geschichtsschreibung zu. Timpe stellt kritisch gegen Conzelmann fest: „Wenn sich in seinem Werk (Lk-Apg) Verkündigung und Literatur mischen, so dient doch diese jener, nicht umgekehrt. Die Annahme einer Historisierung der heilsgeschichtlichen Epoche als Zeit der Kirche und Gegenstand von Geschichtsschreibung nimmt die literarische Technik zu Unrecht für geschichtliche Konzeption." (Timpe 2001, 55) Wenn theologisch genau von *Heilsgeschichte* gesprochen werden soll, darf nur Gottes oder der Götter Offenbarungshandeln gemeint sein, nicht innerweltliches Handeln von Personen.

Heilsgeschichte für das Römische Reich und ihre Kritik durch Apokalyptik und Profangeschichte

Denn auch die griechischen Biographien und die römische Geschichtsschreibung kennen religiöse Aspekte: Der Kaiserkult hält mit religiösen Ideen, Emotionen und Ritualen das Weltreich zusammen (Clauss 1999; Cineira 1999, 134–137); das römische Imperium ist die Vollendung der Weltreiche. Polybios stellt in seinem Vorwort deutlich diese präsentische Eschatologie heraus: „Daß aber in der Tat das historische Geschehen, das wir uns zum Thema gewählt haben, groß und außerordentlich ist, wird wohl dann am deutlichsten, wenn wir die berühmtesten unter den früheren Reichen, mit denen sich die Geschichtsschreiben vor allem beschäftigt haben, mit der Machtstellung der Römer vergleichen und zusammenstellen." (Pol. 1,2)

Die universalgeschichtliche Evolution findet im Römischen Weltreich seine Vollendung; dagegen steigert das zeitgleiche Danielbuch die Abfolge der Weltreiche apokalyptisch negativ, um nach einem kosmischen Bruch die transzendente Gottesherrschaft anbrechen zu lassen (Dan 2,40–45). Die römische Weltreichsidee bleibt für universalgeschichtliche und offenbarungsgeschichtliche Auslegungen, positive wie negative, offen, sowohl für die Völker, als auch für Juden und Christen. Doch die historischen Größen Rom, Israel und Urgemeinde werden nicht identisch mit dem göttlichen Heil, sondern behalten ihre profane Geschichtlichkeit mit historiographischen Traditionen bei (Timpe 2001, 26f.; Mehl 2001, 96–103).

## 5. Das lukanische Doppelwerk als pathetische/mimetische Geschichtsschreibung mit Einwirken Gottes

Inzwischen besteht ein Konsens, dass *Lukas* mit seinen Prologen seine zwei Bücher der griechischen *Historiographie* zurechnet (Radl 2003, 17–19). Er rechnet seine *diégesis* (Erzählung) (Plut., Lyc. 1,7; Dion. Hal., ant. 1,7,4) sogar wie der jüdische Zeitgenosse Josephus explizit der *pragmatischen Geschichtsschreibung* zu: *pragmáton* (Taten) (Lk 1,1; Jos., ant. 1,5). Doch wie Josephus kündigt er zugleich eine Abweichung an: *„peplerophoremén-on en hemín"* (unter uns *erfüllten* Taten) (Lk 1,1). Von wem sind die Taten erfüllt worden? Die logischen Subjekte werden gleich in der ersten Erzählung Lk 1,5–25 nachgetragen. Es handelt sich um *Personen* der Zeitgeschichte, um einen *Engel Gottes* und um *Gott* selbst.

Der Prolog zum zweiten Band nennt rückblickend Jesus als Hauptperson: Den *„Anfang"* seines *„Tuns"* und *„Lehrens"* hat der Ich-Autor im *„ersten Buch"* dargestellt (Apg 1,1).

Anschließend geht es um die Weisungen an die Apostel bis zum und besonders am Himmelfahrtstag und deren Einlösung durch die Apostel unter Führung des heiligen Geistes „bis an die *Grenzen der Erde*" (Apg 1,6–8). Rom wird zwar als Mittelpunkt der *Erde* Endstation des Paulus und Ende der Apostelgeschichte (Apg 28, 16–31), aber die römische Geschichte wird nicht zum Zentralthema, und es geht um die Grenzen *aller Völker* weit über Rom hinaus (Schmidt 2007). Es geht also um Universalgeschichte, die ohne Rom-Zentrierung von Menschen einerseits und vom heiligen Geist, von Engeln, vom Auferstandenen und von Gott selbst andererseits erzeugt wird (Ebner/ Schreiber 2008, 230–235).

Machttaten Gottes in der profanen Geschichte Jesu und der Kirche

Selbstbewusst setzt der Evangelist die *Machttaten (dýnamis;* Lk 1,17.35) der Angelophanie vor dem Priester Zacharias und der Jungfrau Maria an den Anfang des ersten Buches und die Herabkunft des heiligen Geistes an den Anfang des zweiten Buches. Es geht um die Gründe (*aitíai*) für die Darstellung der *„Geschichte einer einzigen Epoche"* (Wolter 2004, 257). Nach kritischem, griechisch-römischem Verständnis liegen Fieberphantasien vor, so der Einwurf des Prokonsuls Festus gegen Paulus bei dessen letzter Verteidigungsrede (Apg 26,24). Nach dem Evangelisten nennt Paulus dagegen die verborgenen göttlichen Kräfte.

Es mahnt der Evangelist wie bereits das Zweite Makkabäerbuch die Berücksichtigung göttlichen Handelns an. Himmlische Erscheinungen helfen den Verteidigern des Judentum (2 Makk 2,19–32; 3,23–30). Die göttliche Weltlenkung mit dem Weltgericht als Abschluss macht aus dem lukanischen Doppelwerk eine Universalgeschichte (Lk 17,20–37; 21,5–36) (Aune 1987, 88f.).

Der Evangelist sprach mit der gesamten pathetischen oder mimetischen Geschichtsschreibung die antiken Hörer an, die bei aller berechtigten Kritik an der tradierten Götterwelt offen blieben für das verborgene Einwirken des unbewegten Bewegers, der mit Hilfe von Dämonen (Untergottheiten) in *Wundern* und Offenbarungen *epiphan* = offenkundig werden konnte (Dormeyer 2009, 17–20).

Bios und pathetische Geschichtsschreibung beziehen göttliches Handeln mit ein

Da biographische Geschichtsschreibung und Biographie eng zusammenhängen, zeigen besonders die Herrscherbiographien von Plutarch eine Parallele zum lukanischen Doppelwerk (Plümacher 1972, 137–140; Radl 1975, 353; Frickenschmidt 1997, 478–501; Holzbach 2006; Heininger 2007, 423–425; Dormeyer 2009, 17–20; Ebner 2009, 48–50; Heil 2009, 86–94; Müller 2009, 106–113).

## 6. Der Aufbau der Idealbiographie Lukasevangelium und der biographischen Geschichtsschreibung Apostelgeschichte

### *a) Lukasevangelium*

Am schlüssigsten ist es, wie bei der Vorlage Markusevangelium den geographischen Kode für die Gliederung der Rahmenhandlung des Lukasevangeliums zugrunde zu legen. Der Evangelist erweitert die geographische Zentralkomposition des Markusevangeliums zur neuen Dreiergliederung Galiläa – Reisebericht – Jerusalem:

| | |
|---|---|
| O. Proömium | 1,1–4 |
| A. Exposition: Kindheitsgeschichten, Vorbereitung des Auftretens | 1,5–4,13 |
| B. Jesu Wirken in Galiläa | 4,14–9,50 |
| C. Jesu Reise nach Jerusalem (*Reisebericht*) | 9,51–19,27 |
| B'. Jesu Wirken und Passion in Jerusalem | 19,28–23,56 |
| A'. Auferweckung und Erscheinungen | 24,1–53 |

(Pokorný/Heckel 2007, 488–494).

### *b) Die Apostelgeschichte*

In der Apostelgeschichte lässt sich ein symmetrischer Aufbau der großen Abschnitte erkennen:

die Wanderung der angebrochenen Königsherrschaft Gottes von Jerusalem nach Rom

| | |
|---|---|
| A. Prolog und die Jerusalemer Urgemeinde als Wiederherstellung Israels (Gründungszeit): | 1,1–26; 2,1–8,1a |
| B. Die Ausbreitung des Evangeliums zu den Völkern: | 8,1b–14,28 |
| – die Ausbreitung des Evangeliums nach Samarien, nach Judäa und nach Antiochien; | 8,1b–12,25; |
| – die Erste Missionsreise von Barnabas und Paulus; | 13,1–14,28 |
| – der Apostelkonvent in Jerusalem. | 15,1–35 |
| B'. Die selbständigen Missionsreisen des Paulus: | 15,36–21,17 |
| – die Zweite Missionsreise des Paulus; | 15,36–18,22 |
| – die Dritte Missionsreise des Paulus. | 18,23–21,17 |
| A'. Verhaftung und Gefangenschaft des Paulus und Epilog in Rom: | 21,18–28,31 |

(Dormeyer/Galindo 2003, 16–20).

## 7. Gott

### *a) Gott und Engel*

Der Evangelist betont im Vorwort zum zweiten Buch, dass er im ersten Buch nur den *Anfang* der Tätigkeit Jesu berichtet habe; im zweiten Buch setzt Gott dessen Tätigkeit mit der Aufnahme Jesu in den Himmel und der anschließenden Geistsendung fort (Pokorný 1998, 25). Im Wirken Jesu (erstes Buch) findet ein *Gründungsgeschehen* Gottes statt, das sich im zweiten Buch im Wirken des Geistes an den Aposteln und Zeugen fortsetzt (März 2008 161 f.).

*Gott* kommt doppelt so häufig vor wie im Markusevangelium und Matthäusevangelium: 122-mal (Markusevangelium: 48-mal; Matthäusevangelium: 51-mal). Gott ist wie im Markusevangelium und in Q *Schöpfer* (Lk 12,22–31; 18,27), offenbart seinen *Willen* als wahre Gesetzesauslegung (Lk 10,26; 16,16f.; 22,42) und verleiht Jesus seine *Vollmacht* (Lk 4,32.36; 5,24; 7,8; 9,1; 20,2.8).

Gott, der Schöpfer und Vater

Gott ist der *Vater* Jesu (Lk 2,49; 9,26; 10,21f.; 22,29.42; 23,34.46; 24,49) und der *Vater* aller Menschen (Lk 6,36; 11,2.13; 12,30–32; Apg 17,28f.).

Theophanien Gottes in der Natur

Hinter dem Wirken des irdischen und auferstandenen Jesus und dem Verlauf der innerweltlichen Ereignisse steht Gott selbst. Er tritt nicht als eine eigene Person auf. Aber er kann direkt auf die Natur einwirken und eine Theophanie erzeugen. Er erscheint in der Stimme bei der Taufe (Lk 3,22), bei der Verklärung (Lk 9,35f.) und bei der Geistsendung (Apg 2,2–6), in der Wolke bei der Verklärung (Lk 9,34f.) und der Himmelfahrt (Apg 1,9), sowie im Erdbeben nach dem Gebet der Gemeinde (Apg 4,31) und während des Gefängnisaufenthalts des Paulus in Philippi (Apg 16,26). Er sorgt für Gegenwind, Sturm, glücklichen Schiffbruch und schnelle Fahrt nach Puteoli in Italien (Apg 27–28).

die Sendung von Engeln

Er sendet seinen Engel bzw. seine Engel in den Kindheitsgeschichten (Lk 1,11–2,21), im Gebetskampf Jesu am Ölberg (Lk 22,43f.), zum leeren Grab (Lk 24,4), nach der Himmelfahrt (Apg 1,10f.), zur Befreiung der Apostel (Apg 5,19), zur Überbringung des Missionsauftrages für Philippus (Apg 8,26), als Vision zum Hauptmann Kornelius (Apg 10,3), zur Befreiung des Petrus (Apg 12,7), zur Bestrafung von Agrippa I. (Apg 12,23), zur Glaubensstärkung für Paulus (Apg 27,23) und als Ausnahme einen visionären Makedonier mit Missionsauftrag für Paulus (Apg 16,9).

### *b) Heiliger Geist, Dämonen, Teufel und Satan*

Der heilige Geist Gottes lenkt besonders in der Kindheitsgeschichte die an Gott glaubenden Personen (Lk 1,15 u.ö.) und verleiht Jesus beim öffentlichen Auftreten die Herrschaft über die *unreinen Geister/Dämonen* (Lk 4,33 u.ö.). Jesus gibt ihn an die Jünger weiter (Lk 10,20 u.ö.).

Der Teufel (Lk 4,2–13) wird wie im Matthäusevangelium mit Satan verschmolzen (Lk 8,12/Mk 4,15). Satan stürzt zwar beim öffentlichen Auftreten Jesu wie ein „Blitz aus dem Himmel“ (Lk 10,18), doch seine Herrschaft ist wie bei den anderen Synoptikern noch nicht endgültig gebrochen (Lk 11,18/Mk 3,26/Mt 12,26). Er vermag eine *Tochter Abrahams* mit Krankheit zu schlagen (Lk 13,16) und Judas zum Verrat anzustiften (Lk 22,3). Auch nach Ostern wird er weiter der Versucher sein (Lk 22,31). So kann er das Herz von Hananias erfüllen und ihn dazu verführen, die Apostel zu belügen (Apg 5,3) und kann die Völker weiterhin in der Finsternis des Unglaubens halten bis zur Evangeliumsverkündigung des Paulus (Apg 26,18).

der heilige Geist als Lenker der Glaubenden

Auch im zweiten Buch verwaltet Gott mit Jesus zusammen den heiligen Geist wie bei Paulus. Der heilige Geist wird mit Jesu Tod von der Welt genommen und zu Pfingsten wieder von Gott und dem Erhöhten gemeinsam auf die Anhänger Jesu gesandt (Apg 2,33). Der Geist lässt anfanghaft die Endzeit anbrechen mit Prophetie, Wundertätigkeit und Umkehr-Taufe (Apg 2 u.ö.). Er unterstützt die Verteidigung, das Gebet und die Reinheit der Apostel und der Gemeinde (Apg 4–5). Er erfüllt den Siebenerkreis (Apg 6–7). Der heilige Geist wird vom apostolischen Zwölferkreis zu den Getauften in Samarien gebracht (Apg 8), vom Jünger Hananias zu Paulus (Apg 9) und vom Apostel Paulus zu den Völkern und zu den Johannesjüngern in Ephesus (Apg 19). Der Geist stellt die Verbindung der Getauften zur apostolischen Tradition her.

Der Geist will die Mission. Er treibt Philippus zur Bekehrung des Äthiopiers an (Apg 8) und Petrus zur Aufnahme der Gesandtschaft des Heiden Kornelius; noch vor dessen Taufe fällt er auf Kornelius und sein Haus herab (Apg 10). Der heilige Geist veranlasst den Fünferkreis in Antiochien zur Aussendung von Barnabas und Paulus auf die Erste Missionsreise (Apg 13–14) und lenkt Paulus auf der Zweiten und Dritten Missionsreise (Apg 16,6–21,11) und auf der Gefangenschaftsreise (Apg 20,23).

Der heilige Geist verfasst gemeinsam mit den Aposteln und Presbytern auf dem Konvent das Dekret (Apg 15,28) und sorgt in der Zukunft für die Einsetzung der Gemeindeleiter (Apg 20,28). Der heilige Geist ist die von Gott kommende Antriebskraft der Gläubigen. Er teilt sich in vielerlei Formen mit. Er kann Diskussionen um den wahren Geistbesitz auslösen (Apg 8,14–25; 21,1–14). Er lenkt die Geschichte der Apostel und Zeugen bis zur Gefangennahme des Paulus (Apg 21,27–40).

Dann greifen wieder verstärkt der Auferstandene und Gott durch Visionen und Naturereignisse ein. Erst im Schlusswort des Paulus wird noch einmal auf den heiligen Geist verwiesen. Er hat die heiligen Schriften des Judentums und insbesondere die Propheten inspiriert. Paulus ist geisterfüllter Ausleger des geisterfüllten Verstockungswortes des Propheten Jesaja. Mit Paulus kommen alle endzeitlichen, Jerusalemer Geistesgaben in Rom an. Dort bleiben sie in der Gemeinde für alle hörbereiten Juden und Völker anwesend und bilden den Anfang der Königsherrschaft Gottes.

### *c) Königsherrschaft Gottes*

Gott lässt seine Königsherrschaft in Jesus anbrechen (Lk 1,33; 4,43 u. ö.). Der Evangelist übernimmt mit Kürzungen die Gleichnisrede Mk 4,1–34 (Lk 8,4–18; 13,18f.), die Gleichnisse zum Abschluss der Testamentrede Mk 13,28–36 (Lk 21,29–31; 12,35–38), das Gleichnis von den Weinbergpächtern Mk 12,1–12 (Lk 20,9–19), sowie die Gleichnisse von Q und vermehrt diese Gleichnisse von der Königsherrschaft Gottes um die Gleichnisse vom Verlorenen (Lk 15,1–7.8–10.11–32), vom klugen Verwalter (Lk 16,1–8), vom reichen Mann und armen Lazarus (Lk 16,19–31), vom gottlosen Richter und der Witwe, vom Pharisäer und Zöllner (Lk 18,1–8.9–14) und weitere mehr.

Die Wunder Jesu, die im Lukasevangelium einen geringeren Raum als im Markusevangelium und Matthäusevangelium einnehmen (Knoch 1993, 556), symbolisieren weiterhin den Anbruch der *Königsherrschaft Gottes* in Jesus (Q/Lk 11,20).

die Königsherrschaft Gottes als Umgestaltung der Welt

Im zweiten Buch ist die Königsherrschaft Gottes zunächst ein synonymer Begriff für den heiligen Geist Gottes. Wo der heilige Geist wirkt, bricht die Herrschaft Gottes an. Die Metapher *Königs*-Herrschaft betont dann zusätzlich den sozialen und politischen Bereich. Sie will erkennbar und dauerhaft menschliche Herrschaftsbereiche erfüllen. Sie begnügt sich nicht mit der

Geisterfüllung des isolierten Individuums, wie es die hellenistische Götterwelt bevorzugt. Die *Königsherrschaft Gottes* lässt die spontanen Gaben des Geistes dauerhaft wirken. Wo sie anfanghaft anwesend wird wie in Jerusalem und Rom, bleiben Prophetie, Wunder und Weisheit dauerhaft wirksam. Die Königsherrschaft Gottes steht religiös und politisch über der Herrschaft der Cäsaren, die ihre Väter und damit sich selbst vergöttlichen, und wird sie richten (Lk 21,24; Apg 17,31).

die Wiederherstellung Israels und der Völker

Jesus hatte im ersten Buch die Königsherrschaft Gottes für Israel anbrechen lassen. Seine Wiederherstellung Israels bricht in seinem Kreuzestod ab und ereignet sich neu ab der Himmelfahrt. Die Apostel stellen den Zwölferkreis als Symbol für das Zwölfstämme-Volk Israel wieder her (Apg 1,15–26). Sie stellen weiterhin wieder her die Prophetie Israels (Apg 2,1–41), die Gütergemeinschaft und die Wunder beim Auszug (Apg 2,42–47; 3,1–26), die Reinheit und die Einheit Israels (Apg 5,1–11; 6,1–7). Als siebte Wiederherstellung bleibt die Öffnung für die Völker noch zu erfüllen. Sie findet ihren vorläufigen Höhepunkt in der Ankunft des Paulus in Rom; er ist der besonders bevollmächtigte Verkünder der Königsherrschaft Gottes (Apg 14,22; 19,8; 20,25; 28,23.31); neben ihm werden nur noch Philippus (Apg 8,12) und Barnabas (Apg 14,22) als ihre Verkünder benannt. Als *Missionare* und *Wiederhersteller der Königsherrschaft Gottes* setzen Paulus, Barnabas und Philippus das Werk der anderen Apostel und Zeugen fort. Wenn Gott seine Königsherrschaft vollendet hat, in der das wiederhergestellte Israel und die Völker eine Einheit bilden, hat sich die Endzeit erfüllt. Dann kehrt der aufgefahrene Jesus wieder aus dem Himmel zurück und herrscht als ewiger Christus in der vollendeten Königsherrschaft Gottes.

## 8. Christologie

Gott ist mit dem heiligen Geist der verborgene Handlungssouverän. Auf der sichtbaren Ebene der Handlung und Reden allerdings bleibt Jesus mit 56,7 % das dominierende Subjekt der Verben (Burridge 1992, 273). Gott handelt durch ihn und alle weiteren Beteiligten seines *Wohlgefallens* (eudokía Lk 2,14).

der göttliche Handlungsbogen und das Leidensgeheimnis

Der markinische göttliche Handlungsbogen bleibt gewahrt. In der zusätzlich vorgeschalteten Kindheitsgeschichte wird zwar der *Sohn Gottes*-Titel unterschiedlichen Personen verkündet (Lk 1,32–2,49), danach aber während der öffentlichen Epiphanie bei der Taufe nur von Jesus gehört und aufgenommen (Lk 3,21 f.). Nach der zweiten Epiphanie auf dem Berg wird Jesu Gottessohnschaft unter das *Leidensgeheimnis* gestellt (Lk 9,28–36). Erst aufgrund der Auferstehung können Hoheit und Leiden von der Öffentlichkeit als Einheit verstanden werden.

Außerdem zeigt Jesus als *Sohn Gottes* den anderen Gotteskindern (Lk 3,23–38; 6,35; 20,36; Apg 17,28) den Weg zu Gott.

In der Apostelgeschichte kommt *Sohn Gottes* nur zweimal vor und bildet keinen eigenen Handlungsbogen mehr. *Sohn Gottes* steht in der Verkündigung des Paulus synonym für *Christus* (Apg 9,20; 13,33).

Gleichzeitig ergibt sich ein christologischer Handlungsbogen. Der Hoheitstiteltitel *Christus* fällt noch nicht in der Überschrift, sondern wird erst nach der Geburt Jesu von einem Engel verkündet: „[11]Geboren wurde euch heute ein Retter, der ist der Christus, der Herr, in der Stadt Davids." (Lk 2,11)

Christus als Überbieter des Johannes

Als eschatologischer *Christus* überbietet Jesus Johannes den Täufer, der vom Volk für den kommenden Christus gehalten wird, diese Erwartung aber zurückweist (Lk 3,15–17). Entsprechend parallelisiert der Evangelist die Kindheitsgeschichten von Johannes und Jesus und lässt nach dem Vergleichsmuster (Synkrisis) der hellenistischen Biographien Jesus den Johannes überbieten (Müller 2001). Nach der Taufe nennt nur der Evangelist hellenistischer Auffassung gemäß Jesu Mannesalter von 30 Jahren als Vorbedingung des öffentlichen Auftretens und hängt den für eine Herrscherbiographie erwünschten, aber nicht erforderlichen Stammbaum an (Lk 3,23a.23b–38). Das Schweigegebot an die Dämonen erhält zusätzlich zum *Sohn Gottes* den *Christus*titel (Lk 4,41). Das Christusbekenntnis des Petrus leitet die Schlussphase des galiläischen Teils ein (Lk 9,18–22.23–50). Im Reisebericht fehlen dann die Hoheitstitel *Sohn Gottes* und *Christus*. Allerdings steht der absolute Gebrauch von *Sohn* zentral; Jesus betont mit dem eschatologischen Jubelruf aus Q seine Nähe zu Gott, dem Vater (Lk 10,21 f.). Erst im Jerusalemer Teil werden dann wieder während der Passion *Sohn Gottes* und *Christus* mit Missverständnis ausgesprochen (Lk 22,67–23,39).

das Weiterwirken des Auferstandenen als Christus für die Gemeinde

In der Apostelgeschichte wird *Christus* dann zum herausragenden Titel (25 x). Jesus hält als Auferstandener und Erhöhter den Anfang der Königsherrschaft Gottes aufrecht. Jesus erscheint nach seiner Auferstehung als der erhöhte *Christus-Messias* dem apostolischen Elferkreis und belehrt sie. Die Himmelfahrt beendet seine Lehre, aber nicht sein Einwirken auf die Anhänger. Er zeigt sich dem ersten Blutzeugen Stephanus in einer himmlischen Vision. Er erscheint seinem Verfolger Saulus und bekehrt ihn. Er gibt in einer Vision dem Jünger Hananias in Damaskus den Auftrag, Paulus zu heilen. In Jesu Christi Namen vollbringen die Apostel und Zeugen ebenfalls ihre Wunder. Er erscheint Paulus zum zweiten Male beim ersten Jerusalembesuch im Tempel, zum dritten Male in Korinth und zum vierten Male während der Gefangenschaft in Jerusalem. Paulus verkündet abschließend in Rom die *Lehre über Jesus Christus* (Apg 28,31).

Zum christologischen Handlungsbogen gehören der Hoheitstitel *Menschensohn* und weitere Titel. *Menschensohn* hat im Lukasevangelium als Selbstbezeichnung Jesu die Bedeutungsbreite wie im Markusevangelium. In der Apostelgeschichte taucht *Menschensohn* nur einmal auf, und zwar im Munde von Stephanus (Apg 7,56). Dieser palästinensische Hoheitstitel wurde von den Heidenhellenisten nicht mehr verstanden; er fehlt ja auch in den paulinischen Briefen. Jesus repräsentiert als *Menschensohn* das heilige, gerettete Israel im Himmel. Er wird für die Vollendung Israels mit den Völkern sorgen (Apg 17,31).

Der profane, griechische Titel *Herr, Kyrios*, wird ebenfalls häufig für Jesus gebraucht. *Herr* ist wie im Markusevangelium eine ehrende Anrede, die aber noch stärker als im Markusevangelium die spätere, nachösterliche Hoheit Jesu betont (Lk 2,11). Die Anreden des erhöhten Jesus mit *Herr* (Lk 24,3.34; Apg 1,6; 7,59.60; 9,10.13; 22,19) geben ihm den gleichen hoheitlichen Rang wie Gott selbst; Gott und der erhöhte *Herr* Jesus handeln als eine göttliche Einheit (Fitzmyer 1992, 818 f.). Der Kyrios Jesus hat Israel und allen

Völkern die Erlösung gebracht und bietet ihnen bis zum Weltende die Umkehr an.

Rettung für alle Völker

Die *Erlösung* wird wie bei Paulus als *Rettung* (sotería) bezeichnet (1 Thess 1,10; Lk 1,69 u.ö.); Jesus ist der *Retter* (Lk 2,11). Von den Evangelisten verwendet nur Lukas die beiden Begriffe *Rettung* und *Retter*; nur das Johannesevangelium hat noch 1-mal den Hoheitstitel *Retter* (Joh 4,42). Außerdem lässt der Evangelist die anderen Erlösungsmetaphern *Lösegeld* (Mk 10,45/Mt 20,28) und *Sühnopfer* aus (Röm 3,25; s.o. III.4.g). Nicht ein einzelnes Ereignis allein, sondern der gesamte Lebensweg Jesu bringt die *Rettung* und *Erlösung* (Weiser 1993, 144–147).

Jesus als eschatologischer Prophet

Der Evangelist behält altertümliche Titel bei wie *Anführer zum Leben* (Apg 3,15), *Gerechter* (Lk 23,47; Apg 3,14 u.ö.), *Heiliger* (Apg 3,14; Mk 1,24) und *Knecht* (Apg 3,13.26; 4,27). *Prophet* nimmt die Hauptrolle ein. Johannes und Jesus sind Propheten ((Lk 1,76; 4,24; 20,6; 24,19). Sie erfüllen die Verheißungen der alttestamentlichen Propheten (Lk 1,70; 4,17 u.ö.). In Jesus als Wundertäter leben besonders die wundertätigen Propheten Elischa und Elija wieder auf (Lk 4,27; 7,16; 9,8.19). Zugleich sind Johannes und Jesus die großen Umkehrprediger in Fortführung der alttestamentlichen kritischen Schriftpropheten (Lk 7,26; 16,16; 10,24). Daher erfahren sie auch deren Verfolgungsschicksal (Lk 11,47.49). Der Prophetentod wird Jesus in Jerusalem ereilen (Lk 13, 33f.). Doch als der verheißene, eschatologische Prophet (Dtn 18,18) bleibt der gekreuzigte Jesus nicht im Grabe, sondern erscheint als der auferweckte *Herr* seinen Jüngern (Lk 24,13–35.36–53). Gott hat in ihm seine Verheißungen an Israel erfüllt und in seinem Namen die Rettung und Umkehr für alle Völker ermöglicht (Lk 24,46f.). Die Spannung zwischen leidendem und hoheitlichem Sohn Gottes, Christus und Prophet ist das fundamentale Paradox des christlichen Glaubens (Lk 24,26f.46).

die zentrale Bedeutung des Namens Jesu

Der *Name Jesus* gewinnt eine zentrale Bedeutung. Die Jünger und Sympathisanten heilen nicht nur im *Namen* Jesu wie im Markusevangelium (Mk 9,38f.; Lk 9,49f.), sondern taufen auf seinen Namen (Apg 8,16; Mt 28,19) und erhalten bei Anrufung seines *Namens Rettung* (Apg 4,12). „Die Wirkung des Namens ist die spezifisch lukanische Darstellungsform der Präsenz des erhöhten Christus" (Gnilka 1994, 208).

## 9. Haus, Tempel, Gebet und eucharistische Mahlzeiten

Während der Tempel das erste Buch, das Evangelium, umschließt, verbindet in der Apostelgeschichte das Haus den Prolog mit dem Epilog. Die Hausversammlung hat den Tempel abgelöst. Im Prolog verharren die Versammelten im Haus im gemeinsamen, verborgenen Gebet, im Epilog verkündet Paulus mit dem Freimut des Philosophen öffentlich in seiner Wohnung die Lehre von der Königsherrschaft Gottes und vom Herrn Jesus Christus. Der pfingstliche Geist hat die Verborgenheit in Öffentlichkeit umgewandelt.

Ablösung des Tempels durch das Haus mit eucharistischen Mahlfeiern

Die Gemeinde pflegt noch das tägliche Gebet im Tempel. Zusätzlich feiert sie das tägliche Gebet in den Häusern. Nach der Freilassung von Petrus und Johannes reflektiert die Gemeinde im Gebet mit Hilfe der alttestamentlichen Psalmen *Davids* die Situation neu. Der Dienst der Apostel am Wort schließt den Dienst am Gebet mit ein (Apg 6,4). Das Gebet bleibt der ständige Selbstvollzug der Gläubigen.

Gemeinsame eucharistische Mahlzeiten verbinden die Jesus-Anhänger von der Passion Jesu an bis zur Ankunft des Paulus in Rom. Vorläufer sind die vielen Tischgemeinschaften Jesu mit JüngerInnen, Volk und Gegnern (Pharisäern) im Lukasevangelium (Prostmeier 2008). Der Epilog hält die Mahlfeier offen für die Verkündigung an Glaubenssuchende (Apg 28,16–31). Die Mahlfeier ist die Grundlage der Mission und muss sich immer wieder für sie öffnen. Vom Verlauf der sonntäglichen Eucharistiefeier berichtet zum ersten Male im Neuen Testament der Besuch des Paulus in Troas (Apg 20,7–12).

## 10. Armut und Reichtum

Der Evangelist übernimmt aus Q die drei Seligpreisungen der Armen (Lk 6,20f.) und erweitert sie mit drei redaktionellen Weherufen gegen die Reichen (Lk 6,24f.). In der Kindheitsgeschichte repräsentiert Maria mit der Geburt Jesu im Stall und den bescheidenen zwei Turteltauben als Reinigungsopfer (Lk 2,7.22–24) die Armut der Familie Jesu. Das Gleichnis vom reichen Mann und armen Lazarus (Lk 16,19–31) vertieft die Weherufe gegen die Reichen.

Solidarität für die Armen, besonders von den Reichen

Doch es geht dem Evangelisten nicht um die Verdammung der Reichen, sondern um den gerechten Ausgleich zwischen Armut und Reichtum. In der Urgemeinde wird die Gütergemeinschaft notwendig, um den Armen das *Nötige* zu geben (Apg 2,45). Die Versorgung der verarmten judenhellenistischen Witwen erfordert anschließend die Bildung des Siebener-Kreises (Apg 6,1–7). Die paulinische Mission kennt zwar keine Gütergemeinschaft mehr, fordert aber die *Wohltätigkeit* (*euergesía*) der Hauseigentümer ein. Wie wohlhabende Frauen den irdischen Jesus unterstützt haben (Lk 8,1–3), so sammelt die antiochenische Gemeinde eine Kollekte für die Hungersnot der Jerusalemer Gemeinde (Apg 11,27–30) und bringt Paulus später die Kosten für die Auslösung von christlichen Nasiräern in Jerusalem auf (Apg 21,24).

## 11. Zwölferkreis, Jünger, Gemeindestrukturen und Leitungsämter

die Zwölf und die Siebzig

Der Evangelist übernimmt aus dem Markusevangelium den Zwölferkreis (Mk 3,13–19/Lk 6,12–16). Nur seine Mitglieder erhalten im Lukasevangelium den Titel *Apostel* (Lk 6,13; 9,10; 11,49; 17,5; 22,14; 24,10; Apg 1,2 u.ö.). Der Evangelist unterscheidet zwischen den zwölf Aposteln, die parallel zum Markusevangelium nach ihrer Auswahl ausgesandt werden (Mk 6,7–13/Lk 9,1–6), und den anderen Jüngern, von denen weitere Siebzig ausgewählt und ausgesandt werden (Lk 10,1–16). Die Zahl Siebzig steht für die Völker.

Nach Ostern *belehrt* der Auferstandene 40 Tage lang seine elf Apostel mit Weisungen und Voraussagungen (Apg 1,1–8). Dann erweitert sich der Kreis um den zwölften Apostel, die weiblichen Jüngerinnen, die das Grab besucht haben, um die Familie Jesu und um gläubige *Brüder* (Apg 1,12–15). Ab Pfingsten sorgt der heilige Geist für die richtige Lehre. Die Apostel, die Zeugen und die Gemeinde legen neu die heiligen Schriften des Judentums auf Jesus hin aus. Sie treten mit den volkstümlichen und philosophischen Theorien der hellenistischen Völkerwelt in den kritischen Dialog. Sie vermögen einen großen Teil der Hörer zu überzeugen.

neue Lehre und Verfolgung

Der ablehnende Teil der Hörer reagiert mit vielfältigen Formen der Verfolgung. Sie beginnt mit der Festnahme und dem Verhör von Petrus und Johannes durch den Hohen Rat (Apg 4). Sie bleibt ständig anwesend bis zum Ende, bis zur Ankunft des Paulus in Rom. Aber auch der bevorstehende Tod des Paulus bringt die Lehre nicht zum Verstummen. Die Apostel und Zeugen sind in ihrem gesamten Leben sichtbarer Ausdruck der Wahrheit der Lehre.

Vielfalt von Gemeindemodellen

Der Evangelist stellt eine Vielfalt von Gemeindemodellen vor. Die geschichtliche Abfolge der Gemeindemodelle zeigt idealtypische Möglichkeiten von Kirche. Das *erste Buch* enthält die *Taten und Lehre Jesu* (Apg 1,1) als bleibende Grundlage jeglicher Ekklesiologie. Jesus Christus ist Gründer und Erhalter jeglicher geisterfüllter Form von *Kirche*.

Die Apostel stellen nach Ostern den Zwölferkreis wieder her (Apg 1,15–26). Petrus, die anderen Apostel und die gesamte Gemeinde erhalten die Existenz des Zwölferkreises am Leben. Sie können ihn wieder auffüllen (Apg 1,15–26), sie können ihn aber auch endgültig beenden (Apg 12). Nach der Zulassung der beschneidungsfreien Heidenmission durch Petrus (Apg 10) hat der Zwölferkreis seine aktuelle Bedeutung verloren und stirbt aus. Nach der Hinrichtung des Zwölferkreismitglieds Jakobus wird kein Nachfolger mehr gewählt (Apg 12,1–5). Paulus und Barnabas dagegen erhalten 2-mal den Aposteltitel (Apg 14,4.14). Der Kreis der Apostel wird für die Erste Missionsreise und den Apostelkonvent in Jerusalem um die beiden bedeutendsten nachösterlichen Zeugen Paulus und Barnabas erweitert (Apg 13,1–15,29); denn es geht nun um die Erweiterung Israels für die Völker; nach dem Apostelkonvent und der Verkündigung seiner Beschlüsse (Apg 15,30–16,5) fällt der Aposteltitel nicht mehr. Jerusalem behält aber die Bedeutung als Mittelpunkt der christlichen Gemeinde noch bei.

Ein Zwischenspiel bildet der Siebenerkreis in Jerusalem (Apg 6,1–7). Der Zwölferkreis veranlasst die Bildung eines neuen Kreises aus einer neuen Kulturgruppe. Die aus Palästina stammenden Apostel erkennen, dass sie den Tischdienst für die christlichen Judenhellenisten nicht adäquat ausüben können. Tischdienst meint Lebensgemeinschaft. Kulturelle Unterschiede können den Aufbau von Beziehungen erschweren oder verhindern. Für die Judenpalästinenser behalten die Apostel den Tischdienst bei. Erst bei der Gründung der Gemeinde in Antiochien und beim späteren Apostelkonvent bemerkt der Evangelist beiläufig, dass inzwischen Älteste (Presbyter) gemeinsam mit dem Herrenbruder Jakobus die Gemeinde leiten (Apg 11,30; 15,1–29).

In Antiochien hat sich wiederum ein Fünferkreis aus *Propheten und Lehrern* als Leitungsgremium gebildet (Apg 13,1–3). Urchristliche *Propheten/Innen* geben gewichtige Prophezeiungen (Apg 11,27–30; 21,9), die aber der Überprüfung bedürfen (Apg 21,10–14). Paulus betont in der Abschiedsrede an die *Ältesten* von Ephesus, dass der heilige Geist für die *Bestellung* von Bischöfen (Episkopen = Aufseher) sorgt und die einzelnen Gemeinden schützt (Apg 20,28). Die paulinischen und nachpaulinischen Gemeinden bleiben offen für sich wandelnde Gemeindestrukturen und Leitungsämter.

## 12. Jerusalem und die Völker

Im Lukasevangelium ist Jerusalem der Ort des Todes Jesu und der feindliche Gegenpol zu Galiläa und dem unbestimmt bleibenden Gebiet des Reiseberichts. Am Ende des Lukasevangeliums und zu Anfang der Apostelgeschichte wird aber Jerusalem zum Ort des Verbleibens der Jünger und der neuen Sammlung Israels. Jerusalem erhält eine neue Chance zur Wiederherstellung Israels und zur Öffnung Israels für die Völker.

Die Reden von Petrus und Stephanus legen die Sicht des Evangelisten und seiner Gemeinde für die Anfangsphase dar. Die jüdischen Führer haben gemeinsam mit dem römischen Präfekten unter Zustimmung des Volkes Jesus getötet. Ihnen bietet der Erhöhte durch seine Apostel und Zeugen weiterhin die Umkehr an. Der Abrahambund wird nicht aufgekündigt. Der Mosebund leidet zwar von Anfang an unter den Missverständnissen der Juden, aber er bleibt gleichfalls für ganz Israel in Kraft. Der Hohe Rat lässt die anfanghafte Wiederherstellung Israels in Jerusalem mit Widerstreben zu, versagt sich aber mit einer erneuten Tötung, und zwar des Zeugen Stephanus (Apg 6,8–8,1; 22,20), der Öffnung des Abrahambundes für die Völker. Diese fordern anschließend die Öffnung des Bundes für sich (Apg 8–28).

die Öffnung des Abrahambundes für die Völker

Israel hofft noch immer auf die Wallfahrt der Völker zum Tempel, ohne sie in den Abrahambund aufzunehmen. Die Jesus-Anhänger hingegen wollen die Öffnung des Abrahambundes für die Völker ohne die Verpflichtung auf den Tempelkult und die Speisegesetze. Ohne das Bundeszeichen der Beschneidung soll ein einziges *Volk Gottes* aus Juden und Heiden entstehen, das das Israel des Abraham- und Mosebundes fortsetzt. Im Anschluss an die Hinrichtung des Stephanus praktizieren und predigen Philippus, Petrus, Paulus und Barnabas diese Freiheit von der Beschneidung und diese Aufnahme der Völker in Israel (Apg 8–14). Bevorzugte Adressaten sind das jüdische Nachbarvolk der *Samaritaner* und die *Gottesfürchtigen* in der griechisch-römischen Welt. Die Missionsreise von Barnabas und Paulus und die zwei folgenden Missionsreisen von Paulus haben in Zypern, Kleinasien und Griechenland gewaltigen Erfolg (Apg 13–21).

die künftige Einheit von Israel, der Kirche und den Völkern

Ein typisches Missionsschema läuft immer wieder ab. Zuerst werden die Juden in den Synagogen angesprochen, dann die Gottesfürchtigen unter den Völkern. Die jüdischen Hörer spalten sich; die Gottesfürchtigen folgen überwiegend. Die jüdischen Gegner verfolgen Paulus. Meistens gelingt es ihnen, Paulus zu vertreiben. In Rom läuft dieses Schema zum letzten Male ab. Ein Teil der Juden wird gläubig, ein anderer Teil lehnt Paulus ab. Paulus wendet sich von den jüdischen Gegnern ab und verkündet den Völkern in Rom die Königsherrschaft Gottes. Die römische Gemeinde wird um Gläubige aus den Juden und aus den Völkern erweitert. Sie bleibt offen für die ablehnenden Juden und Völker. Der Abrahams- und Mosebund gilt für das ablehnende Judentum weiter. Allerdings lebt es diese Bünde nur unzureichend, weil es von Gott verstockt worden ist (Apg 7,51–53; 28,25–27). Die Vollendung der Menschheit geschieht erst dann, wenn das christliche Volk Gottes aus

Juden und Völkern, die noch nicht bekehrten Völker und Israel von Jesus Christus zu einer Einheit zusammengeführt worden sind (Apg 17,30f.; Röm 9–11; s.o. III.4.l).

Bewahrung der Vielfalt der Kulturen und Sprachen

Das missionarische Streben nach Einheit in der Königsherrschaft Gottes hebt die Differenz zwischen den unterschiedlichen Kulturen und Sprachen nicht auf. Denn das neue Volk aus Juden und Völkern lebt eine Vielfalt von Kulturen und Sprachen (Apg 2,4–13). Die *christlichen Juden* müssen die *Sitten* des Mose weiter befolgen. Der Tempel ist als Ort der Heiligkeit Gottes und des Gebetes weiterhin zu ehren (Apg 1–6; 21–22). Das Bundeszeichen der Beschneidung ist beizubehalten (Apg 16,1–5). Das Nasirat ist als Form der asketischen Frömmigkeit weiterzuführen (Apg 18,18; 21,23–30). *Die Völker* sind von diesen Sitten befreit. Allerdings haben sie drei jüdische Weisungen zu übernehmen (Meidung von Götteropferfleisch, nicht geschächtetem Fleisch und Unzucht Apg 15,20–29), wenn sie mit den Judenchristen und Juden eine aktuelle Tisch-Gemeinschaft bilden wollen. Es behalten die Judenchristen (Apg 2) und die Völker (Apg 14) ihre eigene Sprache und Kultur bei. Das neue, endzeitliche Volk Gottes belässt jedem Volk seine Kultur und verlangt gleichzeitig die Einführung von bewährten Regeln zur Herstellung interkultureller Kommunikation (Apg 15,14–21).

# IX. Die Theologie der johanneischen Schriften

## 1. Der johanneische Kreis

Johannesevangelium und 1–3 Joh um 100

*Johannes* ist ein pseudepigraphischer Apostelname, der dem anonymen vierten Evangelium zu Anfang des 2. Jh. in der sekundären Überschrift beigegeben wurde. Da das Evangelium mehrere Stufen der Bearbeitung erkennen lässt und zusätzlich die drei Johannesbriefe den Verfassern des Evangeliums zugerechnet werden müssen, wird gegenwärtig von einem johanneischen Kreis oder einer johanneischen Schule gesprochen (Gnilka 1994, 226f.). Das johanneische Schrifttum ist um 100 n. Chr. verfasst worden. Ein Konsens über die Lokalisierung der Gemeinde existiert nicht; die Existenz einer jüdischen Gemeinde, zu der die johanneische Gemeinde in Spannung steht, ist vorauszusetzen (Ebner/Schreiber 2008, 212–218).

## 2. Das Johannesevangelium als Idealbiographie

Das Johannesevangelium hat einen ähnlichen Aufbau wie die synoptischen Evangelien. Es wird daher der Gattung Idealbiographie zugeordnet (Frickenschmidt 1997, 415–460; Schreiber 2009). Besonders fällt die Parallelität zum Markusevangelium auf. Wie dieses hat das Johannesevangelium keine Kindheitsgeschichte, sondern setzt mit dem Auftreten des Täufers Johannes und der Taufe Jesu ein (Joh 1,19–34). Das Johannesevangelium hält zu den griechischen Geburtsgeschichten Distanz.

Über den Aufbau besteht weitgehend ein Konsens:

Prolog: 1,1–18
Teil I: Das öffentliches Wirken Jesu: 1,19–12,50
Teil II: Der Abschied Jesu von seinen Jüngern, Passion und Ostergeschichten: 13,1–20,29
Epilog: Buchschluss I: 20,30f.
Nachträge: Ostergeschichten und Buchschluss II: 21,1–23.24f. (Schnelle 2005, 492).

Aufbau

Umstritten ist, in welchem Umfang Joh 21 als Nachtrag zu werten ist. Hier wird für die Theologie von der Einheit der Endgestalt des Johannesevangeliums von Kapitel 1–20 ausgegangen. Die nachträgliche Verdoppelung von Joh 20 in Joh 21 ist auch für die synchrone Analyse offenkundig und wird als Erweiterung der Ostergeschichten einbezogen.

göttlicher Handlungsbogen und dreijähriges Wirken Jesu

Der Evangelist stellt in seinem Prolog die Präexistenzchristologie an den Anfang (Joh 1,1–18). Der Logos Gottes steigt herab und inkarniert sich in Jesus von Nazaret. Doch Jesus proklamiert seine Würde nicht aus eigener Vollmacht, sondern unterzieht sich wie bei Markus der Johannestaufe, um sein öffentliches Wirken zu eröffnen. Die sich dabei ereignende Epiphanie wird von Johannes dem Täufer wahrgenommen und bezeugt (Joh 1,29–34).

Der göttliche Handlungsbogen der Synoptiker bleibt mit der Verherrlichungs-Proklamation der Himmelsstimme in Jerusalem unmittelbar vor der Passion (Joh 12,28f.) und mit den Erscheinungen des Auferstandenen nach dem Kreuzestod (Joh 20–21) erhalten.

Während des öffentlichen Auftretens geht Jesus allerdings andere Wege als in den synoptischen Evangelien. Er pendelt beständig zwischen Galiläa, Jerusalem und Samaria hin und her, so dass aufgrund der Raum- und Zeitangaben nach Johannes ein dreijähriger Wirkungszyklus entsteht (Kümmel 1973, 166), während die Synoptiker einen unbestimmten, kürzeren Zeitraum von 1–3 Jahre schaffen.

## 3. Gott

### *a) Gott und Logos*

Der Begriff *theós* (Gott) kommt 81-mal vor, also fast doppelt so viel wie im gleich langen Markusevangelium (48-mal) und doppelt so langen Matthäusevangelium (51-mal); auch gegenüber dem Lukasevangelium (122-mal) bleibt der prozentuale Gebrauch deutlich höher. Der Evangelist betont deutlicher als die Synoptiker die Nähe Jesu und seines Wirkens zu Gott.

das Alte Testament als Grundlage

„Das Fundament des joh. Gottesbildes ist das AT, wie z. B. der Bezug auf Gen 1,1LXX in Joh 1,1f., die Vorstellung der ‚Herrlichkeit' Gottes (Joh 1,14; 5,44; 17,1.24), die Zitate in Joh 2,17; 6,31.45; 12,13.38.40, die Wendung ‚der eine wahre Gott' in Joh 17,3 (vgl. Joh 3,33) und die ‚Ich-bin-Worte' […] belegen" (Schnelle 2007, 621).

Gleichzeitig nimmt der Evangelist den frühjüdischen Weisheitsmythos auf, insbesondere im Prolog Joh 1,1–18 (s. o. I.2; III.2.b; 3.b; V.3).

Der Prolog bildet ein Lied mit 4 Strophen:

I „1 Im Anfang war der Logos,
und der Logos war bei Gott,
und Gott war der Logos.
2 Dieser war im Anfang bei Gott.
3 Alles wurde durch ihn,
und ohne ihn wurde auch nicht eines,
was geworden ist.
4 In ihm war Leben,
und das Leben war das Licht der Menschen;

II 5 und das Licht scheint in der Finsternis,
aber die Finsternis hat es nicht ergriffen.
6 Auftrat ein Mensch, gesandt von Gott,
sein Name war Johannes;
7 dieser kam zum Zeugnis,
damit er zeuge über das Licht,
damit alle glaubten durch ihn.
8 Jener war nicht das Licht,
sondern er sollte zeugen über das Licht.

III [9]Er war das wahre Licht,
das erleuchtet jeden Menschen,
kommend in die Welt.
[10]In der Welt war er,
und die Welt wurde durch ihn,
aber die Welt erkannte ihn nicht.
[11]In das Eigene kam er,
und die Eigenen nahmen ihn nicht an.
[12]Wie viele aber ihn aufnahmen,
ihnen gab er Vollmacht,
Kinder Gottes zu werden,
den Glaubenden an seinen Namen,
[13]die nicht aus Blut und nicht aus Fleischeswillen und
nicht aus Manneswillen,
sondern aus Gott gezeugt wurden.

IV [14]Und der Logos wurde Fleisch,
und er zeltete unter uns,
und wir sahen seine Herrlichkeit,
Herrlichkeit wie des Einziggezeugten vom Vater, voll Gnade und Wahrheit.
[15]Johannes zeugt über ihn und hat gerufen, sagend:
Dieser war es, von dem ich sprach:
Der nach mir Kommende, er ist vor mir gewesen, weil er eher als ich war.
[16]Denn aus seiner Fülle empfingen wir alle, und zwar Gnade für Gnade;
[17]denn das Gesetz ist durch Moses gegeben worden,
die Gnade und die Wahrheit wurde durch Jesus Christus.
[18]Gott hat keiner gesehen jemals;
der einziggezeugte Gott, der ist im Schoß des Vaters, jener legte ihn aus“
(Joh 1,1–18).

Da der Prolog in das Evangelium einführt, soll der Leser die Logos-Theologie hauptsächlich aus dem anschließenden Evangelium entwickeln (s. u. IX.5).

der Aufbau des Prologs und der Logos-Weisheitsmythos

Der Einsatz des Prologs beschreibt ein *Beziehungsgeschehen*: Wie Genesis 1,1–2,4 setzt der Evangelist mit der Schöpfung ein. Der Logos ist der Schöpfungsplan Gottes, der vor aller Zeit eine Einheit mit Gott bildet. Der Logos setzt den *Anfang* der Schöpfung, gibt ihr *Leben* und *Licht* und trägt sie weiterhin in dieser elementaren Weise (Joh 1,1–4).

Der Prolog wechselt nun zum Geschichtshandeln Gottes über (Strophe II). *Leben, Licht* und *Finsternis* sind Schlüsselbegriffe des Johannesevangeliums (Zumstein 2009, 54). Über die materielle Bedeutung hinaus erhalten sie einen theologisch-metaphorischen Gehalt. Gott bietet ständig den Menschen das Leben in der Beziehung zu ihm an (Joh 3,36; 5,25 f.; 6,33 f. u. ö.). Doch seit dem Sündenfall des Menschen in Gen 3,1–24 hat die *Finsternis* Macht über die Menschen. *Finsternis* wird zur Metapher für die Gottesferne (Joh 3,19 u. ö.). Gott hat seit dem Abfall der Menschheit von seinem Beziehungsangebot *Zorn* auf die Menschheit (Joh 3,36). Auf den von den alttestamentlichen Propheten und Apokalyptikern angedrohten *Zorn* nimmt der Evangelist aber nur einmal Bezug im Unterschied zum wesentlich häufigeren Gebrauch im Römerbrief (s. o. III.4.f). Gegen den *Zorn* setzt der Evangelist das ständige

Licht- und Liebesangebot Gottes (Joh 3,19; 5,42; 15,9; 17,26). Gott lässt *Gesandte* auftreten, als letzten Johannes (den Täufer), die für das *Licht* des Logos , das Finsternis und Zorn vertreibt, Zeugnis ablegen sollen (Joh 1,6–8).

Da die *Gesandten* erfolglos bleiben, lässt Gott den Logos in Jesus Christus Mensch werden (Joh 1,9–17). Die Strophen III und IV bilden einen Parallelismus. Strophe III beschreibt in unpersönlicher Weise die Menschwerdung des Logos. Strophe IV wechselt zur 1. Person Plural, zum *Wir* der glaubenden Leser über, und deutet aus dieser persönlichen Glaubens-Perspektive noch einmal die Inkarnation des Logos in Jesus Christus als eine geschichtliche Erfahrung der Gemeinde, von der nun weiter erzählt werden kann. Der „Anfang des Evangeliums Jesu Christi" (Mk 1,1) ist zu einem gewaltigen Lobpreis der Schöpfung und der Geschichte Gottes mit den Menschen ausgestaltet worden. Jesus Christus bringt diesen Anfang zum eschatologischen Abschluss (Joh 1,17f.). Der unsichtbare Gott stellt zu seinem *einziggezeugten* Sohn eine unmittelbare Beziehung her. Der Sohn erhält wie zuvor der Logos das Attribut *Gott* (Joh 1,1.18).

Gott-Sein der Menschen als von Jesus eröffnete, präsentisch-eschatologische Gottesbeziehung

Später, beim Tempelweihfest, überträgt Jesus dieses Attribut mit Psalm 82,6 analog auf die jüdischen Hörer: „[33]Es antworteten ihm die Juden: Wegen eines rechten Werkes steinigen wir dich nicht, sondern wegen Lästerung, und weil du, der du ein Mensch bist, dich selbst zu Gott machst. [34]Es antwortete ihnen Jesus: Ist nicht in eurem Gesetz geschrieben: *Ich sprach: Götter seid ihr?* (Ps 82,6) [35]Wenn jene er ansprach als Götter, zu denen das Wort Gottes geschah – und nicht kann aufgelöst werden die Schrift –" (Joh 10,33–35).

Während der Psalm 82 ursprünglich den Gottestitel den Gottheiten im Umkreis von Jahwe verlieh und am Ende entzog (Ps 82,1–8), bezieht der Evangelist den Gottestitel des Psalms auf die gottgläubigen Juden. Gemäß Jesu Schriftauslegung werden diejenigen zu *Göttern*, die sich vom *Wort Gottes* ansprechen lassen (Wengst 2000, 395f.). „Der Gedanke einer solchen Zeugung aus Gott ist dem biblischen Denken eher fremd, findet seine Parallelen aber in der orientalischen und griechisch-römischen Mythologie (man denke an Namen wie „Diogenes" – „von Zeus gezeugt" oder „Hermoneges" – „von Hermes gezeugt")". (Beutler 2009, 93) Allerdings verlieren die jüdischen Hörer wie die ursprünglichen Götter des Psalms wieder die Gottes-Qualität, wenn sie Jesus das Gott-Sein absprechen. So fährt Jesus mit einem Anakoluth fort: „ [36](von dem,) den der Vater heiligte und in die Welt schickte, sagt ihr: Du lästerst, weil ich sprach: Sohn Gottes bin ich? [37]Wenn ich nicht tue die Werke meines Vaters, glaubt mir nicht! [38]Wenn ich sie aber tue, und wenn ihr mir nicht glaubt, glaubt den Werken, damit ihr erkennt und wisst, dass in mir der Vater ist und ich im Vater. [39]Sie suchten nun, ihn wieder zu ergreifen, und er entkam aus ihrer Hand." (Joh 10,36–39)

Der Unglaube der jüdischen Hörer bezieht sich nicht nur auf den höheren Anspruch Jesu auf Gottes-Sohn-Sein im Sinne einer singulären Gottesbeziehung, sondern auch auf die *Werke* Jesu, die eine kritische Überprüfung des Gottes-Anspruchs Jesu erlauben.

Der Auftrag des menschgewordenen Logos und Sohnes ist von Anfang an die *Auslegung (Exegese)* Gottes in Jesu Lehre und Werk für die Menschen. Sie sollen als *Götter* in die Gottesbeziehung hineingenommen werden, so wie in Q die Weisheit ihre Kinder sucht und findet (Q 7,35; s.o. V.3).

Der Evangelist betont stärker als die Synoptiker die Fülle des schon jetzt angebrochenen Eschaton und schafft damit eine *präsentische Eschatologie* (Gnilka 1994, 238).

Mit der Menschwerdung erhält der *Logos* besonders den Auftrag, das *Sehen* Gottes den Menschen zu *verkünden* (Joh 3,11.32; 5,19 u. ö.). Das *Sehen* greift mittelplatonische Philosophie auf. Nach dem platonischen Höhlengleichnis kann das Reich der Ideen nicht direkt gesehen werden; aber es gibt Philosophen, die die Schatten der Ideen verkünden (Plat., rep. 7, 514a–518b). Jesus übersteigt diese Philosophen, da er Gott unmittelbar zu schauen vermag.

*Wahrheit Gottes* passt zu diesem Sehen. *Wahrheit* ist ein Schlüsselbegriff, der in der griechischen Philosophie eine größere Rolle spielt als in der alttestamentlichen Theologie und in der Theologie der Synoptiker. Jesus allein verkündet die Wahrheit (Joh 1,14.17; 3,21 u. ö.).

### *b) Vater und Königsherrschaft Gottes*

Intensivierung der Vaterschaft Gottes für Jesus und die Glaubenden

Der Vater-Titel Gottes wird 121-mal gebraucht; er dominiert alle anderen Gottesbezeichnungen und findet sich im Johannesevangelium häufiger als in allen anderen neutestamentlichen Schriften. Er ist der spezifische johanneische Titel, mit dem der Evangelist die intensive Beziehung Gottes zu seinem Sohn Jesus Christus und den Glaubenden kennzeichnet.

Jesus unterscheidet seine Vaterbeziehung von der Vaterbeziehung seiner Anhänger. Er spricht von *meinem Vater* (Joh 6,32 u. ö.) im Unterschied zu *euerm* Vater (Joh 20,17; Mt 5,16–7,21), von der *Liebe* das Vaters zu dem Sohn (Joh 3,35; 15,9. u. ö.), an der die Glaubenden teilhaben (Joh 17,25 f.), von der *Verherrlichung* des Sohnes (Joh 1,14; 8,54 u. ö.), von der *Sendung* des Sohnes (Joh 3,16; 5,37 u. ö.), von der *Gerichtsvollmacht* (Joh 8,16), die auf den Sohn übergeht (Joh 5,22b), von dem *Willen* des Vaters, den der Sohn vollzieht (Joh 4,34 u. ö.). Die Motive der Vater-Beziehung Jesu verbleiben im Rahmen der frühen neutestamentlichen Theologie.

Die Vater-Beziehung der Jesus-Anhänger ist ebenfalls von zentraler Bedeutung. Bereits der Prolog gibt ihnen den Titel *Kinder Gottes* (Joh 1,12). Der Vater des Logos wird mit der Inkarnation des Logos zum Vater Jesu Christi und Vater aller Glaubenden. Wie Jesus Christus werden die Kinder Gottes *aus Gott gezeugt* (Joh 1,13; 3,3–8), wobei Jesus den Vorrang als *einziggezeugter* Sohn beibehält. Der Erste Johannesbrief entfaltet dieses Thema von der Kindschaft Gottes für alle Glaubenden und Zeugung aus Gott (1 Joh 1–5). Der Evangelist hebt noch radikaler als die Synoptiker die biologischen und rechtlichen Familienbande auf und betont die Neuschaffung des Menschen im Glauben und in der Taufe durch Gott (Joh 3,3–5). Die Gotteskinder sind daher untereinander nicht Fremde oder Knechte, sondern Brüder und Freunde Jesu (Joh 13,1–20; 15,13–15; 20,17; 21,23; Schnelle 2007, 621 f.).

Von der Königsherrschaft Gottes spricht der Evangelist nur 2-mal (Joh 3,3.5) und lässt zusätzlich Jesus in der Passion an einer Stelle 3-mal von der eigenen Königsherrschaft in der Vollmacht Gottes reden (Joh 18,36).

die Königsherrschaft Gottes zeigt sich in der Taufe und in den Werken der Wahrheit

Die Taufe gliedert in die in der Gemeinde angebrochene Königsherrschaft Gottes ein. Die Kindschaft Gottes ist kein unsichtbarer Status, sondern zeigt sich nach außen in der Mitgliedschaft und im Mitwirken in der Gemeinde von Brüdern/Schwestern und FreudInnen. Die in Jesus angebrochene

Königsherrschaft Gottes wird in den *Werken* sichtbar, die Gott durch Jesus und seine Jünger wirkt. „[21]der die Wahrheit Tuende aber kommt zum Licht, damit offenbar werden seine Werke, dass sie in Gott gewirkt sind." (Joh 3,21) Gott macht im wahren Handeln der Getauften seine Herrschaft sichtbar.

Die leiblichen Brüder Jesu zweifeln aber daran, dass Jesu Werke von Gott kommen, und fordern ein sichtbares *Werk* für die Welt (Joh 7,3–5). Jesus lehnt ihre Forderung ab. Doch in Jerusalem vollbringt er dann mit der Heilung eines Blinden ein Wunderzeichen, das das Wirken Gottes in ihm offenbart (Joh 9,1–12.16). Wie bei den Synoptikern zeigt sich der Anbruch der Königsherrschaft Gottes u. a. in Wunderzeichen, die von den Zweiflern mit Unglauben weiterhin abgelehnt werden (Joh 2,11; 5,16–18; u. ö.).

Wunder und Königsherrschaft Gottes

Aufgrund dieser Gemeinsamkeit mit den Synoptikern wurde auf die Existenz einer vorjohanneischen Zeichenquelle (Semeiaquelle) zurückgeschlossen (Becker 1979, 1, 35). Allerdings sind die Wundergeschichten zu disparat, als dass sie eine einheitliche Quelle gebildet haben; vielmehr werden sie als isolierte Einzelszenen tradiert worden sein (Gnilka 1994, 227 f.). Die deutlichste Verbindung zu den Synoptikern haben die Wundergeschichten von der großen Mahlgemeinschaft und vom Seewandel (Joh 6,1–15.16–21).

### *c) Geist, Paraklet, Engel, Dämon, Teufel und Satan*

Jesus und die Getauften sind Geistträger

Geist (pneúma) Gottes kommt 20-mal vor. Zusätzlich bezeichnen Joh 11,33; 13,21; 19,30 das Lebensprinzip und Bewusstsein Jesu als *Geist*, so dass insgesamt 23-mal vom Geist die Rede ist. Da Jesus nach der Taufe vom Geist Gottes erfüllt ist (Joh 1,32.33), kann der Evangelist das Lebensprinzip Jesu, das dieser beim Sterben aushaucht, mit dem Geist Gottes eng verbinden.

Der Geist ist die Daseinsweise des Vaters: „[24]Geist ist Gott, und die ihn Anbetenden müssen in Geist und Wahrheit anbeten." (Joh 4,24)

Jesus bildet seit der Taufe eine Einheit mit dem Geist. In seinen Worten teilt er den Jüngern den Geist mit: „[63]Der Geist ist der Lebendigmachende, das Fleisch nützt gar nichts; die Worte, die ich zu euch geredet habe, sind Geist und Leben." (Joh 6,63)

Die lebensspendende Kraft des Geistes zeigt sich nicht nur im Wort (Joh 3,34), sondern auch in den sakramentalen Zeichenhandlungen der Taufe (Joh 3,5–8) und der Eucharistie (Joh 6,52–63). Wort und Handeln bilden eine Einheit. Die Empfänger des Geistes sind fähig, Gott als Geist und Vater anzuerkennen und anzubeten (Joh 4,23 f.).

die Verheißung des Parakleten für die nachösterliche Zeit

Allerdings haben die Jünger vor Ostern den Geist noch nicht in der ganzen Fülle erhalten (Joh 7,39). In den Abschiedsreden sagt ihnen Jesus den vollen Geistempfang nach Ostern zu (Joh 14,17; 16,13). Der Paraklet, der als Beistand für immer bei den Jüngern bleibt, gehört zum Bereich des Geistes (Joh 14,16.26; 15,26; 16,7). Er wird ihnen in der nachösterlichen Zeit bis zum Weltende *Beistand* leisten und ist Vertreter für die leibliche Abwesenheit Jesu (Joh 16,7).

Der nachösterliche Geist/Paraklet wird in den Jüngern inspiratorische Fähigkeiten entwickeln (Kremer 1992, 289–291): „[13]wenn aber jener kommt, der Geist der Wahrheit, wird er euch einweisen in die ganze Wahrheit; denn er wird nicht reden von sich aus, sondern wie viel er hören wird, wird er reden, und das Kommende wird er euch verkünden." (Joh 16,13)

Die Jünger werden durch den Geist in die *ganze Wahrheit* eingeführt. Sie werden das reden, was sie durch den Geist als Wahrheit hören. Die Wahrheit ist noch nicht voll verfügbar, sondern muss durch den Geist vom Vater und Auferstandenen in den geschichtlichen Situationen jeweils mitgeteilt werden. Der Ausblick auf das *Kommende* meint die zukünftige Vollendung im Weltgericht. Die eschatologische Spannung wird vom Evangelisten nicht betont, klingt aber wiederholt deutlich an.

die nachösterliche Geistvollmacht der Jünger

Außerdem erhalten die Jünger die geistgewirkten Fähigkeiten zu wahrhaftem Verkünden und sakramentalem Handeln. „[22]Und dies sprechend, hauchte er sie an und sagt ihnen: Empfangt heiligen Geist; [23] welchen immer ihr erlasst die Sünden, denen werden sie erlassen, welchen ihr sie behaltet, behalten sind sie." (Joh 20,22f.) Da in der Johannestaufe Sündenvergebung und Wassertaufe eine Einheit bilden (Joh 1,19–34), sieht der Evangelist Taufe und Sündenerlass durch die Jünger noch als eine Einheit. Erst in der Alten Kirche wird das Bußsakrament von der Taufe gelöst und zu einem wiederholbaren eigenständigen Sakrament. Als weiteres Sakrament verwalten die Jünger die Eucharistie (Joh 6,1–71; 13,1–30).

*Engel* treten erst am Schluss des Johannesevangeliums auf, und zwar am leeren Grab (Joh 20,12). Im Unterschied zu den Synoptikern verkünden sie nicht die Auferweckung Jesu, sondern sprechen der weinenden Maria von Magdala Hoffnung zu: „[13]Und es sagen ihr jene: Frau, was weinst du?" (Joh 20,12a)

Am Anfang des Johannesevangeliums verspricht Jesus dem gerade zum Jünger berufenen Natanael: „[51]Und er sagt ihm: Amen, amen, ich sage euch, ihr werdet *den Himmel* geöffnet *und die Engel Gottes aufsteigend und herabsteigend* auf den Sohn des Menschen sehen." (Joh 1,51) Die Jakobsleiter mit den Engeln (Gen 28,12) werden die Jünger bei der Wiederkunft Jesu als richtender Menschsohn sehen.

In der Mitte des Johannesevangeliums verwechselt die Volksmenge die Gottesstimme mit einer Engelrede: „[28]Vater, verherrliche deinen Namen! Es kam nun eine Stimme aus dem Himmel: Und ich habe verherrlicht und werde wieder verherrlichen. [29]Die Volksmenge nun, die dastehende und es hörende, sagte: Donner geschah, andere sagten: Ein Engel hat mit ihm geredet." (Joh 12,28f.)

Engel als zukünftige himmlische Begleiter Jesu

Das dreimalige Erwähnen von Engeln begleitet das zweimalige Erschallen der Himmelsstimme und die abschließende Stimme des Auferstandenen im Johannesevangelium. Doch die Engel verherrlichen im Unterschied zu den Synoptikern nicht schon jetzt den *Sohn* mit Dienst und Lobpreis, sondern gehören zu seiner zukünftigen himmlischen Herrlichkeit. Ihr einmaliges, marginales Auftreten am Schluss des Johannesevangeliums ist ein Hinweis auf ihre künftige Funktion. Nach der Auferstehung Jesu und Anwesenheit im Himmel gibt es kein *Weinen* mehr (Joh 11,1–44; 20,15–18), sondern allein die Verherrlichung des Vaters mit dem Sohn, der bereits jetzt schon vom Vater verherrlicht wird.

Über den Himmel selbst schweigt sich das Johannesevangelium wie Paulus, die Synoptiker und die klassische alttestamentliche Theologie aus. Das Aussehen Gottes und seiner himmlischen Welt bleibt nach dem Ersten/Zweiten Gebot ein Geheimnis (Ex 20,3–6; Dtn 5,7–10).

Der *Dämon* ist die Gegenmacht zum Geist und zu den Engeln. Im Unterschied zu den Synoptikern redet der Evangelist nur vom *Dämon* im Singular. Daher fehlen die synoptischen Exorzismen, die einen Plural von Dämonen kennen (Mk 1,24; 5,1–20). Der *Dämon* bezieht sich auch nicht wie bei den Synoptikern nur auf die Wunderkraft Jesu, sondern auch auf die Gesetzesauslegung, die Prophetie und die singuläre Sohnes-Beziehung zu Gott: „[19]Hat nicht Moses euch das Gesetz gegeben? Und keiner von euch tut das Gesetz. Was sucht ihr mich zu töten? [20]Es antwortete die Volksmenge: Einen Dämon hast du; wer sucht dich zu töten?" (Joh 7,20)

der Dämon als Verursacher von Wundern, Prophetie und Gesetzeskritik

Jesus erkennt prophetisch kritisch, dass die Reaktion des Hohen Rates und der Volksmenge auf seine Gesetzeskritik sein wird, ihn zum Kreuzestod auszuliefern (Joh 18,1–19,16). Der Kern seiner Gesetzeskritik ist sein Angebot, alle Hörer in die einmalige, rettende Beziehung zum Vater einzubeziehen (Joh 8,44–49).

Die singularische Rede vom *Dämon* entspricht griechischem Sprachgebrauch. Sokrates setzt in seiner Apologie gegen den Vorwurf, „allerlei neues *Dämonisches*" zu lehren (Plat., Apol. 26b), mit Ironie: „Wenn ich aber Daimonisches glaube, so muss ich doch ganz notwendig auch Daimonen glauben." (Plat., Apol. 27c)

Dämonen sind nach ihm „Götter oder doch [...] Söhne von Göttern" (Plat., Apol. 27d). So kann er anschließend von der Lenkung durch *den Gott* sprechen, der ihn ständig begleitete und schützte, z.B. bei mehreren Schlachten (Plat., Apol. 28e). Wenig später fällt der berühmte Satz, den auch das lukanische Doppelwerk zitiert: „gehorchen werde ich aber dem Gott mehr als euch" (Plat., Apol. 29d; Apg 4,19).

griechisches Verständnis vom Dämon

Plutarch verfasste einen eigenen Dialog: *Über den Schutzgeist (daímon) des Sokrates* (Plut.,Moral. 575–598). Der Dämon ist im Falle des Sokrates kein quälender Geist wie beim Cäsarmörder Brutus (Plut., Brut. 36; 48) und im Neuen Testament, sondern ein helfender Schutzgeist. Die Zuordnung eines mächtigen, aber zugleich quälenden Dämons zu Jesus ist ein Missverständnis. Noch intensiver als die Beziehung des Sokrates zu seinem Schutzdämon ist die Beziehung Jesu zum monotheistischen Vatergott. Von ihm allein kommen wahre Wortoffenbarung und heilvolle Wundertaten.

Der *Teufel* tritt hier zusätzlich zum Dämon auf. Wie bei den Synoptikern ist der Teufel der *Verwirrer* (*diábolos*). Das neuhochdeutsche Wort *Teufel* ist aus dem mittelhochdeutschen Tiuval (*diábolos*) entstanden; es vermag auf den ursprünglichen Gehalt noch zu verweisen, z.B. im neuhumanistischen Adjektiv *diabolisch*.

Der *diábolos* verwirrt in dieser Weltzeit sogar die *zum Glauben gekommenen Juden* und kann sie in den Unglauben stürzen. Die Judenchristen, nicht ungläubige Juden, sind die Adressaten der Rede Jesu über die wahre Abrahamskindschaft (Joh 8,30–31a; Siegert 2008, 398). Sie wollen wie die judenchristlichen Gegner des Paulus die *Freiheit* vom jüdischen Gesetz nicht anerkennen (Joh 8,31b–36). Jesus warnt sie. Der *Teufel* hat wie bei den Synoptikern die Funktion des Verwirrens von Glaube und Moral. Allein das Hören auf Jesu Worte und Taten führt in die Wahrheit. Das Kriterium der Sündenlosigkeit Jesu verweist auf die gesamte Praxis Jesu. Sie gibt Zeugnis von der Wahrheit und der einmaligen Beziehung zu Gott (Joh 8,44–49).

Die Möglichkeit, Gottes Wort nicht mehr zu hören, tritt dann ein, wenn Jesus selbst mit seiner Praxis nicht mehr geehrt wird. Wenn die Offenbarungen und Taten Jesu nicht mehr auf Gott selbst, sondern auf eine *dämonische* Kraft zurückgeführt werden, haben sich die Hörer dem Wort Gottes verschlossen und unterliegen dem Irrtum (vgl. Mk 3,22–30parr.). Nicht mehr ist *Abraham*, der wahrhaft Glaubende und Handelnde, ihr Vater (Joh 8,37–41a), obwohl sie weiterhin zum Judentum gehören, und auch nicht *Gott* (Joh 8,41b–43), sondern der *Verwirrer* ist zum *Vater* geworden (Joh 8,44). Da der *diábolos* seit dem Brudermord von Kain an Abel der Urheber von Menschenmord ist (Gen 3), wird er auch die Verwirrung bei den Zeitgenossen Jesu bis zur Tötung Jesu steigern.

der Teufel als Verwirrer des Glaubens zum Unglauben

Schon jetzt steigert er bei der gläubigen Volksmenge die Verwirrung, so dass das Volk den Vorwurf der *Dämonherrschaft* über Jesus wiederholt (Joh 8,52f.) und seinen erneuten Versuch, Abraham als seinen Anhänger aufgrund des wahren Glaubens darzustellen, mit einem Steinigungsversuch beantwortet (Joh 8,54–59). Doch dieser Unglaube bedeutet keine endgültige Absage an Jesus. Der Vorwurf der Satanszugehörigkeit von Petrus stand sogar im Zentrum der synoptischen Evangelien (Mk 8,33par.). Die Passion Jesu wird nicht von den gläubigen und kurzfristig verwirrten Juden, den späteren Judenchristen, betrieben, sondern vom Hohen Rat und insbesondere von den Hohenpriestern (Joh 11,45–53). Die Zugehörigkeit zum Bereich des Teufels ist wie bei Paulus und den Synoptikern eine Möglichkeit des Unglaubens und kein ontologischer Status (s. u. IX.5).

Die Wundertätigkeit Jesu führt sogar nach dem misslungenen Steinigungsversuch zur Spaltung unter den Pharisäern und den Juden, zu denen auch die gläubigen Juden gehören: „[9,16]Es sagten nun einige von den Pharisäern: Nicht ist dieser Mensch von Gott, weil er den Sabbat nicht wahrt. Andere aber sagten: Wie kann ein sündiger Mensch solche Zeichen tun? Und Spaltung war unter ihnen." „[10,20]Es sagten aber viele von ihnen: Einen *Dämon* hat er, und verrückt ist er; was hört ihr auf ihn? [21]Andere sagten: Diese Worte sind nicht die eines Besessenen; kann etwa ein *Dämon* Augen von Blinden öffnen?" (Joh 9,16; 10,20f.)

die Deutung der Wunder Jesu führt zur Spaltung unter den jüdischen Gruppen

Im Unterschied zum Vorwurf des Dämonen- und Satansbündnisses bei den Synoptikern (Mk 3,22–30parr.) bildet sich im Johannesevangelium eine eigene Gruppe aus den Pharisäern, die in der Wundertätigkeit Jesu trotz des Bruchs der Sabbatruhe (Joh 5,1–9; 9,1–14) das Wirken Gottes erkennt. Das Volk hatte bei den Synoptikern sowieso den Wundern Jesu uneingeschränkten Vertrauensglauben entgegengebracht, so dass die Spaltung des Volkes im Johannesevangelium dem Heraustreten von Gegnern aus den Volksmassen bei den Synoptikern entspricht.

## 4. Christologie

### *a) Sohn Gottes, Gesandter, Menschensohn und der Vergleich mit dem Täufer*

*Sohn Gottes* und der absolut gebrauchte *Sohn* in Relation zu *Gott-Vater* werden im Johannesevangelium synonym verwandt. Zusammen ergeben sie den zentralen Hoheitstitel 23-mal.

Nach dem singulären Hoheitstitel *einziggezeugter Gott,* mit dem der Prolog endet (Joh 1,18), proklamiert der Täufer selbst nach der Taufe anstelle

die singuläre Sohnes-Beziehung Jesu zu Gott

der Himmelsstimme (Mk 1,11 parr.) Jesus als *Sohn Gottes;* denn im Unterschied zu den synoptischen Tauferzählungen hat der Täufer das Herabkommen des Geistes auf Jesus gesehen (Joh 1,29–34). Natanael wiederum betont anschließend nach seiner Berufung zum Jünger die traditionelle politische Seite des *Sohn-Gottes*-Titels: „Es antwortete ihm Natanael: Rabbi, du bist der Sohn Gottes, du bist König Israels!“ (Joh 1,49)

Dagegen betont Jesus im Gespräch mit dem Pharisäer und Schriftgelehrten Nikodemus die Geist-Bedeutung und singuläre Gott-Vater-Beziehung des *Sohnes* (Joh 3,16–18). Die frühchristlichen Formeln von der Sendung der präexistenten Weisheit als Sohn (s. o. III.4.e) und von der Hingabe des Sohnes zur Rettung (1 Thess 1,9f.) werden auf Gottes Liebe zurückgeführt. Jesus ist als der Sohn der *Gesandte (Apostel)* dieser Liebe Gottes (Joh 13,16).

Im Unterschied zu den Synoptikern schließt sich der Täufer Johannes diesem vollen Sohn-Gottes-Glauben an (Joh 3,35f.).

Jesus überbietet wiederum mit seinen Werken das Zeugnis Johannes des Täufers (Joh 5,36). Die Werke Jesu sind eine Gabe des Vaters. Sie geben ein *größeres* Zeugnis über die Sendung des Sohnes als die Werke des Täufers, der ja von den Juden anerkannt wurde (Joh 1,19–34) (Tilborg 2005, 82). *Sendung* wird neben *Sohn* ein Schlüsselwort der Christologie und verdeutlicht, dass Jesus Johannes in der Gottesbeziehung und in den Werken überragt.

Wie bei den Synoptikern ist das Weltgericht als Abschluss des apokalyptischen Zorns Gottes dem *Sohn* übertragen (Joh 5,22), wobei die Synoptiker bei der Gerichtsvollmacht nur von dem apokalyptischen *Menschensohn* sprechen.

der schon jetzt und für die Zukunft bevollmächtige Menschensohn

Der Evangelist kennt ebenfalls den Hoheitstitel *Menschensohn* (12-mal). Er ist gegenüber den Synoptikern „erheblich modifiziert“ (Hahn 1983, 931). Der Evangelist spricht nicht vom Leiden und von der Wiederkunft des Menschensohnes, sondern betont das Herabsteigen und Erhöht-Werden des Menschensohnes und seine Vollmacht. Das von den Synoptikern erwartete zukünftige *Weltgericht* des Menschensohnes vollzieht sich schon jetzt gemäß der *präsentischen Eschatologie* und vollendet sich in der Zukunft: „[27]Und Vollmacht gab er ihm, Gericht zu halten, weil er Menschensohn ist. [28]Wundert euch nicht darüber, dass eine Stunde kommt, in der alle in den Gräbern seine Stimme hören werden.“ (Joh 5,27f.)

### *b) Christus, Retter und König*

Der Christustitel fällt 19-mal. Der Prolog schließt mit der erstmaligen Nennung der beiden Namen *Jesus* und *Christus* ab (Joh 1,17f.).

*Jesus Christus* überbietet Mose, indem er das alttestamentliche *Gesetz* durch die *Wahrheit* Gottes neu interpretiert. Der Begriff *Gnade* wird vom Evangelisten im weiteren Evangelium nicht mehr verwandt, weil er sachlich mit *Wahrheit* zusammenfällt (Joh 1,14. 16 [2-mal]).

Es schließt sich ein Disput des Täufers mit den Priestern und Leviten um den wahren *Christus*-Titel und das Selbstverständnis des Täufers an (Joh 1,20b–23). Der Täufer ist trotz der endzeitlichen Wassertaufe nicht der erwartete, endzeitliche Christus (Joh 3,28). Er ist auch nicht der erwartete, endzeitliche Prophet wie Mose (Dtn 18,18) oder Elija (Mal 3,1–24; Mk 1,2), sondern er ist wie bei den Synoptikern die vom Propheten Jesaja erwartete, prophetische Stimme, die den endzeitlichen Freudenboten ankündigt (Jes 40,3; Mk 1,3parr.).

Nach dieser Klärung kann Andreas als der erste Jünger seinem leiblichen Bruder Simon das Bekenntnis mitteilen: „[41b]Wir haben gefunden den Messias, das ist übersetzt: Christus." (Joh 1,41b) Der gräzisierte, hebräische Hoheitstitel *messías* kommt im NT nur im Johannesevangelium vor, und zwar 2-mal (Joh 1,41; 4,25). Auch Joh 4,25 erläutert ihn wie hier Joh 1,41b. Der Evangelist betont mit dem hebräischen Fremdwort und seiner Erklärung, dass „die in der Schrift grundgelegte Messiaserwartung sich in Jesus erfüllt" (Gnilka 1994, 271).

das Christus- und Retter-Bekenntnis der erstberufenen Jünger und der Samariter

Die Messiaserwartung teilen die Samariter mit den Juden und kommen zum Glauben an Jesus als Christus und sotér = *Retter* der Welt (Joh 4,25.29.42). Der Evangelist spricht nicht von Erlösung, sondern betont die *Rettung* durch Jesus Christus, dem Sohne Gottes.

Die Juden in Jerusalem dagegen diskutieren am Laubhüttenfest gegensätzlich die Messianität Jesu (Joh 7,25–44). Einerseits führen die Wunderzeichen zum Glauben: „[31]Von der Volksmenge aber glaubten viele an ihn und sagten: Wird der *Christus*, wenn er kommt, mehr Zeichen tun als dieser tat?" (Joh 7,31) Die Wunderzeichen Jesu haben die Erwartung an die Heilung der Schöpfung durch den endzeitlichen Christus erfüllt, der die Königsherrschaft Gottes wieder sichtbar anbrechen lässt (s. o. IX.3.b).

der Streit um die Herkunft der Messianität mit Wundern

Allerdings bietet die unklare Herkunft Jesu Anlass für Zweifel (Joh 7,40–43).

Die Christuserwartung wird von der Volksmenge in Jerusalem einseitig auf die *Davidssohnschaft* festgelegt. Obwohl nach Paulus und den Synoptikern diese Erwartung für Jesus genealogisch zutrifft, unterlässt der Evangelist hier eine genealogische Klärung. Denn wie bei den Synoptikern beruht der *Christus*-Anspruch Jesu nicht auf seiner Zugehörigkeit zur *davidischen* Großfamilie, sondern allein auf der Einheit mit dem *Vater*. So lässt Jesus die Spaltung, die durch den Unglauben an seine *Vaterbeziehung* entsteht, zu.

Beim Tempelweihfest in Jerusalem fordern erneut ungläubige Juden Jesus auf, seinen *Christus*anspruch *offen* und unmissverständlich nachzuweisen (Joh 10,24f.; vgl. Mk 8,11–13 par.). Die Juden, die noch nicht durch die bisherigen Wunderzeichen und Worte zum Glauben gekommen sind, fordern von Jesus noch größere und eindeutigere Wunderbeweise. Jesus dagegen verweist wie bei den Synoptikern auf seine bisherigen *Werke*. Wundertaten sind keine eindeutigen Beweise, sondern *Zeichen (semeíon)* für die Einheit Jesu mit dem Vater. Zu den *Werken* gehören außerdem nicht nur die Wunder, sondern die gesamten Taten und Reden Jesu. Wenn die Praxis Jesu keinen Glauben findet, werden die Aussprüche oder Wunder ebenfalls keinen Glauben finden.

Das *Bekenntnis* zu Jesus, dem Christus, wird für die Synagogenmitglieder zum Grund für den Ausschluss der Bekenner aus der Synagoge; so befürchten die Eltern des geheilten Blinden, wegen des *Bekennens* Jesu als Heiler ihres blindgeborenen Sohnes aus der Synagoge ausgestoßen zu werden, und vermeiden die Namensnennung Jesu (Joh 9,22). Da aber zu der Zeit Jesu der Tempel noch stand, spielte die Synagogenversammlung in Jerusalem eine untergeordnete Rolle. Die Möglichkeit des Synagogenausschlusses gehört

das Christusbekenntnis der Anhänger und die Gefahr der Verfolgung erst in die späte, nachösterliche Phase des Christentums am Ende des 1. Jh. und wird hier bereits angedeutet.

Dagegen spricht Marta, die Schwester des verstorbenen Lazarus, in der Mitte des Johannesevangeliums das Messiasbekenntnis öffentlich aus, das bei den Synoptikern Petrus nur geheim für den Jüngerkreis formuliert: „[27]Sie sagt ihm: Ja, Herr, ich bin zum Glauben gekommen, dass du bist der *Christus*, der *Sohn Gottes*, der in die Welt Kommende." (Joh 11,27; Mk 8,29 parr.)

Der Christustitel wird wie bei der Titulatur des alttestamentlichen Königs mit dem Sohn Gottes-Titel zusammengestellt. Für die gläubigen JüngerInnen ist Jesus der vom Alten Testament verheißene eschatologische *Christus*. Das Christusbekenntnis bringt die Identität der Jesusanhänger für die Außendarstellung auch unter der Gefahr der Verfolgung zum Ausdruck (Joh 9,22). So schließt der Evangelist mit der Wiederholung des Bekenntnisses für alle Hörer und Leser sein Evangelium ab (Joh 20,30f.).

Zuvor trägt die Volksmenge noch einen weiteren Einwand gegen den Christusanspruch Jesu vor. Es geht um den *Kreuzestod* und die Eschatologie des gekommenen *Christus* (Joh 12,32–36). Nach der alttestamentlichen und frühjüdischen Erwartung des eschatologischen *Christus* kommt dieser am Ende der Weltzeit und hilft Gott, eine neue Welt zu schaffen. Dagegen setzt der Evangelist die eschatologische Spannung, dass Jesus vor dem Weltende als Mensch am *Kreuz* sterben muss und im Sterben zugleich die Erhöhung beim Vater erfahren wird (s. u. IX.5). Die kurze Zeit des *Lichtes* ist doppeldeutig. Sie bezieht sich einerseits auf die kurze Anwesenheit des irdischen Jesus und andererseits auf die nachösterliche, geisterfüllte Zeit bis zum Weltgericht.

Während bisher der Christustitel Jesus nur von Menschen zugesprochen und diskutiert wurde, bekennt sich Jesus in den Abschiedsreden einmal zu diesem Titel: „[3]Dieses aber ist das ewige Leben, dass sie erkennen dich, den einzigen wahren Gott, und den du sandtest, Jesus *Christus*." (Joh 17,3)

der eschatologische Christus stirbt als König Israels und der Welt

Der Sohn/Sohn-Gottes-Titel kennzeichnet das Einssein von Vater und Sohn, der Christustitel ist der Titel für die Identität Jesu und seiner Anhänger nach außen. Der Mensch *Jesus Christus* vermittelt in seinem gesamten politischen und religiösen Auftreten die Erkenntnis des Vaters und damit das *ewige Leben*. Anstelle von *Christus* kann *König* stehen, da ja der eschatologische Christus zugleich als Erfüller des alttestamentlichen Königtums erwartet wird (Joh 1,49; 6,15; 12,13.15; 18,33–19,21). In der Passion geht es daher im Unterschied zu den Synoptikern nicht mehr um den *Christus- und Königs*-Titel, sondern nur noch um den *Königs*-Titel (Joh 18,33–19,21), zu dem einmal der missverstandene Sohn-Gottes-Titel als Variante des König-Titels tritt (Joh 19,7).

### c) Herr, Prophet und Lehrer

Herr bleibt differenziert

Die häufigste Anrede Jesu ist Herr (Kýrios). „Das vierte Ev. hat einfach den Gebrauch der früheren Tr. (Traditionen, Verf.) wiederholt." (Fitzmyer 1992, 819). So ist *Herr* wie bei den Synoptikern nicht zu einem spezifischen Hoheitstitel geworden, sondern umfasst Höflichkeitsanrede, ehrenvolle Anrede und göttliche Hoheit (Joh 4,11.19; 20,28).

*Prophet* hingegen wird im Unterschied zu Paulus und den Synoptikern nur im Sinne des *eschatologischen Propheten* verwandt (Joh 1,21.25). Daher kommt der *Prophetentitel* nur Jesus zu (Joh 4,19.44; 6,14; 7,40.52; 9,17). Aufgrund des kritischen prophetischen Wissens (Joh 4,1–26) und der prophetischen Wunderhandlungen des großen Mahles (Joh 6,1–15) und der Heilung des Blinden (9,1–7) wird Jesus vom Volk und vom Geheilten als *eschatologischer Prophet* proklamiert (Joh 6,14; 7,40; 9,17). Nur der eigene Heimatort erkennt wie bei den Synoptikern seine endzeitliche Prophetie nicht an (Joh 4,44; Mk 6,4parr.).

Prophet als Erfüllung der alttestamentlichen Führer

Als der *eschatologische Prophet* erfüllt Jesus wie als *Christus* die alttestamentlichen Führergestalten. Der Prophetentitel wird wie der Christustitel Jesus von außen zuerkannt.

Wie bei den Synoptikern hat Jesus außerdem die Rolle eines *Lehrers* inne. Mit griechisch *didáskalos* wird er 7-mal, mit hebräisch rabbí/rabbouní 9-mal bezeichnet. Die Schlüsselstelle ist das Gespräch mit dem Pharisäer Nikodemus, dem Jesus als einzigem außer sich selbst den *Lehrer*-Titel zuerkennt (Joh 3,10). Jesu Offenbarung des Vaters ist eine theologische Lehre, kein irrationales Glaubensdiktat: „[14]Schon mitten während des Festes aber ging Jesus zum Heiligtum hinauf und lehrte. [15]Es staunten nun die Juden, sagend: Wie kennt dieser Schriften als Ungelehrter? [16]Es antwortete ihnen nun Jesus und sprach: Meine Lehre ist nicht meine, sondern die des mich Schickenden; [17]wenn einer seinen Willen tun will, wird er aus der Lehre erkennen, ob sie aus Gott ist oder ob ich von mir aus rede." (Joh 7,14–16)

Lehrer ohne Ausbildung aus einfachen Verhältnissen

Das Streitgespräch während des Laubhüttenfestes entsteht über die Qualität der *Lehre* Jesu. Wie im Markusevangelium wird zunächst nichts über den Inhalt der Lehre gesagt. Erst die Reaktion der zuhörenden Juden nennt den Bezugspunkt: die Schriften Israels, also das Alte Testament. Wie der Hohe Rat in der Apostelgeschichte Petrus und Johannes für *ungelehrt (agrámmatos)* hält (Apg 4,13), so wundern sich hier die Zuhörer über die Schriftkenntnis Jesu. Denn im Unterschied zum *Lehrer* und Hohenratsmitglied Nikodemus (Joh 3,1–21; 7,50; 19,39) hat Jesus keine Ausbildung als Schriftgelehrter erfahren. Das einleitende Gespräch Jesu mit seinen Brüdern in Galiläa geht daher über die *Werke,* die die Brüder als sichtbare Zeichen verstehen wie die bisherigen Wunderhandlungen (*Zeichen*) und symbolischen Werke (u. a. die Tempelreinigung Joh 2,13–22), aber nicht über die *Lehre* (Joh 7,1–13). Der Evangelist deutet hier das Wissen der Synoptiker an, dass Jesus aus einfachen Verhältnissen stammt; dazu passt der Weinmangel bei der Hochzeit zu Kana, zu der die Familie Jesu aufgrund persönlicher Beziehung eingeladen war (Joh 2,1–12).

Wille Gottes als Auslegungsprinzip der Tora

Wie bei Paulus und den Synoptikern ist der *Wille* Gottes das leitende Auslegungsprinzip der Schrift. Es geht nicht um buchstäblichen Gesetzesgehorsam, sondern um das situationsgerechte Handeln im Sinne Gottes. Wer schon jetzt nach dem Willen Gottes zu leben versucht, wird in Jesu *Lehre* den *Willen* Gottes noch deutlicher erkennen. So bedeutet auch Jesu Heilung des Gelähmten am Sabbat wie bei den Synoptikern keine Sabbatentweihung (Joh 5,1–18), sondern eine Ehrung Gottes wie die am Sabbat erlaubte Beschneidung (Joh 7,21–24). Die Unterstellung der Besessenheit von einem *Dämon* verstellt allerdings wie bei den Synoptikern die Erkenntnis des Willens Gottes (Joh 7,20; s. o. VI.3.c; IX.3.c).

Reden, Werke und Wunderzeichen in aller Öffentlichkeit

In der Voruntersuchung der Passionsgeschichte befragt der Hohepriester Jesus zu seiner Lehrtätigkeit (Joh 18,19). Da die Nachfrage zu den *Werken* und *Zeichen* fehlt, sind diese wie im Markusevangelium mitgemeint. *Lehre* Jesu umfasst seine gesamte Praxis. In diesem umfassenden Sinne ist auch die Antwort Jesu gemeint: „[20]Es antwortete ihm Jesus: Ich habe in *Offenheit* geredet zur Welt, ich lehrte allzeit in einer Synagoge und im Heiligtum, wohin alle Juden zusammenkommen, und im Verborgenen redete ich nichts. [21]Was fragst du mich? Frag die, die gehört haben, was ich redete zu ihnen; sieh, diese wissen, was ich sprach." (Joh 18,20–21)

Das *Reden in Offenheit (parrhesía) zur Welt* meint die gesamt Praxis Jesu (Joh 7,26; 10,24; 11,14; 16,25.29; 18,20). Mit der Betonung der kritischen Offenheit des Propheten und Philosophen in Wort und Tat schließt die Apostelgeschichte ab (Apg 28,31). Auch im Johannesevangelium haben Rede und Zeichenhandlungen eine Einheit gebildet, sowohl im Tempelbezirk als auch in den synagogalen Versammlungsräumen. Zwar vollzieht Jesus im Tempelbezirk keine Heilung, doch er vertreibt beim ersten Besuch des Tempels die Händler mit Gewalt aus dem Tempelvorhof und vollbringt damit nach dem Weinwunder in Kana (Joh 2,1–12) ein zweites *öffentliches Werk* (Joh 2,13–22).

Jesus hat seine Praxis nicht in einem *kryptischen (kryptós)* unerlaubten Verein geheimnisvoll entwickelt, wie es ihm seine Brüder (Joh 7,4) und der Hohepriester vorwerfen, sondern in aller Öffentlichkeit ausgeübt.

die Gemeinde als unerlaubter Verein und die Öffentlichkeit der Lehre Jesu

Die Zurückweisung des Kryptischen verweist auf die johanneische Gemeindesituation. Nach der Tempelzerstörung 70 n. Chr. hatte der Konflikt mit der jüdischen Synagoge zum Synagogenausschluss geführt (Joh 9,22–35). Die christliche Gemeinde kann sich nur noch als ein unerlaubter Verein treffen, dem die Anerkennung des jüdischen Synagogenverbandes als erlaubte Religion (religio licita) versagt bleibt.

Der 186 v. Chr. verbotene Dionysoskult beeinflusste die Darstellung des Weinwunders bei der Hochzeit zu Kana (Joh 2,1–12; Labahn 1999, 46–152; Ziegler 2008, 14–19). In der griechisch-römischen Welt unterliegen Geheimbelehrungen und -treffen schnell dem Verdacht, Gottlosigkeit (Asebie), Aberglaube (superstitio) und Unsittlichkeit zu lehren und zu praktizieren. Der Evangelist nimmt daher Jesus und seine Gemeinde vor solchen Verdächtigungen in Schutz. Die Nähe zu den geduldeten Dionysos-Vereinen wird *öffentlich* kundgetan. Ebenso wird der Dissens zur Gesetzesauslegung der Pharisäer und der Hohenpriester *öffentlich* ausgetragen (Joh 7,32 u. ö.). Bei weitgehendem Konsens kann auch ein privates Gespräch wie mit Nikodemus stattfinden (Joh 3,1–13). Doch das Verbleiben solcher führender Männer beim geheimen Bekenntnis ist ein Ärgernis (Joh 12,42 f.). Allerdings bekennen sich Nikodemus und Josef von Arimathäa nach dem Kreuzestod Jesu offen zu ihm und bestatten ihn königlich (Joh 19,38–41).

Die *Lehre* Jesu ist kein Geheimnis. Der apokalyptische *Mysterion*-Begriff fehlt daher im Johannesevangelium. Der Evangelist zeigt vielmehr mit rhetorischer Eleganz, dass das Erkennen des Vaters in Jesus für jeden Hörer möglich ist.

Auf der zwischenmenschlichen Ebene findet ein Prozess des wachsenden Bekanntwerdens des *Christus-* und *Sohn Gottes*-Anspruchs Jesu statt. Er kulminiert in dem Doppelbekenntnis der Martha (Joh 11,27), das das letzte

Bekenntnis anderer gegenüber Jesus bleibt. Diese Vertiefung des Glaubens in der sich ausbreitenden Schar der Anhänger (Joh 1,41 Andreas, 1,49 Natanael, 4,29 die Samariterin, 7,41 Teile des Volkes (óchlos), 11,27 Martha) – Johannes der Täufer nimmt als glaubender *Zeuge* (mártys) eine Sonderrolle ein – wird kontrapunktiert von dem sich steigernden Unverständnis der immer stärker und entschlossener werdenden Gegner. Die *Jerusalemer* zeigen Unverständnis (Joh 7,26–29), aber noch nicht Todfeindschaft. Es spaltet sich das Volk in Bekennende und Unverständige (Joh 7,40–44 ). Die *Juden* (Sammelbezeichnung für die jüdischen Autoritäten) fordern schließlich ein Messiasbekenntnis in aller Offenheit (parrhesia: Joh 10,24). Es schließt sich das Volk mehrheitlich dem Unverständnis der jüdischen Autoritäten an (Joh 12,34) und zeigt so wie bei den Synoptikern seine Verstockung durch Gott (Joh 12,37–41; 18,35). Die *öffentliche* Verkündigung der Hoheit Jesu stößt ständig auf Missverständnisse. Diese führen schließlich zur Passion, die auch die Proklamation der Himmelsstimme nicht aufhalten kann, da sie missverstanden wird (Joh 12,28). Als Teilhaber an der himmlischen Welt mit der Gewissheit künftiger Verherrlichung sagt Jesus in den Abschiedsreden (Joh 13,1–17,26) sein Leiden, seinen Tod und seine Erhöhung voraus und durchleidet anschließend vorbildlich seine Passion. Der auferstandene Jesus von Nazaret geht dann in die Herrlichkeit des Vaters endgültig ein und bleibt für die Welt und besonders für seine Gemeinde der Lebensspender.

der Wechselprozess wachsenden Bekanntwerdens und wachsender Feindschaft

## 5. Ethischer oder ontologischer Dualismus und der Kreuzestod Jesu als Rettung

Bleiben die Nicht-Glaubenden für immer in der Finsternis und im Bereich Satans, des *Herrschers* dieser Welt (árchon Joh 14,30)?

Bultmann beschreibt die Beziehung Jesu zum Vater ontologisch, und zwar nach dem gnostischen Erlösermythos:

„So ist denn überhaupt die Jesus Gestalt bei Johannes in den Formen gezeichnet, die der gnostische Erlösermythos darbot, […] der schon vor Paulus und dann bei ihm das christologische Denken des hellenistischen Christentums beeinflusst hatte. […] Freilich: bei Johannes fehlen die kosmologischen Motive des Mythos; es fehlt vor allem der Gedanke, dass die Erlösung, die der ‚Gesandte' bringt, die Befreiung der präexistenten Lichtfunken ist, die von dämonischen Mächten in dieser niederen Welt gefangen gehalten werden. […] Im Übrigen aber erscheint Jesus wie im gnostischen Mythos als der präexistente Gottessohn, den der Vater mit Vollmacht ausgerüstet und in die Welt gesandt hat. Hier, als ein Mensch erscheinend, redet er die Worte, die ihm der Vater gegeben, und vollbringt die Werke, die ihm der Vater aufgetragen hat … Aber er verläßt die Welt; wie er ‚gekommen' ist, so ‚geht er fort' … Aus der gnostischen Sprache und nicht etwa aus der griechisch-philosophischen Tradition stammt endlich auch der Logosname des präexistenten Offenbarers. – Wie Johannes diesen Mythos interpretiert, wie dieser Mythos ihm dazu dienen kann, seine theologischen Gedanken auszudrücken, muss in deren Darstellung deutlich werden." (Bultmann 1977, 365f.)

gnostischer Abstieg – Aufstieg – Mythos oder Inkarnation des Logos zu einer Lebens- und Rettungsgeschichte?

Bultmanns These, dass schon Paulus und die vorpaulinische Tradition vom gnostischen Erlösermythos geprägt war, konnte von der anschließenden Forschung unter Einbeziehung der alttestamentlichen und frühjüdischen Weisheitsspekulation zurückgewiesen werden (vgl. Phil 2,6–11; s.o. III.3.b). Ebenso ist die These von der gnostischen Beeinflussung des Johannesevangeliums nicht haltbar. Bultmann behauptet doppeldeutig, dass der *„präexistente Gottessohn* [...] *als ein Mensch erscheinend"* Worte redet und Werke vollbringt, die vom Vater kommen. Die johanneische Christologie kann so in die Nähe des späteren gnostischen Doketismus, nach dem Jesus nur einen Scheinleib gehabt hat, gerückt werden. Doch bereits der Prolog betont auch nach Bultmann die volle Menschlichkeit Jesu, der „ein bestimmter historischer Mensch" ist (Bultmann 1977, 393). Die doketische Interpretation bleibt aufgrund der *gnostischen Sprache* ein Missverständnis, das aber nach Bultmann ständig aufgrund der gnostischen Sprache entstehen kann.

Bultmann muss daher die kirchliche Redaktion einführen, die nachträglich die gnostisierende Erstfassung ständig zu korrigieren hat. Nach paulinischem und synoptischem Verständnis verlässt Jesus ja nicht die Welt, „wie er ‚gekommen' ist", sondern er wird als der *Gekreuzigte erhöht*, der eine singuläre *Lebens- und Rettungsgeschichte* aufgrund der Inkarnation beibehält.

Der Gegensatz zwischen einer griechisch-philosophischen Tradition und der gnostischen Sprache, den Bultmann aufbaut, trifft zwar zu, doch sein Schluss ist falsch, dass das Johannesevangelium in Gegensatz zur griechischen Philosophie zu bringen ist und nur die sogenannte kirchliche Redaktion griechisch-philosophische Tradition einbringt. Denn die Gnosis entsteht erst u.a. unter dem Einfluss des Neuen Testaments und bildet erst im 2. Jh. ihre eigene Sondersprache aus.

Ebenbildlichkeit des Menschen mit dem göttlichen Logos

So erschließt Siegert umfassend „griechische und griechisch-jüdische Logoslehren" als Vorgaben für den johanneischen Logos-Begriff (Siegert 2008, 649–670). Philon von Alexandrien (20 v. Chr. – 50 n. Chr.) kommt dem Johannesevangelium besonders nahe: „Warum spricht (die Schrift) wie von einem anderen Gott in (dem Satz): ‚nach dem Bilde des Gottes schuf er ihn', und nicht: ‚nach seinem Bild'? – sehr schön und weise spricht dieses Orakel. Er konnte nämlich nichts Sterbliches dem obersten Vater des Alls nachbilden, sondern nur dem zweiten Gott, der sein Logos ist. [...] Denn es war nötig, dass die vernunftgemäße Prägung der menschlichen Seele vom göttlichen Logos geprägt werde, da der vor-vernünftige Gott [sc. der Logos] jedem vernünftigen Geschöpf überlegen ist." (Philon, Quaestiones in Genesim 2,62, üb. in Siegert 2008, 655).

Philon kommentiert die Rede Gottes von der *Gottesebenbildlichkeit* des Menschen beim Noachbund (Gen 9,6), die Gottes Wort bei der Schöpfung des Menschen wiederholt (Gen 1,26). Es geht darum, dass in der platonischen Philosophie, wie Philon sie versteht, die Menschen nicht unmittelbar materielle Abbilder des himmlischen Urbilds, und zwar des einen Gottes, sein können, – dann könnte ja Gott gegen das Erste/Zweite Gebot erkannt und beschrieben werden –, sondern Abbilder des immateriellen Schöpfungsplanes, und zwar des immateriellen Logos, sind. Aufgrund der menschlichen Vernunft kann auf die Vernünftigkeit des Schöpfungsplanes geschlossen werden (s.o. III.4.f), aber nicht auf die Gesamt-Gestalt des *vor-vernünftigen*

Logos und des ihn überhöhenden Gottes. Diese Spannung zwischen kosmischer Materialität und göttlicher Immaterialität wird noch nicht ethisch als der Gegensatz von Finsternis und wahrem Licht wie später im Johannesevangelium qualifiziert. Es geht vielmehr um die Transzendenz des einen Gottes seiner Schöpfung gegenüber.

Außerdem erhält Gott wie im Johannesevangelium die zentrale frühjüdische Metapher *Vater*. Gott hat zu den Menschen die positive Beziehung der väterlichen Liebe und ist noch nicht wie in der Gnosis von ihnen durch den ontologischen Gegensatz von guter göttlicher Materie und böser menschlich-weltlicher Materie getrennt.

ethischer Dualismus

Da zwischen Gott und dem Menschen kein ontologisch feindlicher Gegensatz besteht, bewirkt auch die Sendung des Logos keinen ontologischen Dualismus von guten und bösen Seinssphären in der Menschheit, sondern einen ethischen Dualismus. Das Leben nach der Lehre des menschgewordenen Logos Jesus Christus, des Sohnes Gottes, bedeutet *Licht*, und die Verweigerung des Glaubens an ihn schafft *Finsternis*. Der Kreuzestod Jesu wird nicht von einer bösen Materie oder von dem *Dämon Satan* bewirkt, sondern von Menschen, die sich dem Anruf des Vaters durch Jesus verweigert haben und die *Finsternis* mehr als das *Licht* der Wahrheit lieben, aber jederzeit umkehren können.

die Erhöhung am Kreuz als rettendes Leiden

Der Schluss des Gesprächs mit Nikodemus, des ersten großen Gespräches im Johannesevangelium, deutet den Kreuzestod Jesu mit *Erhöhen* an (Joh 3,14–21). Der Tod Jesu ist notwendig, um den Glaubenden das ewige Leben zu geben. Denn wie in den paulinischen Glaubensformeln ist Jesus zur Rettung der Menschen aus dem Zorngericht Gottes gesandt worden (s.o. III.1.g). Das Weltgericht Gottes vollzieht sich schon jetzt bei den Nicht-Glaubenden; denn sie schließen sich vom *Licht* des wahren Glaubens ab und lassen eine kritische Überprüfung ihrer *bösen Werke* nicht zu. So führt die selbst verschuldete Sündigkeit zu Jesu gewaltsamen Kreuzestod (Joh 8,21–29). Gleich zu Beginn des öffentlichen Auftretens Jesu macht Johannes darauf aufmerksam, dass Jesus durch die Sündigkeit der Menschen sterben und durch seinen Tod die Macht der Sünde aufheben wird: „[29]Am folgenden Tag sieht er Jesus zu sich kommen und sagt: Sieh das Lamm Gottes, das tragende die Sünde der Welt.“ (Joh 1,29)

Der im Johannesevangelium singuläre Titel *Lamm Gottes* wird von Johannes am nächsten Tag noch einmal wiederholt (Joh 1,36). Jesus ist das Passalamm (Joh 19,36; 1 Kor 5,7f.), das wie beim Exodus aus Ägypten als Opferspeise die Teilnehmer mit Gott verbindet und versöhnt (Becker 1979, 1, 97; s.o. III.4.g). Die Hinweise auf den rettenden Kreuzestod Jesu durchziehen dann das ganze Johannesevangelium bis zur Passion. Bis zum Endgericht bleibt aber Zeit zur Umkehr (Joh 5,27–29; Gnilka 1994, 298f.).

Die unterschiedlichen theologischen Konzepte von dem präexistenten Logos/Sohn/Menschensohn und dem hoheitsvoll leidenden Christus/König/Prophet/Lehrer Jesus produzieren eine bewusste Spannung, die das ganze Evangelium prägt, besonders die Passionsgeschichte. Auch der johanneische präexistente Logos erfährt als leidender Mensch gemäß der Gattung Evangeliumbiographie Zustimmung und Ablehnung durch seine Zeitgenossen und erfährt somit eine Spannung zwischen seinem Status als präexistenter hoheitlicher Logos und leidender bevollmächtigter Mensch.

## 6. Die johanneische Bildsprache: Gleichnisse und Ich-bin-Worte

Rätselrede als Gleichnis

Parabeln und Bildworte gelten als klassische Gattungen für die Bildsprache des vorösterlichen Jesus und der synoptischen Tradition. Nun fehlt im johanneischen Schrifttum der griechische Gattungsbegriff *parabolé* für Gleichnisse und Bildworte; stattdessen verwendet das Johannesevangelium 3-mal die Gattungsbezeichnung *paroimía = Rätselrede* (Joh 10,6; 16,25.29), die nur noch der Zweite Petrusbrief mit der weiteren Bedeutung *Sprichwort* kennt (2 Petr 2,2). Da die *Rätselrede* die Eigenständigkeit der Bildhälfte mit der Parabel gemeinsam hat, wird sie neuerdings der Gattung *Parabel = Gleichnis* zugeordnet (Zimmermann 2007, 17–28).

Im Johannesevangelium ist das deutlichste *Gleichnis* die Erzählung vom Hirten und seinen Schafen (Joh 10,1–5). Denn es ist die einzige johanneische Bilderzählung, die die Gattungsbezeichnung *Gleichnis/Rätselrede* erhält: „[6]Dieses Gleichnis (paroimía) sprach Jesus zu ihnen, jene aber wussten nicht, was es war, was er zu ihnen redete." (Joh 10,6) Der Evangelist unterbricht mit diesem Kommentar die Jesusrede vom Hirten (Joh 10,1–39), um der vorangegangenen Bildhandlung die zutreffende Gattungsbezeichnung zu geben (Kowalski 1996, 102). Das Unverständnis der Hörer entspricht dem Unverständnis der Hörer bei den Synoptikern (Mk 4,33 f. par.).

Nun gibt es neben dem Gleichnis vom Hirten weitere Gleichnisse im Johannesevangelium. Sie setzen mit dem Gleichnis vom *Niederreißen und Aufbauen des Tempels* ein (Joh 2, 19) und enden mit dem Gleichnis von der *gebärenden Frau* in den Abschiedsreden (Joh 16, 21 f.). Insgesamt lassen sich 18 Gleichnisse im Johannesevangelium bestimmen (Zimmermann 2007, 709). Die Gleichnisse wiederum sind in Reden eingebettet, die sie auslegen. In den Abschiedsreden nimmt das Gleichnis vom *Weinstock* eine zentrale Stellung ein (Joh 15,1–8).

Metaphorik und Bildlichkeit als nachösterliche Offenheit

Über Gott und seine Beziehung zu Jesus kann nur in Gleichnissen und Metaphern geredet werden. Zum Abschluss der Gleichnisse gibt Jesus eine Zusammenfassung: „[25]Dieses habe ich in Gleichnissen zu euch geredet; es kommt eine *Stunde*, da ich nicht mehr in *Gleichnissen* zu euch reden werde, sondern euch in *Offenheit* den *Vater* verkünden werde." (Joh 16,25)

Die *Stunde* des *offenen* Redens für die *Jünger* ist „die durch Ostern eröffnete und begründete Zeit der Gemeinde" (Wengst 2001, 2, 181). Im *Namen* Jesu hat die Gemeinde direkten Zugang zum Vater. Die Liebe und der Glaube zu Jesus wird vom Vater als Liebe zurückgegeben. Offenheit meint daher nicht den Verzicht auf metaphorische Sprache, sondern unmissverständliches Verstehen der Vaterbeziehung Jesu. Die *Bildlichkeit* der johanneischen Sprache bleibt zentral für die Verständigung (Busse 2002, 273–403; Zimmermann 2004).

Zur Bildsprache gehören weiterhin die *Ich-bin-Worte* (Gnilka 1994, 247–255). Jesus setzt sich und seine Praxis metaphorisch mit dem *Brot des Lebens* (Joh 6,35), dem *Licht der Welt* (Joh 8,12), der *Tür der Schafe* (Joh 10,7), dem *guten Hirten* (Joh 10,11), der *Auferstehung und dem Leben* (Joh 11,25), dem *Weg*, der *Wahrheit* und dem *Leben* (Joh 14,6) und dem *Weinstock* (Joh 15,1) gleich.

# 7. Ekklesiologie und Ethik

Jünger, Zwölferkreis und Lieblingsjünger

Wie bei den Synoptikern sammelt Jesus einen Jüngerkreis um sich (Joh 1,35–37 u.ö.). Wie bei den Synoptikern tritt erst später, und zwar nach der Spaltung der Jünger nach der großen Brotrede (Joh 6,22–59), der Zwölferkreis in Erscheinung: „Habe ich nicht euch, die Zwölf, erwählt?" (Joh 6, 70a) Die hier angeführten Namen Simon Petrus und Judas Iskariot (Joh 6,71) decken sich mit der Namenslisten der Synoptiker; hinzu kommen Thomas, der Zwilling (Joh 20,24), der ohne den Beinamen ebenfalls bei den Synoptikern bezeugt ist, der zuerst berufene Jünger Andreas und Philippus (Joh 1,40–44; Mk 3,13–19parr.), außerdem der nur im Johannesevangelium genannte Natanael (Joh 1,45–51). Wie bei den Synoptikern bleiben die Zwölf als engster Kreis ständig bei Jesus und verlassen ihn bei der Gefangennahme (Joh 18,1–11). Der Evangelist unterlässt aber im Unterschied zu den Synoptikern die Aufzählung aller zwölf Namen und führt stattdessen ab den Abschiedsreden einen anonymen Lieblingsjünger ein (Joh 13,23–26). Dieser verlässt Jesus nicht bei der Passion (Joh 18,15) und steht als einziger Jünger unter dem Kreuz (Joh 19,26f.). Im Wettlauf mit Petrus besucht er das leere Grab und kommt zum Glauben (Joh 20,2–10). Der johanneische Nachtrag klärt dann ausführlich die Konkurrenz des Lieblingsjüngers zu Petrus (Joh 21,7.20–24). Der Lieblingsjünger vertritt den johanneischen Kreis, Petrus vertritt die Großkirche.

Ämter

Ämter gibt es im Johannesevangelium noch nicht, wohl aber in den Johannesbriefen.

Im Zweiten Johannesbrief schreibt der *Presbyter* (Älteste), mittelhochdeutsch *Priester,* an seine *Herrin,* d.s. die Gemeinden und deren *Kinder:* „[1]Der Älteste an die auserwählte Herrin und ihre Kinder, die ich liebe in Wahrheit, und nicht ich allein, sondern auch alle, die erkannt haben die Wahrheit" (2 Joh 1). Der Presbyter ist Garant der Überlieferung für mehrere Gemeinden; zugleich bleibt er der *Herrin* untergeordnet. Er lobt zunächst deren Leben in der Wahrheit und erinnert anschließend an das Gebot, „dass wir einander lieben" (2 Joh 4–6). Dann kommt eine Mahnung vor Betrügern und dem Antichristus als Hauptbetrüger (2 Joh 7–11). Wie Paulus muss der *Presbyter* vor Irrlehrern warnen.

Den Dritten Johannesbrief schreibt der Presbyter an Gaius, den *Geliebten (agapetós)* (3 Joh 1f.). Der Titel des *Lieblings*jüngers klingt an. *Brüder* waren zum Presbyter gekommen und hatten von des Gaius Lebenswandel in *Wahrheit* berichtet (3 Joh 3–8). Mit *Diotrephes* hingegen, „der unter ihnen (in der Gemeinde) Erster sein wollende", haben die *Brüder* und der *Presbyter* einen Konflikt (3 Joh 9f.). Es zeichnet sich umrisshaft eine Hierarchie ab, in der johanneische Gemeinden die Basis bilden, umherziehende und sesshafte Brüder Leitungsfunktionen übernehmen und der *Presbyter* die Wahrheit der johanneischen Theologie und Überlieferung vertritt. Diese Gemeinde bleibt über den *Lieblingsjünger,* Petrus, den Zwölferkreis, den anderen JüngerInnen und den auferstandenen Jesus Christus und Sohn Gottes mit den anderen, kirchlichen Gemeinden verbunden.

das Liebesgebot und das Weitergehen der Lehre und Werke Jesu

Die Ethik besteht im Bleiben der Wahrheit und Halten des Liebesgebots. Wenn die Szene von der Ehebrecherin zur johanneischen Tradition nach 70 gerechnet wird, bleiben die moralischen Normen der alttestamentlichen

Tora, insbesondere des Dekalogs, weiterhin gültig: „Sünde soll vergeben werden, damit neues, von Sünde befreites und freies Leben möglich wird." (Wengst 2000, 1, 308)

Die präsentische Eschatologie konnte im Sinne einer Ausgrenzung aus der Welt interpretiert werden. Dagegen betont der Evangelist den Zukunftsaspekt des Heils und des Gerichts über den Glauben und die Werke (Joh 5,27–29; 12,48) sowie die Sakramente Taufe mit Sündenvergebung und Herrenmahl (Ebner/Schreiber 2008, 224–226). Die Lehre und Werke Jesu gehen in öffentlicher moralischer Lebenspraxis weiter.

# X. Schluss

In dieser Einführung können die weiteren Schriften der dritten und vierten Generation der neutestamentlichen Autoren, das sind *Offenbarung*, die *deuteropaulinischen Briefe* (Kol, Eph, 2 Thess), die *Pastoralbriefe* (1–2 Tim, Tit), der *Hebräerbrief* (Hebr) und die vier *katholischen Briefe* (Jak, 1–2 Petr, Jud), nicht mehr behandelt werden. Sie zeigen deutlich eigene Standpunkte der Theologie an.

*Offenbarung* gibt die Geheimhaltung der himmlischen Welt in den frühen neutestamentlichen Schriften auf. Der griechische Begriff *apokálypsis* = *Offenbarung* wird ganz gegen seinen ursprünglichen Sinn (Offb 1,1) erst in der Neuzeit zur Bezeichnung der alttestamentlichen, frühjüdischen und christlichen Geheimliteratur von der himmlischen Welt und Gottes Plänen. Denn der Verfasser, der Prophet Johannes, will das Gegenteil der alttestamentlichen Vorgänger und der frühjüdischen Parallelen. Er will nicht pseudepigraphisch den künftigen Weltplan Gottes verbergen und nur einem geheimen Kreis von Anhängern mitteilen, sondern will unter eigenem Namen jedem interessierten Leser der griechischen-römischen Kultur die himmlische Welt offen verkünden.

Zwei Offenbarungsvorgänge teilen *Offenbarung* in zwei Teile ein: 1. Offenbarung ohne Himmelsreise (Offb 1,9–3,22) (Yarbro Collins 1988, 4675 f.); 2. Offenbarung mit Himmelsreise (Offb 4,1–22,5). Das ganze Textkorpus hat die Gestalt eines Gemeindebriefes. Nach dem Präskript (Offb 1,1–3) und dem Exordium (Offb 1,4–8) setzt die erste Offenbarung ein. Der zum himmlischen Menschensohn erhöhte Jesus erscheint Johannes auf der Insel Patmos in einer Vision und diktiert ihm 7 Briefe an 7 verschiedene Gemeinden. Anschließend sieht Johannes die Tür zum Himmel sich öffnen, hört den erneuten Auftrag der Stimme des erhöhten Christus (Offb 4,1), wird zum Eingang der Himmelstür entrückt und erlebt die gewaltige Visionsfolge (Offb 4,2b–22,5). Gott und Engel beherrschen als Subjekte die Handlungen dieser Visionen. Die Begriffe Gott (98-mal) und Engel (67-mal) nehmen zusammen einen viel größeren Raum ein als in den anderen neutestamentlichen Schriften. Aufgrund dieses Übergewichts und der visionären Symbolsprache entsteht eine ganz eigenständige Theologie.

Auch der *Hebräerbrief* entwickelt eine selbständige Theologie. Im Zentrum steht der neue Hoheitstitel vom *Hohenpriester* Jesus, der metaphorisch verstanden und ausgedeutet wird.

Der deuteropaulinische Brief an die *Kolosser* wiederum schließt sich an den protopaulinischen Philemonbrief an, entwickelt aber ebenfalls eine eigenständige Theologie. Vom Kolosserbrief ist dann der *Epheserbrief* abhängig. In beiden deuteropaulinischen Briefen geht es um den neuen Gedanken einer universalen Kirche, die mit Christus und dem Kosmos eine Einheit bildet. Der *Zweite Thessalonicherbrief* ergänzt nachträglich den Ersten Thessalonicherbrief und betont die Verzögerung der Parusie Christi und die Gefahr von Irrlehrern in der Zwischenzeit.

Die *Pastoralbriefe* sind eine Einheit, in der allerdings die kanonische Anordnung (1–2 Tim, Tit) umgestellt werden muss. Der *Zweite Timotheusbrief* bildet als testamentarisches Mahnschreiben den ursprünglichen Abschluss. Dieses kleine Briefkorpus entwickelt umrisshaft eine Paulus-Biographie (s. o. III.5) und eine damit verbundene Ämter-Theologie.

Der pseudepigraphische *Jakobusbrief* dagegen ist eine weisheitliche Schrift ohne echten Briefcharakter, doch mit anspruchsvoller, rhetorischer Durcharbeitung der alttestamentlichen, jesuanischen und urchristlichen Paränese.

Der pseudepigraphische *Erste Petrusbrief* hat gottesdienstliche Traditionen aufgenommen. Er hat außerdem durch die Zweiteilung in Argumentatio und Exhortatio, durch das Anfügen eines Postskripts und durch das Vorschalten eines Präskripts den Charakter eines paulinischen Briefformulars erhalten. Sein zentrales Thema ist die Bewährung der Christen in der *Fremde* (paroikía = Pfarrei) der griechisch-römischen Welt (1 Petr 1,17).

Vom pseudepigraphischen *Judasbrief* hängt der pseudepigraphische *Zweite Petrusbrief* ab. Sie sind kurz gefasste christliche Briefformulare. Ihr zentrales Thema ist der Kampf gegen Irrlehrer.

Für die Einführung in diese Schriften sei auf die Handbücher zur *Theologie des Neuen Testament* und zur *Einleitung in das Neue Testament* verwiesen.

Die Rückfrage zur Theologie des *vorösterlichen Jesus* muss hier ebenfalls unterbleiben. Sie ist bei einzelnen Themenkreisen wie der *Vater*-Anrede Gottes, der Ankündigung der angebrochenen *Königsherrschaft Gottes*, der Neubildung des *Evangelium*-Begriffs und dem apokalyptischen *Menschensohn*-Titel bereits knapp vorgestellt worden. Für eine intensive Beschäftigung mit dem vorösterlichen Jesus sei auf die wissenschaftlichen Jesus-Bücher verwiesen.

Die einzelnen Paulusbriefe, die Evangelien und die Apostelgeschichte bilden Fenster und gewähren Blicke in die Vergangenheit. Diese Rückblicke lassen sich nicht problemlos harmonisieren. Sie fordern den Leser auf, gemeinsam mit ihnen eine eigenständige, plurale Leseweise von Jesus und seiner Theologie zu entwickeln und diese Leseweise kritisch anhand der einzelnen Werken zu überprüfen.

# Literatur


**Handbücher Theologie des Neuen Testaments**

Berger, K., 1994, Theologiegeschichte des Urchristentums. Theologie des Neuen Testaments, Tübingen/Basel

Breytenbach (Hg.) C., 2007, Aufgabe und Durchführung einer Theologie des Neuen Testaments (WUANT 205), Tübingen

Bultmann, R., [7]1977, Theologie des Neuen Testaments, Tübingen (1953)

Conzelmann, H., 1967, Grundriß der Theologie des Neuen Testaments, Tübingen

Gnilka, J., 1994, Theologie des Neuen Testaments, Freiburg

Hahn, F., 2002, Theologie des Neuen Testaments (2 Bde.), Tübingen

Hübner, H., 1990–1995, Biblische Theologie des Neuen Testaments, 3 Bde., Göttingen

Jeremias, J., 1971, Neutestamentliche Theologie I. Die Verkündung Jesu, Gütersloh

Kümmel, W. G., 1969, Die Theologie des Neuen Testaments nach seinen Hauptzeugen (NTD E3), Göttingen

Lohse, E., [5]1998, Grundriß der neutestamentlichen Theologie, Stuttgart (1974)

Pokorný, P./Heckel, U., 2007, Einleitung in das Neue Testament. Seine Literatur und Theologie im Überblick (UTB 2798), Tübingen

Porsch, F., 1995, Kleine Theologie des Neuen Testaments, Stuttgart

Schnelle, U., 2007, Theologie des Neuen Testaments (UTB 2917), Göttingen

Strecker, G. (Hg.), 1975, Das Problem der Theologie des Neuen Testaments, Darmstadt

Strecker, G., 1996, Theologie des Neuen Testaments, hg. v. Horn, W., Berlin/New York

Stuhlmacher, P., 1992–1999, Biblische Theologie des Neuen Testaments (2 Bde.), Göttingen

Theißen, G., 2000, Die Religion der ersten Christen. Eine Theorie des Urchristentums, Gütersloh

Thüsing, W., 1981–1999, Die neutestamentlichen Theologien und Jesus Christus, 3 Bde., Bde. 2–3 hg. v. Söding, T., Münster

Weiser, A., 1993, Theologie des Neuen Testaments II. Die Theologie der Evangelien, Stuttgart

Wilckens, U., 2002–2009, Theologie des Neuen Testaments (Bde. 1–2; 6 Teilbände), Neukirchen

Wrede, W., 1975, Über Aufgabe und Methode der sogenannten Neutestamentlichen Theologie (1897), in: G. Strecker (Hg.), Das Problem der Theologie des Neuen Testaments, Darmstadt, 81–155

**Standardliteratur**

Aune, D. E., 1987, The New Testament in Its Literary Environment (Library of Early Christianity, 8), Philadelphia

Bauer, W./Aland, K. u. B. (Hgg.), [6]1988, Griechisch-deutsches Wörterbuch, Berlin/New York

Berger, K., 1984, Hellenistische Gattungen im Neuen Testament, ANRW II 25,2,1031–1432, 1231–1245

Berger, K./Colpe, C. (Hgg.), 1987, Religionsgeschichtliches Textbuch zum Neuen Testament, Göttingen

Berges, U., 2008, „Vom Propheten des Buches zu den Tröstern Jerusalems. Eine Auslegung zu Jes 40,1–11", in: L. Hauser/F. R. Prostmeier/C. Georg-Zöller (Hgg.), Jesus als Bote des Heils. Heilsverkündigung und Heilserfahrung in frühchristlicher Zeit (FS D. Dormeyer; SBB 60), Stuttgart 2008, 19–29

Betz, O., 1985, Jesus und das Danielbuch, Bd II: Die Menschensohnworte Jesu und die Zukunftserwartung des Paulus (Daniel 7,13–14) (Arbeiten zum Neuen Testament und Judentum 6), Frankfurt u. a.

Billerbeck, P./Strack, H. (Hgg.), [6]1974, Kommentar zum Neuen Testament aus Talmud und Midrasch, 4 Bde., München (1926)

Bösen, W., 1985, Galiläa als Lebensraum und Wirkungsfeld Jesu, Freiburg

Brocke, M. (Hg.), 1974, Das Vaterunser: Gemeinsames Beten von Juden und Christen, Freiburg

Broer, I., 1998–2001, Einleitung in das Neue Testament (NEB. NTE 2/1–2), Würzburg

Brown, R., u. a. (Hgg.), 1976, Der Petrus der Bibel. Eine ökumenische Untersuchung, Stuttgart

Bultmann, R., 1965, Jesus (Siebenstern-Tb, 17), München/Hamburg (1926)

Burger, Ch., 1970, Jesus als Davidssohn. Eine traditionsgeschichtliche Untersuchung (FRLANT 96), Göttingen

Busse, U. (Hg.), 2003, Der Gott Israels im Zeugnis des Neuen Testaments (QD 201), Freiburg

Campovono, O., 1984, Königtum, Königsherrschaft und Reich Gottes in den frühjüdischen Schriften (OBO 58), Freiburg/Göttingen

Cineira, D. A., 1999, Die Religionspolitik des Kaisers Claudius und die paulinische Mission (HBS 19), Freiburg

Clauss, M., 1999, Kaiser und Gott. Herrscherkult im römischen Reich, Stuttgart/Leipzig

Colpe, C., 1969, ὁ υἱὸς τοῦ ἀνθρώπου ktl., ThWNT 8 (1969), 403–482

Conzelmann, H./Lindemann, A. [14]2004, Arbeitsbuch zum Neuen Testament (UTB 52), Tübingen (1975)

Deißmann, A., [4]1923, Licht vom Osten. Das Neue Testament und die neuentdeckten Texte der hellenistisch-römischen Welt, Tübingen

Dibelius, M., [2]1975, Geschichte der urchristlichen Literatur (1926), München

Dihle, A, [2]1970, Studien zur griechischen Biographie (AAWG.PH, 3,37), Göttingen

Dihle, A, 1987, Die Entstehung der historiographischen Biographie (SHAW 1986, 3), Heidelberg

Dobschütz, E. von, 1912, Gibt es ein doppeltes Evangelium im Neuen Testament? ThStKr 85, 331–336

Dormeyer, D., 1993, Das Neue Testament im Rahmen der antiken Literaturgeschichte. Eine Einführung, Darmstadt

Dormeyer, D., 2009, Pragmatische und pathetische Geschichtsschreibung in der griechischen Historiographie, im Frühjudentum und im Neuen Testament, in: T. Schmeller (Hg.), Historiographie und Biographie im Neuen Testament und seiner Umwelt (NTOA 69), Göttingen, 1–35

Ebner, M./Schreiber, S. (Hgg.), 2008, Einleitung in das Neue Testament, Stuttgart

Effe, B. (Hg.), 1985, Hellenismus (Griechische Literatur 4). RUB 8064, Stuttgart

Fitzmyer, J.A., [2]1992, κύριος kyrios, EWNT (1980–1983), II 811–828

Frankemölle, H., [2]1994, Evangelium. Begriff und Gattung. Ein Forschungsbericht, Stuttgart

Frankemölle, H., 2006, Frühjudentum und Urchristentum. Vorgeschichte – Verlauf – Auswirkungen, Stuttgart

Franz, A., 2001, Was ist heute noch katholisch? Zum Streit um die innere Einheit und Vielfalt der Kirche (QD 192) Freiburg

Frey, J./Schröter, J. (Hgg.), 2007, Deutungen des Todes Jesu im Neuen Testament (UTB 2653), Tübingen

Friedrich, G., 1935, εὐαγγελίζομαι ktl., ThWNT 2, 703–734

Genette, G., 1994, Die Erzählung, München

Gemoll, W., 1997, Griechisch-Deutsches Schul- und Handwörterbuch, München

Gnilka, J., [2]1993, Jesus von Nazaret. Botschaft und Geschichte, Freiburg

Gnilka, J., 2002, Petrus und Rom. Das Petrusbild in den ersten zwei Jahrhunderten, Freiburg

Görgemanns, H., 1996, Biographie, Der Neue Pauly 2, 682–687.689

Haehling, R. v., 1999, Herodot, in: K. Brodersen (Hg.), Große Gestalten der griechischen Antike, 58 historische Portraits von Homer bis Kleopatra, München, 165–175

Hahn, F., [4]1974, Christologische Hoheitstitel. Ihre Geschichte im frühen Christentum (FRLANT 83), Göttingen [1]1963

Hahn, F., [2]1992, χριστός christos, EWNT (1980–83), III 1147–1166

Harnack, A. von, 1911, Das doppelte Evangelium im Neuen Testament, in: Ders., Aus Wissenschaft und Leben II, Gießen, 213–224

Henten, J.W. van, 2005, Jewish Martyrdom and Jesus Death, in: Frey, J./Schröter, J. (Hgg.), 2007, Deutungen des Todes Jesu im Neuen Testament (UTB 2653), Tübingen, 139–169

Jeremias, J., [4]1967, Die Abendmahlsworte Jesu, Göttingen

Karrer, M., 1991, Der Gesalbte. Die Grundlagen des Christustitels (FRLANT, 151), Göttingen

Kearns, R., 1980, Vorfragen zur Christologie Bd II: Überlieferungsgeschichtliche und rezeptionsgeschichtliche Studie zur Vorgeschichte eines christologischen Hoheitstitels, Tübingen

Kelber, W. H., 1992, Die Anfangsprozesse der Verschriftlichung im Frühchristentum, ANRW II 26,1, 3–62

Kollmann, B., 1996, Jesus und die Christen als Wundertäter: Studien zu Magie, Medizin und Schamanismus in Antike und Christentum (FRLANT 170), Göttingen

Kremer, J., [2]1992, πνεῦμα pneuma, EWNT, Stuttgart (1980–1983), III 279–291

Küchler, M., 1979, Frühjüdische Weisheitstraditionen. Zum Fortgang weisheitlichen Denkens im Bereich des frühjüdischen Jahweglaubens (OBO 26), Göttingen

Kümmel, W. G., [3]1956, Verheißung und Erfüllung. Untersuchungen zur eschatologischen Verkündigung Jesu (ATANT 6), Zürich (1940)

Kümmel, W. G., 1973, Einleitung in das Neue Testament, Heidelberg

Leipoldt, J./Grundmann, W., 1965–1967, Umwelt des Urchristentums, 3 Bde., Berlin

Leo, F., 1901, Die griechisch-römische Biographie nach ihrer literarischen Form, Leipzig

Lohse, E., 1955, Märtyrer und Gottesknecht – Untersuchungen zur urchristlichen Verkündigung vom Sühnetod Jesu Christi (FRLANT 64), Göttingen

Mehl, A., 2001, Römische Geschichtsschreibung, Stuttgart

Merklein, H., 1978, Die Gottesherrschaft als Handlungsprinzip. Untersuchungen zur Ethik Jesu (FzB 34), Würzburg

Michel, O., [2]1992, πατήρ pater, Vater, EWNT (1980–83), III 125–135

Momigliano, A., 1971, The Development of Greek Biography, Cambridge (Mass.)

Normann, F., 1967, Christos Didaskalos. Die Vorstellung vom Christus als Lehrer in der christlichen Literatur des 1. und 2. Jahrhunderts, Münster

Overbeck, F., 1966, Über die Anfänge der patristischen Literatur (1882), Darmstadt

Perrin, N., 1972, Was lehrte Jesus wirklich?, Göttingen

Petuchowski, J.J., 1979, Das „Achtzehngebet“, in H.H. Henrix (Hg.), *Jüdische Liturgie* (QD 86) Freiburg, 77–89

Plutarch, 2003, Über den Aberglauben (De superstitione), in: H. Görgemanns (Hg.), Plutarch. Drei Religionsphilosophische Schriften, Düsseldorf/Zürich, 8–44

Pola, T., 2008, „… Dies ist mein Name zum Verbergen.“ Arkanum und Amnesie im Alten Testament, theologische beiträge 39, 346–362

Popkes, W./Brucker, R. (Hg.), 2004, Ein Gott und ein Herr, Neukirchen-Vluyn

Reiser, M., 2001, Sprache und literarische Formen des Neuen Testaments (UTB 2197), Paderborn

Roloff, J., 1995, Einführung in das Neue Testament (RUB 9413), Stuttgart

Schimanowski, G., 1985, Weisheit und Messias. Die jüdischen Voraussetzungen der urchristlichen Präexistenzchristologie (WUNT 2,17), Tübingen

Schmitt, R., 1983, ‚Die Sprachverhältnisse in den östli-

chen Provinzen des Römischen Reiches', ANRW II 29,2, 554–586
Schneemelcher, W., ²1990–1997, Neutestamentliche Apokryphen in deutscher Übersetzung, 2 Bde., Tübingen
Schnelle, U., ⁵2005, Einleitung in das Neue Testament (UTB 1830), Göttingen
Schniewind, J., 1927–1931, Euangelion. Ursprung und Gestalt des Begriffs Evangelium, 2 Bde., Gütersloh
Schröter, J., 2001, Jesus Christus und die Anfänge der christlichen Theologie (BThSt 47), Neukirchen
Schröter, J./Eddelbüttel, A. (Hgg.), 2004, Konstruktion von Wirklichkeit. Beitrag aus geschichtstheoretischer, philosophischer und theologischer Perspektive (TBT 127). Berlin
Schwemer, A., 1995–1996, Studien zu den frühjüdischen *Vitae prophetarum*, Bd. I: Die Viten der großen Propheten Jesaja, Jeremia, Ezechiel und Daniel; Bd. II: Die Viten der kleinen Propheten aus den Geschichtsbüchern (TSAJ 49–50), Tübingen
Seeberg, A., ²1966, Der Katechismus der Urchristenheit (TB 26), München (1903)
Seneca, Apocolocyntosis, 1957, hg. u. üb. v. W. Schöne, München
Seneca, Apocolocyntosis, 1999, hg. u. üb. v. G. Binder, Darmstadt
Sonnabend, H., ²2003, Geschichte der antiken Biographie. Von Isokrates bis zur Historia Augusta, Darmstadt
Stolz, F., 1996, Einführung in den biblischen Monotheismus, Darmstadt
Strecker, G., 1992, Literaturgeschichte des Neuen Testaments (UTB 1682), Göttingen
Syme, R., 2003, Die römische Revolution. Machtkämpfe im antiken Rom (engl. 1/1939), Darmstadt
Theißen, G./Merz, A., ³2001, Der historische Jesus. Ein Lehrbuch, Göttingen
Theißen, G., 2007, Die Entstehung des Neuen Testaments als literaturgeschichtliches Problem, Heidelberg
Timpe, D., 2001, Römische Geschichte und Heilsgeschichte, Berlin/New York
Toit, D. du, 1997, Theios anthropos. Zur Verwendung von theios anthropos und sinnverwandten Ausdrücken in der Kaiserzeit (WUNT 2,91), Tübingen
Venetz, H.J., 1981, So fing es mit der Kirche an, Zürich u. a.
Via, D.O., 1975, Kerygma and Comedy in the New Testament. A Structuralist Approach to Hermeneutic, Philadelphia
Vielhauer, P., 1975, Geschichte der synoptischen Literatur
Weder, H., 1993, Gegenwart und Gottesherrschaft. Überlegungen zum Zeitverständnis bei Jesus und im frühen Christentum, Neukirchen Vluyn
Wendland, P., ²⁻³1912, Die urchristlichen Literaturformen (Handbuch NT 1, 3), Tübingen
Yarbro Collins, A., 1988, Early Christian Apocalyptic Literature ANRW II 25, 6, 4666–4711

## III Literatur zur Theologie der paulinischen Briefe

Betz, H.D., 1972, Der Apostel Paulus und die sokratische Tradition, Tübingen
Broer, I., 2009, Autobiographie und Historiographie bei Paulus, in: T. Schmeller (Hg.), Historiographie und Biographie im Neuen Testament und seiner Umwelt (NTOA 69), Göttingen, 155–179
Bußmann, C., 1971, Themen der paulinischen Missionspredigt auf dem Hintergrund der spätjüdisch-hellenistischen Missionsliteratur (EHS.T, 3), Frankfurt
Bultmann, R., Der zweite Brief an die Korinther (KEK), Göttingen 1976
Elliger, W., 1998, Mit Paulus unterwegs in Griechenland, Stuttgart
Gnilka, J., 1968, Der Philipperbrief (HThK, X 3), Freiburg
Holtz, T., 1986, Der erste Brief an die Thessalonicher (EKKNT, 13), Zürich/Neukirchen
Klauck, H.J. 1998, Die antike Briefliteratur und das Neue Testament (UTB 2022), Paderborn
Lang, F., 1986, Die Briefe an die Korinther (NTD 7), Göttingen
Merklein, H., 1992–2005, Der erste Brief an die Korinther (ÖKNT 7/1–3), Gütersloh/Würzburg
Reichardt, M., 20008, Richter – Zeuge – Retter. Verschiedene eschatologische Rollen Jesu Christi im Neuen Testament, in: L. Hauser, F. Prostmeier, C. Georg-Zöller (Hgg.), Jesus als Bote des Heils. FS D. Dormeyer (SBB 60), Stuttgart, 318–335
Schenk, W., 1984, Die Philipperbriefe des Paulus. Kommentar, Stuttgart
Schmeller, T., 1987, Paulus und die „Diatribe" (NTA 29), Münster
Schrage, W., 1991–2001, Der Erste Brief an die Korinther (EKK VII/1–4), Zürich/Neukirchen
Stuhlmacher, P., 1968, Das paulinische Evangelium (FRLANT 95), Göttingen
Wilckens, U., 1978–82, Der Brief an die Römer (EKK VI/1–3), Zürich
Wischmeier, O. (Hg.), 2006, Paulus. Leben – Umwelt – Werk – Briefe, Tübingen/Basel
Woyke, J., 2005, Götter, ‚Götzen', Götterbilder, Berlin
Zeller, D., 1985, Der Brief an die Römer (RNT), Regensburg

## IV–IX Literatur zur Theologie der Evangelien

Backhaus, K., 1991, Die „Jüngerkreise" des Täufers Johannes. Eine Studie zu den religionsgeschichtlichen Ursprüngen des Christentums (PThS 19), Paderborn u. a.
Baltzer, K., 1975, Die Biographie der Propheten, Neukirchen-Vluyn
Bauckham, R. (Hg.), 1998, The Gospels for All Christians, Grand Rapids/Cambridge
Berger, K.,1992, „Zur Diskussion um die Gattung Evangelium. Formgeschichtliche Beiträge aus Beobachtungen zu Plutarchs ‚Leben der zehn Redner'", in: F. van

Segbroeck u.a. (Hgg.): The Four Gospels 1992 (FS F. Neirynck; BEThL 100), Leuven 1, 121–127
Brunner-Traut, E., 1960, Die Geburtsgeschichte der Evangelien im Lichte ägyptologischer Forschungen, ZRG 12 (1960), 97–111
Bultmann, R., $^{10}$1995, Die Geschichte der synoptischen Tradition, Göttingen $^{1}$1921
Burridge, R.A., 1992, What are the Gospels? A Comparison with Graeco-Roman Biography (SNT MS 70), Cambridge
Dibelius, M., $^{3}$1959, Die Formgeschichte des Evangeliums, Tübingen
Dihle, A., Die Evangelien und die griechische Biographie, in: Peter Stuhlmacher (Hg.), Das Evangelium und die Evangelien, Tübingen 1983, 383–413
Dodd, C.H., $^{15}$1958, The Parables of Kingdom, London $^{1}$1935
Dormeyer, D./H. Frankemölle, 1984, Evangelium als literarische Gattung und als theologischer Begriff. Tendenzen und Aufgabe der Evangelienforschung im 20. Jahrhundert, mit einer Untersuchung des Markusevangeliums in seinem Verhältnis zur antiken Biographie, ANRW II, 25,2, 1543–1705
Dormeyer, D., 1989, Evangelium als literarische und theologische Gattung (Erträge der Forschung 263), Darmstadt 1989
Dormeyer, D., 2009, Evangelium, www.wibilex.de
Ebner, M., 1997, Jesus- Ein Weisheitslehrer. Synoptische Weisheitslogien im Traditionsprozess (HBS 15), Freiburg u.a.
Ebner, M., 2009, Von gefährlichen Viten und biographisch orientierten Geschichtswerken. Vitenliteratur im Verhältnis zur Historiographie in hellenistisch-römischer und urchristlicher Literatur, in: T. Schmeller (Hg.), Historiographie und Biographie (NTOA), Göttingen, 35–63
Esser, D., 1969, Formgeschichtliche Studien zur hellenistischen und frühchristlichen Literatur unter besonderer Berücksichtigung der vita Apollonii des Philostrat und der Evangelien, Diss. Bonn
Ettl, C., 1998, Der „Anfang der … Evangelien", in: S. Brandenburger/T. Hieke (Hgg.), Wenn drei das Gleiche sagen – Studien zu den ersten drei Evangelien (Theologie 14), Münster, 121–152
Feneberg, R./Feneberg, W., 1980, Das Leben Jesu im Evangelium (QD 88), Freiburg 1980
Frankemölle, H., $^{3}$2006a, Evangelium, LThK 3, 1058–1063
Frickenschmidt, D., 1997, Evangelium als Biographie. Die vier Evangelien im Rahmen antiker Erzählkunst (TANZ 22), Tübingen/Basel
Gnilka, J., 1961, Die Verstockung Israels. Isaias 6,9–10 in der Theologie der Synoptiker (StANT 3), München
Hadas, M./Smith, M., 1965, Heroes and Gods. Spiritual Biographies in Antiquity, New York
Heckel, T.K., 1999, Vom Evangelium des Markus zum viergestaltigem Evangelium (WUNT 120), Tübingen
Heil, C., 2009, Evangelium als Gattung. Erzähl- und Spruchevangelium, in: T. Schmeller (Hg.), Historiographie und Biographie (NTOA 69), Göttingen, 63–95
Hengel, M., 1979, Zur urchristlichen Geschichtsschreibung, Stuttgart
Hengel, M., 1984, Die Evangelienüberschriften (SHAW. PH 3), Heidelberg
Hollenbach, P.W., 1982, The Conversion of Jesus: From Jesus the Baptizer to Jesus the Healer, ANRW II 25,1, 196–219
Holtz, G., 1996, Der Herrscher und der Weise im Gespräch. Studien zu Form, Funktion und Situation der neutestamentlichen Verhörgespräche und der Gespräche zwischen jüdischen Weisen und Fremdherrschern (ANTZ 6), Berlin
Klauck, H.J. 2002, Apokryphe Evangelien, Stuttgart
Knoch, O., $^{2}$1993, Dem, der glaubt, ist alles möglich. Die Botschaft der Wundererzählungen der Evangelien, Stuttgart (1986)
Köster, H., 1990, Ancient Christian Gospels: Their History and Development, Philadelphia/London
Köster, H., $^{4}$2008, Evangelium, RGG 2, 1735–1741
Lehnert, V.A., 1999, Die Provokation Israels. Die paradoxe Funktion von Jes 6,9–10 bei Markus und Lukas. Ein textpragmatischer Versuch im Kontext gegenwärtiger Rezeptionsästhetik und Lesetheorie (NTDH 25), Neukirchen
Lindars, B., 1983, Jesus Son of Man. A Fresh Examination of the Son of Man Sayings in the Gospels in the Light of Recent Research, London
Meiser, M., 1998, Die Reaktion des Volkes auf Jesus: eine redaktionskritische Untersuchung zu den synoptischen Evangelien (BZNW 96), Berlin
Rau, E., 1990, Reden in Vollmacht. Hintergrund, Form und Anliegen der Gleichnisse (FRLANT 149), Göttingen
Schenk, W., 1983, Evangelium – Evangelien – Evangeliologie. Ein ‚hermeneutisches' Manifest, München
Schenk, W., 1997, Das biographische Ich-Idiom ‚Menschensohn' in den frühen Jesus-Biographien. Der Ausdruck, seine Codes und seine Rezeption in ihren Kontexten (FRLANT 177), Göttingen
Schmidt, K.L.1985, Die Stellung der Evangelien in der allgemeinen Literaturgeschichte (1923), in: F. Hahn (Hg.), Zur Formgeschichte des Evangeliums, Darmstadt, 126–229
Schmithals, W., 1985, Einleitung in die drei ersten Evangelien, Berlin/New York
Schürmann, H., 1983, Gottes Reich – Jesu Geschick: Jesu ureigener Tod im Licht seiner Basileia-Verkündigung, Freiburg
Schulz, S., 1967, Die Stunde der Botschaft. Einführung in die Theologie der vier Evangelisten, Hamburg
Schweizer, E., 1963, Der Menschensohn, in ders.: Neotestamentica, Zürich/Stuttgart, 56–85
Smith, J.Z., 1978, Good News is no News, Aretalogy and Gospel, in: J.Z. Smith (Ed.), Map is not Territory. Studies in the History of Religions (Studies in Judaism in Late Antiquity 23), Leiden, 190–208
Stanton, G.N., $^{2}$2002, The Gospels and Jesus, Oxford

Talbert, C. H., 1977, What is a Gospel? The Genre of the Canonical Gospel, Philadelphia

Theißen, G., [7]1998, Urchristliche Wundergeschichten (StNT 8), Gütersloh

Theißen, G., [10]1995, Nachwort, in R. Bultmann, Die Geschichte der synoptischen Tradition, Göttingen, 409–452

Vielhauer, P., 1965, Jesus und der Menschensohn, in ders.: Aufsätze zum Neuen Testament, München, 92–141

Vögtle, A., 1989, Eine überholte „Menschensohn"- Hypothese?, in: Aland, K./Meurer, S., Wissenschaft und Kirche, FS. E. Lohse, Bielefeld, 70–95

Vorster, W. S., 1984, Der Ort der Gattung Evangelium in der Literaturgeschichte, VF 29, 2–25

Wilk, F., 2002, Jesus und die Völker in der Sicht der Synoptiker (BZNW 109), Berlin

Zimmermann, R. (Hg.) u. a., 2007, Kompendium der Gleichnisse Jesu, Gütersloh/Darmstadt

**V Spruchevangelium Q**

Frenschkowski, M., 2000, „Welche biographischen Kenntnisse von Jesus setzt die Logienquelle voraus? Beobachtungen zur Gattung von Q im Kontext antiker Spruchsammlungen", in: J. N. Asgeirsson u. a. (Hgg.), From Quest to Q (FS. J. Robinson; BETL 156), Leuven, 3–42

Heil, C., 2003, Lukas und Q. Studien zur lukanischen Redaktion des Spruchevangeliums Q (BZNW 111), Berlin/New York

Hoffmann, P./Heil, C. (Hgg.), 2002, Die Spruchquelle Q. Studienausgabe, Darmstadt

Kloppenborg, J. S., 1987, The Formation of Q. Trajectories in Ancient Wisdom Collections (Studies in Antiquity and Christianity), Philadelphia

Robinson, J. M., 1964, Logoi Sophon. Zur Gattung der Spruchquelle Q, in: E. Dinkler (Hrsg.), Zeit und Geschichte, FS R. Bultmann, Tübingen, 77–97

Robinson, J. M.,1992, „The Sayings Gospel Q", in: F. van Segbroeck u. a. (Hgg.),The Four Gospels 1992 (FS F. Neirynck; BEThL 100, Leuven I 361–388

Schröter, J., 1997, Erinnerung an Jesu Worte. Studien zur Rezeption der Logienüberlieferung in Markus, Q und Thomas (WMANT 76), Neukirchen

Schulz, S., 1972, Q, die Spruchquelle der Evangelisten, Zürich

**VI Markusevangelium**

Becker, E. M., 2006, Das Markus-Evangelium im Rahmen antiker Historiographie (WUNT 194), Tübingen

Bilezikian, G.-G., 1977, The Liberated Gospel. A Comparison of the Gospel of Mark and Greek Tragedy, Grand Rapids

Brandenburger, E. 1984, Markus 13 und die Apokalyptik (FRLANT 134), Göttingen

Cancik, H., 1984, Die Gattung Evangelium. Das Evangelium des Markus im Rahmen der antiken Historiographie, in: H. Cancik (Hg.), Markus-Philologie (WUNT 33), Tübingen, 85–115

Dawson, A., 2000, Freedom as Liberating Power. A Socio-Political Reading of the Exousia Texts in the Gospel of Mark (NTOA 44), Freiburg/Göttingen

Dechow, J., 2000, Gottessohn und Herrschaft Gottes. Der Theozentriusmus des Markusevangeliums, (WMANT 86), Neukirchen

Dormeyer, D., 1974, Die Passion Jesu als Verhaltensmodell. Literarische und theologische Analyse der Traditions- und Redaktionsgeschichte der Markuspassion (NTA 11), Münster

Dormeyer, D., 1987, Die Kompositionsmetapher ‚Evangelium Jesu Christi, des Sohnes Gottes', Mk 1,1. Ihre theologische und literarische Aufgabe in der Jesus-Biographie des Markus, NTS 33, 452–468

Dormeyer, D., [2]2002, Das Markusevangelium als Idealbiographie von Jesus Christus, dem Nazarener (SBB 43), Stuttgart

Dormeyer, D., 2005, Das Markusevangelium, Darmstadt

Dschulnigg, P., 2007, Das Markusevangelium (TKNT 2), Stuttgart

Ebner, M., 2002, Kreuzestheologie im Markusevangelium, in: Dettwiler, A./Zumstein, J. (Hg.), Kreuzestheologie im Neuen Testament, Tübingen, 151–168

Eckey, W., 1998, Das Markus-Evangelium. Ein Kommentar, Neukirchen

Fritzen, W., 2008, Von Gott verlassen? Das Markusevangelium als Kommunikationsangebot für bedrängte Christen, Stuttgart

Geddert, T. J., 1989, Watchword Mark 13 in Markan Eschatology (JSNTS 26), Sheffield

Gnilka, J., 1978–1979, Das Evangelium nach Markus (EKK II 1–2), Zürich

Guttenberger, G., 2004, Die Gottesvorstellung im Markusevangelium (BZNW 123), Berlin

Hengel, M. 1984a, Entstehungszeit und Situation des Markusevangeliums, in: Cancik, H. (Hg.), Markus-Philologie (WUNT 33), 1–47

Iersel, B. van 1993, Markus. Kommentar (ndl. 1986), Düsseldorf

Huber, K., 1995, Jesus in Auseinandersetzung. Exegetische Untersuchungen zu den sogenannten Jerusalemer Streitgesprächen des Markusevangeliums im Blick auf ihre christologischen Implikationen, Würzburg

Kampling, R., 1992, Israel unter dem Anspruch des Messias. Studien zur Israelthematik im Markusevangelium (SBB 25), Stuttgart

Klauck, H. J., 1997, Vorspiel im Himmel? Erzähltechnik und Theologie im Markusprolog (BTS 32), Neukirchen

Klumbies, P.-G., 2001, Der Mythos bei Markus (BZNW 108), Berlin

Koch, D. A., 1975, Die Bedeutung der Wundererzählungen für die Christologie des Markusevangeliums (BZNW 42), Berlin

Küster, V., 1996, Jesus und das Volk im Markusevangelium (BThST 28), Neukirchen

Lentzen-Deis, F., 1998, Das Markus-Evangelium. Ein

Kommentar für die Praxis, hg. v. Beck, E. u. Miller, G., Stuttgart
Lührmann, D., 1987, Das Markusevangelium (HNT 3), Tübingen
März, C. P.,1981, „Siehe, dein König kommt zu dir ...". Eine traditionsgeschichtliche Untersuchung zur Einzugsperikope (EThSt 43), Leipzig
Matja, M., 1999, Furcht und Gotteserfahrung. Die Bedeutung des Furchtmotivs für die Christologie des Markus (FzB 91), Würzburg
Müller, P., 1995, Wer ist dieser? Jesus im Markusevangelium. Markus als Erzähler, Verkündiger und Lehrer (BTS 27), Neukirchen
Myers, Ch., 1988, Binding the Strong Man: A Political Reading of Mark's Story of Jesus, New York
Pesch, R., 1976–77, Das Markusevangelium (HTKNT II 1–2), Freiburg
Raeisaenen, H., 1976, Das „Messiasgeheimnis" im Markusevangelium. Ein redaktionskritischer Versuch (Schriften der Finnischen Exegeten Gesellschaft 28), Helsinki
Rau, G., 1985, Das Markus-Evangelium. Komposition und Intention der ersten Darstellung christlicher Mission, ANRW II, 25, 3, 2036–2257
Robbins, V. K., 1984, Jesus the Teacher. A Socio-Rhetorical Interpretation of Mark, Philadelphia
Rose, C., 2007, Theologie als Erzählung im Markusevangelium (WUNT 2, 236), Tübingen
Roskam, H. N., 2004, The Purpose of the Gospel of Mark in its Historical and Social Context (SNT 114), Leiden/Boston
Sariola, H., 1990, Markus und das Gesetz. Eine redaktionskritische Untersuchung (AAS F DHL 56), Helsinki
Schenke, W., 1988, Das Markusevangelium (Urban-Tb. 405), Stuttgart
Schenke, W., 2005, Das Markusevangelium. Literarische Eigenart – Text und Kommentierung, Stuttgart
Scholtissek, K., 1992, Die Vollmacht Jesu: traditions- und redaktionsgeschichtliche Analysen zu einem Leitmotiv markinischer Christologie (NTA 25), Münster
Schweizer, E., 1968, Das Evangelium nach Markus (NTD 2), Göttingen
Schweizer, E., 1979, Die theologische Leistung des Markus, in: Pesch, R. (Hg.): Das Markusevangelium, Darmstadt, 163–190
Söding, T., 1985, Glaube bei Markus. Glaube an das Evangelium, Gebetsglaube und Wunderglaube im Kontext der markinischen Basileiatheologie und Christologie (SBB 12), Stuttgart
Söding, T., 1995, Der Evangelist in seiner Zeit. Voraussetzungen, Hintergründe und Schwerpunkte markinischer Theologie, in: T. Söding (Hg.), Der Evangelist als Theologe. Studien zum Markusevangelium (SBS 163), Stuttgart, 11–63
Standaert, B. H., 1978, L'evangile selon Marc. Composition et genre litteraire, Nijmegen
Toit, D. du, 2006, Der abwesende Herr. Strategien im Markusevangelium zur Bewältigung der Abwesenheit des Auferstandenen (WMANT 111). Neukirchen-Vluyn
Tolbert, M. A., 1989, Sowing the Gospel. Mark's World in Literary-Historical Perspective, Minneapolis
Vines, M. E., 2002, The Problem of Markan Genre. The Gospel of Mark and the Jewish
Novel (SBL Academia biblica series 3), Atlanta
Weihs, A., 2003, Die Deutung des Todes Jesu im Markusevangelium. Eine exegetische Studie zu den Leidens- und Auferstehungsansagen (FzB), Würzburg
Weiß, J. 1903, Das älteste Evangelium. Ein Beitrag zum Verständnis des Markus-Evangeliums und der ältesten evangelischen Überlieferung, Göttingen
Williams, J. F., 1994, Other Followers of Jesus: Minor Characters as Major Figures in Mark's Gospel (JSNT SS 102), Sheffield
Witherington, B., III, 2001, The Gospel of Mark. A Socio-Rhetorical Commentary, Cambridge
Wördemann, D., 2002, Der bios nach Plutarch und das Evangelium nach Markus. Eine Untersuchung zur literarischen Analogie des Charakterbildes des Helden und des Christusbildes im Evangelium Jesu Christi (Studien zur Geschichte und Kultur des Altertums, NF 1,19), Paderborn
Wrede, W., $^4$1969, Das Messiasgeheimnis in den Evangelien. Zugleich ein Beitrag zum Verständnis des Markusevangeliums, Göttingen 1901
Yarbro-Collins, A., 2007, Mark. A Commentary (Hermeneia), Minneapolis
Zwick, R., 1989, Montage im Markusevangelium. Studien zur narrativen Organisation der ältesten Jesuserzählung (SBB 18), Stuttgart

**VII Matthäusevangelium**

Bornkamm, G., 1980, Die Sturmstillung im Matthäus-Evangelium (1948), in: J., Lange (Hg.), Das Matthäusevangelium (WdF 525), Darmstadt, 112–118
Dormeyer, D., 2004, Die Rollen von Volk, Jüngern und Gegnern im Matthäusevangelium, in: R. Kampling (Hg.): „Dies ist das Buch ...". Das Matthäusevangelium. Interpretation-Rezeption-Rezeptionsgeschichte, Paderborn u. a., 105–128
Frankemölle, H., 1979, ‚Pharisäismus' in Judentum und Kirche. Zur Tradition und Redaktion in Matthäus 23, in: H. Goldstein, Gottesverächter und Menschenfeinde Düsseldorf, 123–190
Frankemölle, H., 1994–1997, Matthäus-Kommentar 1–2, Düsseldorf
Gnilka, J., 1986–1988, *Das Matthäusevangelium 1–2* (HTKNT I, 1–2) Freiburg
Lange (Hg.), J, 1980, Das Matthäusevangelium (WdF 525), Darmstadt
Luz, U., 1985–2002, Das Evangelium nach Matthäus (EKK I 1–4), Zürich u. a.
Schnackenburg, R., $^2$1991–94, Matthäusevangelium (NEB I, 1–2), Würzburg
Shuler, Ph. L., 1982, A Genre for the Gospels, The Biographical Character of Matthew, Philadelphia

Strecker, G., 1962, Der Weg der Gerechtigkeit. Untersuchung zur Theologie des Matthäus (FRLANT 82), Göttingen
Wiefel, F. W., 1998, Das Evangelium nach Matthäus (ThHK1), Leipzig


### VIII Lukasevangelium und Apostelgeschichte


Cadbury, H. J., $^{2}$1961, The Making of Luke-Acts, New York 1927 = London
Conzelmann, H., $^{7}$1993, Die Mitte der Zeit. Studien zur Theologie des Lukas, Tübingen (1954)
Conzelmann, H., $^{2}$1972, Die Apostelgeschichte (HNT 7), Tübingen (1963)
Dormeyer, D. / Galindo, F., 2003, Die Apostelgeschichte. Ein Kommentar für die Praxis, Stuttgart
Heininger, B., 2007, Das Paulusbild der Apostelgeschichte und die antike Biographie, in: M. Erler / S. Schorn (Hgg.), Die griechische Biographie in hellenistischer Zeit (BzA 245), Berlin, 407–431
Holzbach, M., 2006, Plutarch: Galba-Otho und die Apostelgeschichte – Ein Gattungsvergleich (Religion und Biographie 14), Münster
Kügler, J., 1997, Pharao und Christus? Religionsgeschichtliche Untersuchung zur Frage einer Verbindung zwischen altägyptischer Königstheologie und neutestamentlicher Christologie im Lukasevangelium (BBB 113), Bodenheim
März, C. P., 2008, Jesus als „Lehrer" und „Heiler". Anmerkungen zum Jesusbild der Lukasschriften, in: L. Hauser, F. Prostmeier, C. Georg-Zöller (Hg.), Jesus als Bote des Heils. FS D. Dormeyer (SBB 60), Stuttgart, 152–166
Müller, C. G., 2001, Mehr als ein Prophet. Die Charakterzeichnung Johannes des Täufers im lukanischen Erzählwerk (HBS 31), Freiburg
Müller, C. G., 2009, Diégesis nach Lukas. Zwischen historiographischem Anspruch und biographischem Erzählen, in: T. Schmeller (Hg.), Historiographie und Biographie (NTOA 69), Göttingen, 95–127
Plümacher, E., 1972, Lukas als hellenistischer Schriftsteller. Studien zur Apostelgeschichte (SUNT 9), Göttingen
Pokorný, P., 1998, Theologie der lukanischen Schriften (FRLANT 174), Göttingen
Prostmeier, F. R., 2008, Symposion – Begegnung – Rettung. Lukas und seine narrative Theologie, in: L. Hauser, F. Prostmeier, C. Georg-Zöller (Hgg.), Jesus als Bote des Heils. FS D. Dormeyer (SBB 60), Stuttgart, 95–122
Radl, W., 1975, Paulus und Jesus im lukanischen Doppelwerk. Untersuchungen zu Parallelmotiven im Lukasevangelium und in der Apostelgeschichte (EHS 23, 49), Bern / Frankfurt
Radl, W.,1988, Das Lukas-Evangelium (EDF 261), Darmstadt
Radl, W., 2003, Das Evangelium nach Lukas. Kommentar 1,1–9,50, Freiburg
Riesner, R., 2000, Das lukanische Doppelwerk und die antike Biographie, in: Dormeyer, D. / Mölle, H. / Ruster, Th. (Hg.): Lebenswege und Religion (Religion und Biographie 1), Münster, 131–145
Schmidt, K. L., 2007, Bekehrung zur Zerstreuung, Bibl 88, 191–213
Schneider, G., 1980–82, Die Apostelgeschichte, 2 Bde. (HThK NT V 1–2), Freiburg
Schröter, J., 2007, Actaforschung seit 1982. I. Forschungsgeschichte und Kommentare, ThR 72 (2007), 179–230; III. Die Apostelgeschichte als Geschichtswerk, ThR 72, 383–419
Tannehill, C., 1986–1990, The Narrative Unity of Luke-Acts. A Literary Interpretation. Vol. 1: The Gospel According to Luke; Vol 2: The Acts of the Apostles, Minneapolis
Thornton, C. J., 1991, Der Zeuge des Zeugen. Lukas als Historiker der Paulusreisen (WUNT 56), Tübingen
Wolter, M., 2004, Das lukanische Doppelwerk als Epochengeschichte, in: C. Breytenbach / J. Schröter (Hgg.), Die Apostelgeschichte und die hellenistische Geschichtsschreibung. FS. E. Plümacher (AJEC 57), Leiden, 253–285
Ziegler, D., 2008, Dionysos in der Apostelgeschichte – eine intertextuelle Lektüre (Religion und Biographie 18), Münster


### IX Johannesevangelium


Becker, J. 1979–1981, Das Evangelium des Johannes (ÖTKNT 4,1–2), Gütersloh
Beutler, J., 2009, Der Johannes-Prolog – Ouvertüre des Johannesevangeliums, in: Kruck, G. (Hg.), Der Johannesprolog, Darmstadt, 77–107
Busse, U., 2002, Das Johannesevangelium. Bildlichkeit, Diskurs und Ritual. Mit einer Bibliographie über den Zeitraum 1986–1998 (BETL 162), Leuven
Kowalski, B., 1996, Die Hirtenrede (Joh 10,1–18) im Kontext des Johannesevangeliums (SBB 31), Stuttgart
Labahn, J., 1999, Jesus als Lebensspender. Untersuchungen zu einer Geschichte der johanneischen Tradition anhand ihrer Wundergeschichten (BZNW 98), Berlin / New York
Schnackenburg, R., 1965–1984, Das Johannesevangelium (HTKNT IV 1–4), Freiburg
Schreiber, S., 2009, Die Vita des Königs Jesus. Über die Gattung des Johannesevangeliums, in: T. Schmeller (Hg.), Historiographie und Biographie (NTOA 69), Göttingen, 127–155
Siegert, F., 2008, Das Evangelium des Johannes in seiner ursprünglichen Gestalt, Göttingen
Tilborg, S., 2005, Das Johannesevangelium, Stuttgart
Wengst, K., 2000–2001, Das Johannesevangelium (THKNT 4,1–2), Stuttgart u. a.
Zimmermann, R., 2004, Christologie der Bilder im Johannesevangelium, Tübingen
Zumstein, J., 2009, Der Prolog, Schwelle zum vierten Evangelium, in: Kruck, G. (Hg.), Der Johannesprolog, Darmstadt, 49–77

# Verzeichnis der Bibelstellen

(außerhalb des Kapitels zur Einzelschrift)